캐나다에 살아보니 한국이 잘 보이네

경계에서 세상 읽기

성우제 지음

캐나다에 살아보니 한국이 잘 보이네
경계에서 세상 읽기

초판 1쇄 발행 2023년 4월 1일

지은이   성우제
펴낸이   구주모
편집책임   김훤주

디자인   박인미
유통·마케팅 정원한
펴낸곳   도서출판 피플파워

주소   (우)51320 경상남도 창원시 마산회원구 삼호로38(양덕동)
전화   (055)250-0190

홈페이지   www.idomin.com
블로그   peoplesbooks.tistory.com
페이스북   www.facebook.com/pepobook

ISBN 979-11-86351-58-1 03940

캐나다에 살아보니
한국이 잘 보이네

경계에서 세상 읽기

성우제 지음

도서출판
피플파워

차례

캐나다 이방인, 한국 이방인

"내가 서울 사투리를 쓴대요."

얼마 전, 직장생활 2년차에 접어든 딸이 말했다. 한국에서 온 또래 친구들과 한국말로 대화를 나누는 중에 저런 말을 들었다고 했다. 딸 아이는 세 살 때 캐나다로 살러 왔으니, 한국 말을 부모한테서 배웠다. 한국에서 온 젊은이들이 '서울 사투리'라고 부르는 것은 '예전 서울 말투'라는 얘기다. 나도 처음 캐나다에 살러왔을 때, 이곳에서 수십 년 살아온 선배 이민자들에게서 그런 느낌을 받았었다.

내가 캐나다에 살러온 지 어느덧 20년이 훌쩍 넘었다. 초기 몇 년은 낯선 곳에 정착하느라, 그 다음에는 밥벌이를 하느라 바쁘게 지냈다. 20세기 한국 경제성장기처럼 '잘살아보세' 하며 앞만 보고 달렸다. 내 삶을 되돌아볼 여력이나 틈은 없었다. 그런 와중에 나는 늘 크고 작은 불안감에 시달렸다. 먹고사는 문제가 어느 정도 해결된 이후에도 그것은 사라지지 않았다. 정체 모를 불안감이었다.

코로나19로 록다운이 된 토론토에서 6개월 동안 집에 갇혀 살았다. 나로서는 이민을 온 후 처음으로 아무 일도 하지 않았다. 의도하지 않게 숨 돌릴 시간, 앞이 아니라 뒤를 돌아보는 시간을 가질 수 있었다. 그즈음, 내 처지를 직간접으로 들여다 볼 수 있게 하는 소설·드라마·영화가 마치 약속이나 한 듯이 쏟아져나왔다. 이민진 소설 〈파친코〉와 드라마 〈파친코〉, 영화 〈미나리〉, 그리고 반수연 소설집 〈통영〉이었다. '모국을 떠나 사는 사람들'의 이야기였다. 이 작품들을 꿰는 정서가 하나 있었다. '불안'이었다.

외국살이란 한 마디로 이방인의 삶이다. 모든 이의 삶 자체가 불안의 연속일 테지만 이민자의 삶에는 불안의 요소가 하나 더 얹히게 마련이다. '붕~' 떠 있는 느낌, 바로 그런 것이다. 그것은 이쪽도 저쪽도 아닌 중간지대에 사는 데서 말미암은 것이다.

나는 캐나다에서는 한국 사람(코리언 캐네디언)이고, 한국에 가면 캐나다 사람이다. 법적 신분만 그런 것이 아니라 정서적으로도 그렇다. 내 한국어는 이미 '서울 사투리'가 되었고 내 영어는 앞으로도 계속 '외국인 발음'이다. 이민 1세로서 캐나다에 아무리 오래 살아도 캐나다 사람이 될 수 없고, 모국을 떠난 지 오래 되어 정서적으로 더이상 한국 사람이 아니다. 캐나다는 아무리 잡으려 해도 잡히지 않고, 한국은 점점 더 멀어져간다. 이것이 바로 내 나름대로 알아차린 불안함의 정체였다.

양쪽 어디에도 온전히 속하지 못하는 중간지대 혹은 경계의 삶은 묘하게 슬프다. 이민자의 나라인 캐나다에서 이런저런 정책을 펼쳐가며 나같은 이민자를 우대해준다 해도 이런 슬픔까지 어루만지지는 못한다. 그것은 이민자의 숙명 같은 것이다. 양쪽의 이방인이 되는 숙명.

그나마 나로서는 다행스러웠던 것이 캐나다에서 사는 삶에 한국의 매체와 독자들이 관심을 많이 보였다는 사실이다. 독자들은 내가 사는 곳의 삶은 한국과 어떻게 다른지, 이곳에서 어떤 일이 벌어지는지, 한국에서 발생하는 비슷한 사안을 두고 캐나다 사회는 어떻게 대처하는

지, 캐나다에 살면서 보면 한국은 어떻게 보이는지를 구체적으로 알고 싶어했다. 나는 전직 기자답게 사실에 근거해 쓰려고 노력했다.

나 같은 사람이 갖는 장점 하나는 양쪽 사회를 모두 바라볼 수 있는 중간지대에 서 있다는 사실이다. 아침에는 한국 저녁 뉴스를 보고, 저녁에는 캐나다 저녁 뉴스를 본다. 양쪽을 비교해서 보면 사안이 좀 더 선명하게 보일 수도 있다. 이 책의 의미를 굳이 이야기하자면 바로 그런 것이다.

지난 20년 동안 나는 운좋게도 〈시사IN〉 〈경향신문〉과 같은 한국의 신문 잡지에 끊임없이 글을 쓸 수 있었다. 청탁해준 이들과 내 글을 읽어준 독자들에게 감사할 따름이다. 그렇게 쓴 글을 중심으로 하여 단행본 5권을 냈고, 그 이후 적은 글들을 엮어 여섯 번째 책을 펴낸다.

한편으로는 걱정이 앞선다. 매체에 쓴 글들은 시의성을 띠게 마련이다. 시간이 지나면 '흘러간 옛노래'가 되기 십상이다. 그런 글들도 책에 실은 까닭은, 뜻은 여전히 살아 있다고 판단했기 때문이다. 여러 매체에 쓴 글을 모으다 보니, 같은 소리를 되풀이하는 경우도 종종 있다. 독자들의 양해를 구한다.

이 책이 나오기까지 응원하고 애써주신 모든 분들께 감사드린다.

2023년 3월
캐나다 토론토에서
성우제

캐나다 이야기

내가 캐나다로
간 까닭은?

지난주에 소포를 하나 받았다. 이번 여름에 대학공부를 마친 큰 아이의 학교에서 보내온 것이었다. 코로나19 사태로 졸업식을 할 수 없게 되자 캐나다 대학들은 집으로 졸업장을 발송해 주었다. 소포 상자에는 졸업 가운 휘장, 기념 티셔츠와 파티용 폭죽까지 들어 있었다.

비록 교정에서 사진 한 장 찍지 못했으나 아쉬움 같은 것은 별로 없었다. 아이가 졸업장을 받은 것 자체만으로도 많이 기뻤다.

장애를 가진 아이가 학교를 무사히 마치고 취직까지 했으니, 내 생애에 이렇게 '빛나는 졸업장'을 본 적은 없는 것 같다. 큰 아이는 청각장애자이다. 두 살 때 아이의 청각에 문제가 있다는 것을 알게 된 이후 우리 부부는 아이의 교육에 줄곧 몰입해왔다. 목표는 단순했다. 아이가 보통사람들 사이에서 평범하게 살아가게 한다는 것이었다.

아이가 말과 글을 배우기 시작할 때부터 아이 엄마의 고생이 이만저만이 아니었다. 잘 듣지를 못하니 수화를 가르쳐야 했으나 수화를 사용하면 일반인들과는 다른 대접을 받을 것 같았다. 우리 아이처럼 청력이 미세하게나마 살아 있으면 보청기를 끼고 어떻게든 소통하게 하려고, 입 모양을 보고라도 소통하게 하려고 우리 같은 부모들은 사력을 다했다.

장애를 가졌으나 '정상인'처럼 보이게 하고, 또 '정상인'들과 같은 방식으로 소통하게 해야 했다. 그래야 차별받지 않을 거라고 생각했다. 세상이 많이 달라졌다고는 하지만 소통방식의 다름으로 인해 겪게 될지도 모를 사회의 차별과 배제가 정말 두려웠다.

캐나다에 이민을 오게 된 이유 가운데 가장 큰 것 역시 큰 아이의 장애 문제였다. 유치원과 초등학교 입학할 때까지만 해도 한국에서 별 문제가 없었다. 운 좋게도 학교 안팎에서 훌륭한 선생님들을 만날 수 있었다.

2학년이 되면서 문제가 생겨났다. 담임교사는 "아이가 학교생활을 조용하게 잘한다"고 했다. 듣는 데 문제가 있으니, 분위기 파악 못하고 큰 소리로 말을 해 수업에 지장이나 주지 않을까 노심초사하던 터였다. 학교생활을 '조용하게' 잘 한다고 하니 그런 걱정을 덜 수 있었다.

그런데 알고 보니 잘하는 것이 아니었다. 아이는 그냥 방치되었다. 선생님이 하는 말을 잘 들을 수 없었던 아이는 뒷자리에 앉아 하루종일 만화책만 봤다. 아이가 조용하게 잘 있으니 선생님은 문제 삼지 않았다.

선생님이고 학교고 누구를 탓할 일은 아니었다. 학교나 교사가 아이를 일부러 방치하거나 배제한 것은 아니었다. 장애를 가진 아이를 어떻게 가르쳐야 할지 몰라서 그냥 그대로 두었을 뿐이다. 학교에는 시스템은 물론 청각장애인 교육에 관한 매뉴얼조차 없었다.

그즈음 미국에 특파원으로 나갔다가 들어온 어느 선배의 말이 귀에 쏙 들어왔다.

"미국은 장애인 천국이더군."

선배는 스키장에서 직접 경험한 것을 이야기해 주었다. 앞을 못 보는 시각장애인도 전문가의 도움을 받아가며 스키를 즐기더라는 것이다.

'놀이'에 대해 이만큼 배려하는 사회라면 '교육'에 대해서는 몇 배는 더 배려할 것 같았다. 이민 수속 기간이 비교적 짧다는 이유도 있었지만 뉴욕 출장길에 들른 토론토에서 어떤 광경을 보고 캐나다로 가자고 마음을 굳혔다.

이른 아침 출근 시간에 토론토 시내버스를 탔다. 어느 정류장에서 버스가 멈춰 서서 한참을 움직이지 않았다. 바깥을 내다보니 시각장애인이 버스에서 내리는 것을 도와주었던 버스 기사가 그의 손을 잡고 함께 길을 건너고 있었다.

토론토의 시내버스.

바쁘지 않은 사람이 없는 출근길인데도 "빨리 가자"고 말하는 승객은 없었다. 그렇게 하는 것이 당연하다는 듯 어느 누구도 항의하거나 불편한 표정을 짓지 않고 모두가 무신경했다. 나로서는 처음 보는 감동적이고 신기한 광경이었다(이곳에 살러와서 알게 된 사실. 운전기사가 저렇게 친절한 까닭은 시민들의 '투철한' 신고의식 때문이다. 운전기사가 매뉴얼에서 조금만 벗어나도 시민들은 버스회사에 신고를 한다. 신고가 들어오면 해당 운전기사는 당연히 경고·감봉 등의 징계를 받게 된다).

캐나다에 살러 와 아이를 학교에 보내면서 그런 일들을 숱하게 경험했다. 버스 승객들처럼 이곳에 사는 사람들에게는 당연한 일일 수도 있겠으나 비교를 할 수 있는 우리 눈에는 그 당연한 일들 하나하나가 사회적 약자에 대한 특별한 배려로 보였다.

집 근처 공립학교에 아이를 보냈더니 사흘쯤 뒤에 교장, 담임교사, 교육청 관계자, 사회복지사가 모여 우리 아이를 위해 긴급회의를 했다. 아이에게 맞는 청각장애 교육 프로그램이 집에서 멀리 떨어진 학교에 있었다.

아이를 그곳에 보내기로 결정한 후 교육청에서는 다음 학기 스쿨버스가 배정될 때까지 등하교 시간에 택시를 보내주었다. 비용은 교육청에서 지불했다. 택시비는 한국과 비교도 할 수 없이 비쌌다.

아이가 간 곳은 청각장애 아이들만 모여 있는 일반 학교의 특수반이었다. 선생님은 두 분이 계셨다. 특수반이라고 하지만 고립된 것이 아니었다. 수학이든 영어든 아이들이 일반 반('메인스트림'이라고 부른다)에 가서 공부할 능력이 된다고 판단되면 선생님들은 해당 과목 시간에 아이들을 그곳으로 보냈다.

학년이 올라갈수록 과목 수가 늘어났다. 우리 아이는 10학년(고1) 쯤 되자 모든 과목을 메인스트림에 가서 공부했다. 일반 반의 선생님들도 장애를 가진 아이들이 공부를 하러 오면 당연히 배려했다. 그렇게 공부하고 성적을 받아 대학에 진학했다.

내가 보기에, 캐나다 장애인 교육에서 가장 중요하고 훌륭한 점은 '분리'를 하지 않는다는 것이다. 학교는 최선을 다해 장애인을 '메인스트림'으로 가게 했다. 우리가 원하던 바였다. 장애인도 메인스트림에 익숙해지는 것이 중요하지만, 무엇보다 중요한 것은 일반 아이들로 하여금 장애인을 특별하게 여기지 않게 한다는 사실이었다.

장애인에게 학과 공부를 시키면서, 장애인과 보통 학생들이 그냥 자연스럽게 어울리도록 했다. 일반 학생들로 하여금 장애인을 몸이 조금 불편한, 그래서 때로 도움을 필요로 하는 '사람'으로 여기게 하는 것이 교육의 중요한 목표 가운데 하나로 보였다. 십수 년 동안 학교에서 늘 보면서 함께 생활한 사람이니 장애인이라고 특별하게 보일 리가 없다.

도움을 필요로 하는 사람들을 돕는 것은 당연한 일이라고 배웠으니, 도움을 주는 일 또한 특별한 것이 아니다. 장애인이라고 특별한 사람이 아니라 함께 어울려 사는 사람이다 보니, 장애인을 지칭하는 용어 중에 비하의 뜻이 담긴 것이 있을 수가 없다.

내 선배 말마따나 캐나다도 장애인들에게 천국이나 마찬가지이다. 그러나 그 천국이라는 것도 한국 시각으로 보면 그런 것일 뿐 이곳 시각으로 보면 당연한 일이다. 어린이 노인 여성 장애인 등 사회적 약자를 우선 보호하고 배려하는 문화가 있기 때문이다.

몇 주 전에 한국의 국회에서 사용된 '절름발이'라는 용어가 큰 관심을 모았다. 비하의 뜻이 담긴 그 말을 왜 굳이 쓰느냐는 젊은 의원의 지적은 틀린 것이 아니다. 그러나 정작 문제는 용어 자체가 아니다. 절름발이가 되었든 외팔이가 되었든 말이 중요한 게 아니고 장애를 가진 사람들이 차별받지 않고 사는 세상이 되었느냐 하는 것이다. 캐나다처럼 보통 사람들과 자연스럽게 어울리며 배려받는 세상이 되었느냐 하는 것이다. 특별하게 대접 받는 세상까지는 아니더라도 말이다. 관용적으로 쓰이던 표현에 저렇게 예민하게 반응할 정도라면, 국회의원들은 한국 사회 도처에 남아 있는 장애인 차별과 배제 문화를 걷어내기 위해 열 배, 백 배는 더 신경쓰고 일을 추진해야 마땅하다.

　그럴 의지가 없다면 용어에 대한 문제 제기는 한낱 자기를 드러내기 위해 장애인을 이용한 것이라고 봐도 무방하겠다. 유권자들이 유심히 지켜보아야 할 것은 바로 이런 대목이다.

2020년 08월 19일

캐나다 정부가
이민자 공존을 돕는 이유

얼마 전 백신 접종을 거부한 노바크 조코비치의 호주오픈 출전이 무산되었다는 뉴스를 들으면서 이런 생각이 자연스레 떠올랐다. '호주답구나.'

호주오픈 4연패와 10회 우승을 노리는 남자 테니스 세계 랭킹 1위가 참가하지 못한다면 대회가 입게 될 손실은 이만저만이 아닐 것이다. 더군다나 한번 추방되고 나면 3년 동안 입국이 금지된다고 하니 어떤 무리수를 동원해서라도 조코비치 입국을 관철시켰을 법도 한데, 호주는 역시 단호했다. 코로나19 백신 미접종자는 누가 되었든 입국할 수 없다는 호주 연방법원의 최종 판결은 '원칙 적용에 어떤 예외도 있을 수 없다'는 사실을 다시금 확인해준 것이나 다름없었다. 그래서 '역시 호주답다'는 생각이 들었던 것이다.

이런 면으로 보자면 캐나다는 호주와 쌍생아처럼 닮은 나라이다. 눈앞의 큰 손실을 감수하고라도 한번 세운 원칙을 '칼같이' 지키려 하는 데는 그만한 이유가 있다. 두 나라 모두 '이민자의 나라'이기 때문이다. '안 되는 것은 절대 안 된다'는 원칙에 작은 균열이라도 생긴다면 이민자의 나라에서는 걷잡을 수 없는 혼란이 생겨날 수밖에 없다.

캐나다는 올림픽 참가국만큼이나 많은 나라에서 온 사람들이 더불어 살아가는 곳이다. 출신 배경과 언어, 피부색과 문화가 다른 각양각색의 사람들이 평화롭게 공존하도록 하려면, 모든 사람을 공평하게 대하는 원칙 적용이 무엇보다 중요하다. 스포츠 이벤트의 성패 같은 특별한 이유를 들어 이번만은 허용하자는 식의 예외를 두기 시작한다면 혼란이 어떤 식으로 번져갈는지 모른다. '예외 없는 원칙은 없다'는 말은 이민자의 나라에는 없다.

내가 보기에, 원칙을 중요시하는 문화는 이민자의 나라를 떠받치는 기둥 가운데 하나이다. 그 못지않게 중요한 기둥이 하나 있으니, 그것은 바로 초기 이민자들로 하여금 새로운 땅에 뿌리를 내릴 수 있도록 도와주는 정착지원 제도이다. 내 경우를 돌이켜보면, 이 프로그램은 캐나다에 살러 들어온 이민자들이 깜짝 놀랄 정도로 정교하고 광범위하게 작동한다. 이민 문호를 열어 외국 사람들을 받아놓고 '말을 배우든, 직업을 구하든 알아서 하라'며 방치한다면 그 또한 사회혼란을 부추길 것이 틀림없다.

캐나다는 이민자를 받지 않으면 나라 자체가 소멸할 수도 있다. 면적은 한국보다 100배가 큰 반면, 인구는 3800만 명에 불과하다. '합계 출생률'은 1971년 이후 해마다 낮아져서 2020년에는 1.47명을 기록했다. 출생률이 한국보다는 높다고 하지만 크기에 비해 인구가 터무니없이 적다보니, 인구 감소에 위기감을 갖는 것은 당연한 일이다. 일할 사람이 부족한 사회가 제대로 돌아갈 리 없기 때문이다.

통상적으로 캐나다가 받아들이려고 하는 이민자 숫자는 1년에 25만 명. 그러나 이 목표를 달성한 해는 그리 많지 않다. 최근에는 코로나19 사태로 절차가 지연되는 바람에 이민자 수가 급감하기도 했다. 저스틴 트뤼도 캐나다 총리는 부랴부랴 1년에 45만 명을 받아들이겠다고 다시금 천명했다. 이민자가 적게 들어온다는 것은 낮은 출생률만큼이나 심각하고 다급한 문제이기 때문이다.

급하다고 해서 무작정 받아들이는 것은 아니다. 까다로운 심사를 거쳐 이민자를 선별한 다음, 그들이 입국을 하자마자 캐나다에 안착할 수 있도록 지원 프로그램을 가동한다. 그런 서비스를 받느냐 마느냐 하는 것은 개인이 선택할 수 있으나, 그걸 알고도 받지 않는 사람은 보지 못했다.

사례를 꼽아보면 이런 것들이다. 이민 비자를 가진 사람이 입국한 뒤 가장 먼저 해야 하는 일은 영주권자로서 캐나다 사회에 '등록'을 하는 것이다. 한국의 주민등록번호와 비슷한 사회보장번호(SIN)와 운전면허증, 의료카드 등의 신청서를 작성하고 제출할 때 나는 한국인 전문가의 도움을 받았다. 그들은 모든 것을 꼼꼼하게 점검해주었다. 그 덕분에 기본적으로 해야 할 일들은 일사천리로 진행되었다. 그런 도움을 받지 못했더라면 낯선 땅에 와서 여러모로 피곤하고 괴로웠을 것이다. 나중에 알고 보니, 그들은 캐나다 정부를 대신해 일을 하는 한인YMCA와 한인여성회 등에 소속된 전문가들이었다. 물론이 단체들은 캐나다 정부로부터 지원금을 받는다.

아이들을 학교에 등록하는 것도 이민 초기에 해야 하는 큰일 가운데 하나이다. 내 경우, 큰아이가 청각장애가 있어서 특별한 서비스를 받았다. 아이를 집 근처 공립 초등학교에 데리고 가서 한국인 이민자라고 했더니 한국인 '소셜워커'를 바로 불러주었다. 우리를 도와주는 모든 사람들은 초기 이민자가 캐나다 영주권자로서 받을 수 있는 지원을 빠짐없이 받게 해주려고 애를 쓴다는 느낌을 주었다.

어른들은 무료로 영어를 배울 수 있는 학교도 소개받았다. 수업시간에 세 살배기 둘째아이를 옆방에 맡기고 영어를 배울 수 있는 '링크' 프로그램도 찾아서 공부할 수 있었다. 초·중·고교에는 초기 이민자 자녀들을 위한 영어반(ESL=English as a Second Language)이 따로 설치되어 있다는 이야기도 들었다.

큰아이 담임교사 두 분과 면담하려고 한 학기에 두 번은 학교에 간 것 같다. 학교에서는 한국인 통역사를 불러주었다. 그 비용은 물론 학교가 부담했다. 아이가 병원에서 수술을 받고 언어 치료를 받는 과정에서도 한국인 통역사를 불렀다. 나중에는 우리가 통역사를 부르지 말아달라고 학교와 병원 측에 요청했다. 통역사가 있으면 오히려 비효율적이었기 때문이다.

학교와 병원뿐만 아니라 공적인 업무를 볼 때는 거의 모든 곳에 한국인이나 한국인 통역사가 있었다. 통역은 내가 공적으로 누릴 수 있는 권리이다. 가장 대표적인 경우가 법정이다. 교통위반 티켓을 받으면 재판을 신청해 이의제기를 하는 사례가 많다. 그렇게 해야 벌점과 벌금을 깎을 수 있다. 사람들은 재판정에 가면 한국어 통역을 반드시 요청하라고 했다. 물론 통역 비용은 법원이 지불한다.

나는 이런 서비스를 악용하는 사례도 직접 보았다. 재판이 열리기 전, 나하고 영어로 멀쩡하게 대화하던 어떤 외국인 이민자는 막상 재판이 시작되자 무슨 소리를 들어도 "아이 엠 노 잉글리시"라는 말만 되풀이했다. 그는 영어를 못 알아듣는 척하기로 작정하고 통역을 일부러 요청하지 않은 듯했다. 말이 통하지 않으니 재판은 진행되지 않았다. 검사는 그에게 "네 티켓은 취소되었다. 집에 가라"고 했다. 그것마저 못 알아듣는 척하던 그는, 손짓으로 나가라고 하니 그제야 자리에서 일어섰다. 그 모습을 지켜보면서 나는 속으로 생각했다. '이 나라에서는 영어 못하는 것이 벼슬일 수도 있구나.'

개개인에 대한 다양한 정착 지원과 배려가 주로 이민 초기에 이루어진다면, 각 소수민족 사회에 대한 지원은 일상적으로 진행된다. 캐나다라는 나라의 정체성을 한마디로 규정하자면 '따로 또 같이' 문화에 기반한 다양한 사람들의 공존이다. 캐나다에 살러 왔으면 캐나다사람이 되어야 하는 것은 당연한 일이다.

그런데 이 나라 사람이 되게 하는 방식이 재미있다. 캐나다 사회를 관통하는 주류문화를 수용하는 동시에, 내가 태어나고 자란 나라(내 경우 대한민국)의 문화 또한 지켜나가라는 것이다. '코리언 캐네디언'인 내 입장에서 보자면, 주류문화는 캐나다와 한국 문화 두 가지인 셈이다. 공용어로는 영어를 쓰지만 일상생활에서는 한국어를 주로 사용하는 만큼 나에게는 두 언어 모두 주류 언어인 것이나 마찬가지이다.

나아가 캐나다 정부는 여러 나라에서 온 이민자들이 자기 고유의 문화를 지키고 지속할 수 있도록 적극 지원한다. 그렇게 하는 것이 외국에서 들어온 '새로운 캐나다 시민들'의 행복지수를 높일 수 있다고 여기기 때문이다. 캐나다 정부의 지원을 받아 운영되는 한글학교 같은 것들이 대표적이다. 한인회며 한인여성회, 한인노인회 같은 단체들도 지원 대상이다. 캐나다에 있는 모든 소수민족 커뮤니티가 이런 식으로 지원을 받는다고 보면 된다.

한국도 출생률이 급격하게 낮아지는 바람에 급기야 인구절벽에 맞닥뜨렸다는 뉴스를 자주 접한다. 출생률이 높아지지 않는 이상, 인구 문제 해결책은 이민 문호를 개방하는 방법밖에 없다. 이민자 정책에 관한 한 가장 앞서가는 나라로 꼽히는 캐나다에 살면서 보니, 정식으로 이민자를 받아들이려면 앞서 언급한 두 가지 정도는 단단하게 준비해야 할 것 같다. 원칙을 지키는 문화, 외국인 이민자들을 선별해 받아들이되 그들이 빨리 정착할 수 있도록 지원하는 프로그램. 가장 기본적인 이 두 가지를 준비하지 않은 채 이민자를 받아들인다면 인구 감소 문제를 해결하려다 사회적 혼란만 부추길 가능성이 높다.

관련 전문가들에 따르면, 캐나다 시민들은 이민자들을 통해 얻을 수 있는 경제적·문화적 이득을 잘 이해하는 편이다. 인도적 차원에서

토론토에서 한국 사람들이 가장 많이 사는 토론토 노스욕 지역의 한국 가게들. 한국 음식을 맛보려고 한국 식당과 식품점이 몰려 있는 이 동네를 찾는 외국 사람들도 많다.

난민을 받아들이는 것에 대한 이해도도 높다. 대규모로 난민을 받아들여도 반대 여론 같은 것은 없다고 봐도 무방하다. 이 같은 시민의식은 오랜 세월에 걸친 (학교)교육과 홍보를 통해 만들어진 것이다. 단일민족으로 살아온 한국사람들이 가장 넘기 어려운 벽은 바로 이것일는지도 모른다.

이민자들이 들어와 취직을 하거나 사업을 해서 고소득자가 되어도 그것을 백안시하지 않고 존중하는 문화, 이민자들이 자기 고유의 문화를 지켜나갈 수 있도록 지원하는 문화, 이런 문화들이 뿌리를 내린 곳이 이민자의 나라인 캐나다이다. 한국 같은 '후발주자'들에게 좋은 본보기가 있는 것이다.

2022년 01월 28일

캐나다의 고용 사다리…
공채 없이 알바 → 계약직 → 정규직

캐나다로 이민을 오기 직전 친구가 내게 전해준 이야기가 있다. 내 형이 친구에게 했다는 말이다.

"우제는 왜 기득권 다 버리고 이민을 가려 하는지 모르겠다."

낯선 땅에서 고생할 것이 불을 보듯 훤하니 속이 상해 그런 말을 했을 것이다.

그 말을 전해 듣고도 나는 그리 심각하게 여기지 않았다. '나에게 버릴 기득권이 있기는 한 건가' 하고 잠깐 생각했을 뿐이다. 한번 전염되면 벗어나기 어렵다는 '이민병'에 걸렸던 탓에 그런 종류의 어떤 조언도 귀에 잘 들어오지 않았다.

토론토 정착 초기까지만 해도 내가 한국에서 가졌던 기득권의 정체를 잘 몰랐다. 새로운 일을 하겠다는 '전투적인 의지'만 불태웠을 뿐 내가 한국에서 누린 것에 대해서는 전혀 생각하지 않았다. 여러 시행착오를 거치고 몇 년이 지나 밥벌이를 겨우 하게 될 즈음, 내 형이 했던 말이 평범한 게 아니었다는 사실을 비로소 실감했다. 자영업자로서 자리를 잡을 때까지 캐나다에서 내가 가진 기득권이란 것은 없었다. 한국의 학력이나 기자로서의 경력은 아무런 도움도 되지 않았다. 모든 것을 '제로 베이스'에서 쌓아나가야 했다.

자영업을 하겠다고 마음먹은 내가 이곳에서 일단 할 수 있는 것이라고는 '헬퍼'(한국식으로는 '알바')밖에 없었다. 새로운 사회에 적응하면서 일을 배우려면 달리 방법이 없었다. 물론 최저임금이었다. 그마저도 아무나 뽑아주는 것이 아니었다. 이민 초보자라는 사실은 '알바' 인터뷰에서도 감점 요인이었다.

'알바' 생활을 시작한 곳은 샌드위치숍이었다. 토론토 다운타운에서 배달 수레를 뛰다시피 하며 밀고 다녔다. 흰색 유니폼을 입었으니 한국의 배달원(일명 '철가방')과 비슷한 모습이었다. 샌드위치냐, 짜장면이냐만 다를 뿐 일 자체는 똑같았다. 처음 하는 육체노동이 힘에 부치기는 했으나 이렇게 배우고 익히다 보면 언젠가는 나도 밥벌이를 할 수 있을 거라는 희망 한 가닥은 늘 품고 있었다. 비록 의심스럽기는 했어도 가느다란 그 희망마저 없었다면 힘든 시간을 통과하기가 어려웠을 것이다.

회사 후배인 K가 나보다 6개월 먼저 토론토에 와 있었다. 친구처럼 지내게 된 K는 나와는 달리 대학원에 들어갔다. 석사학위를 발판 삼아 취직을 할 심산이었다. 후배는 열심히 공부해 최대한 빨리 석사과정을 마쳤으나 직장 구하기가 쉽지 않았다. 나 또한 마찬가지였다. 2년 남짓 샌드위치숍 배달과 설거지를 경험했다 해도 안정적으로 운영할 만한 가게가 눈앞에 나타나는 것은 아니었다. 한국에서도 하지 않았던 자영업에 종사하려 하다보니 무엇보다 두려움이 컸다. 까딱 잘못하면, 아파트 판 돈에 퇴직금을 합친 얼마 안 되는 목돈마저 다 날려버릴 수 있었기 때문이다.

캐나다에는 참 이상한 고용문화가 있었다. 이곳 직장들은 사람을 채용할 때마다 늘 '캐나다 경험'을 요구했다. 나처럼 자영업을 하려는 사람은 수용 여부를 당사자가 결정할 수 있으나(경험이 많으면 실패할 확률이 그만큼 줄어든다는 의미로), 화이트칼라인 K에게 그 요구는 치명적인 것이었다. 캐나다에 이민 와서 대학원 다닌 경험밖에 없는 사람에게 캐나다 직장 경험을 요구하니 앞뒤가 맞지 않았다. 캐나다 경험을 요구한다는 것은 '다른 직장에서 어떻게 일했는가를 보고 당신의 능력과 자질을 따져보겠다'는 이야기였다.

영어학교에서 만난 다른 나라의 고학력 구직자들 또한 신규 이민자에게 캐나다 경험을 요구하는 캐나다 고용문화를 맹렬히 비난했

토론토 오피스빌딩의 푸드코트. 나는 캐나다에 살러 오자마자 푸드코트 샌드위치숍에서 헬퍼(알바)로 시작해 일을 배우고 4년 뒤에 내 가게 문을 열었다. 취업도 자영업과 비슷해서 단기 계약직으로 출발해 경험을 쌓은 다음 정규직으로 자리를 잡는 경우가 대부분이다.

다. 하다못해 최저시급 육체노동 '알바' 자리를 처음 구하러 간 나에게도 "딴 데서 일한 적 있나요?"라고 물었으니, 고학력자들이 찾는 직장에서는 캐나다에서 일한 경력을 훨씬 더 중하게 여겼다. 캐나다 경험을 요구하는 것은 이민자들 앞에 놓인 절벽이었다.

그러나 그 높은 절벽에도 그곳을 타고 오르는 가느다란 길이 있기는 했다. 가까이 다가가서 면밀하게 찾는 사람한테만 보이는 암벽등반 코스 같은 길이었다. 오랜 시간 참고 견디며 한 발 한 발 내디뎌야 올라갈 수 있는 길이었다.

석사과정을 마친 K는 바로 그 좁은 길을 찾아 걸음을 떼기 시작했다. 내가 더 내려갈 수 없는 곳에서 '알바'를 시작한 것처럼, 후배 또한 자기가 갈 수 있는 가장 낮은 곳을 찾아갔다.

학생으로서 토론토에서 '알바' 경험만 했던 그는 웬만한 사람이면 기피할 법한 일자리를 하나 찾아냈다. 인구 3000명의 소도시에서 근무하는 온타리오 주정부 계약직이었다. 문제는 토론토에서 자동차로 12시간 넘게 가야 나오는 오지라는 사실이었다. 토론토 토박이들도 잘 모르는 북쪽의 작은 도시였으니, 그런 외진 곳의 1~2년짜리 계약직 공무원 자리에 관심을 갖는 구직자는 거의 없었다.

부지런하고 능력 있는 고학력자이지만 캐나다 직장 경험이 전혀 없는 사람에게는 그런 자리밖에 남아 있지 않았다. 공무원이든 기업이든 공개채용이 없는 나라이다 보니, 사람을 고용할 기회가 생길 때마다 '이너서클'과 그 주변 사람들에게 우선 지원 자격을 주었다. 그런 정보에 접근할 수 있다는 것 자체가 작지 않은 기득권이었다. 기득권자들이 새로운 이민자들에게 구직 기회를 쉽게 나눠줄 리가 없었다.

겨울이면 거센 눈보라 때문에 운전조차 할 수 없는 그 작은 도시에서, K는 정규직 매니저 1명과 함께 1년 넘게 일했다. 멀기도 하거니와 오가는 길 자체가 힘해서 토론토에 있는 가족도 자주 볼 수 없었다. 무엇보다 어려운 것은 불안감을 계속 안고 살 수밖에 없다는 사실이었다.

그곳에서 '캐나다 경험'을 한다 해도 더 나은 자리로 옮겨갈 수 있다는 보장이 없었기 때문이다. 물론 그가 계약직으로서 받는 월급도 가족이 생활하기에 턱없이 부족했다. 한국에서 가져온 돈을 몇 년째 '까먹고' 있다는 사실 또한 불안감을 부추겼다.

한국에서는 과학 및 IT 전문기자로 '펄펄 날았던' K는 캐나다 사람 버금가게 영어를 잘했으나, 캐나다 고용시장은 오로지 '캐나다 경험'만을 이야기했다. 캐나다 사회가 요구하는 '수업료'를 시간과 돈으로 지불하는 것 외에는 다른 방법이 없었다. 1년 남짓 작은 도시에서 일하던 후배는 토론토에서 2시간 거리에 있는 조금 큰 도시에서 기회를 잡았다. 1년이나마 캐나다 직장생활을 했던 까닭에 지원 자격이라도 얻을 수 있었다. 물론 첫 직장의 유일한 동료인 매니저가 써주는 '추천서'가 취업 여부를 결정하는 데 크게 작용했다.

공무원이지만 계약직 신분과 박봉은 여전했다. 좀 더 집 가까이로 왔다는 것과 경력을 인정받았다는 사실만이 위안거리였다. 처음으로 한 단계 올라선 것이다. 출·퇴근을 하는 데 하루 4시간이 걸리는 고된 생활을 또 1년 넘게 했다. 하루하루를 보내는 것이 경력을 그만큼 쌓아가는 일이니만큼 불안감은 여전해도 달리 뾰족한 방법이 없었다. 가던 길을 계속 가는 수밖에 없었다.

작은 도시, 조금 큰 도시에서 경험을 쌓은 그에게 토론토에서 일할 기회가 왔다. 역시 계약직이었으나 이번에는 토론토시 공무원이었다. 대학원생 시절 '알바' 경험을 했던 곳이다. 출·퇴근하느라 고생하지 않게 된 것도 좋았고, 무엇보다 기회가 많은 가장 큰 도시로 진입했다는 데 의미가 있었다.

K는 캐나다에 와서 5년이 넘는 시간을 대학원에서 공부하고 계약직으로 경험만 쌓으며 지냈다. 나 또한 토론토에서 하는 자영업의 생리를 익히려고 4년 동안 '알바' 생활을 하며 지냈다. 대학을 졸업하자마자 언론사 공채시험에 합격해 직장생활을 시작했던 것과는 완전히 다른 방식이었다.

한국에서 대학 졸업장은 대단한 기득권이었다. 우리는 그게 기득권인 줄도 몰랐다. 학력은 물론 십수 년 직장 경력 또한 큰 기득권이라는 사실을 나는 토론토에서 실뿌리를 내려가면서 비로소 알게 되었다. "우제는 왜 기득권 다 버리고 이민을 가려 하는지 모르겠다"고 했던 내 형의 말이 떠올랐다. 캐나다 경험을 쌓으려고 시간과 노력을 들이기 전에는, 내가 한국에서 기득권을 가진 줄도, 버리고 온 줄도 몰랐다.

최저시급 '알바' 생활을 거친 후 나는 내 가게를 열었고, 후배 K는 드디어 온타리오 주정부 정규직 공무원으로 취직했다. 나나 후배가 '정규' 밥벌이를 할 수 있었던 근본적인 자양분은 해당 분야에서 터무니없는 박봉을 감수해가며 버티고 보낸 시간이었다. 필기시험은 보지 않았으나 인터뷰는 자주 했다. 당연히 후배는 나와 비교도 할 수 없을 만큼 많이 했다. 그는 직장을 옮길 때마다 인터뷰를 하고 전 직장 상사로부터 추천서를 받아 제출했다. 실력은 기본이고, 캐나다 직장 경험과 인터뷰와 추천서가 그로 하여금 정규직 공무원의 자리까지 나아가게 했다.

K는 온타리오 주정부에서도 여러 번 자리를 옮겼다. 일을 하면서 능력을 인정받았으니, 좋은 조건의 자리로 계속 옮겨갈 수 있었다. 좋은 조건이란 승진과 연봉 인상을 의미했다. 이후 후배는 앨버타 주정부 공무원으로 이동했다가, 캐나다 연방정부 산하 기구를 거쳐 지금은 브리티시컬럼비아 주정부 고위 공무원으로 일하고 있다. 매니저라고 하니 한국으로 치면 경기도청쯤 되는 곳의 국장급 공무원이다.

캐나다 경력이라고는 없던 K가 대학원시절 '알바'에 이어 '계약직'을 전전하다가, 캐나다 정규직 공무원을 거쳐 고위직에 이르기까지 그 과정이 불공정하다고 시비를 거는 사람은 아무도 없다. '알바'와 계약직으로 일을 시작하면서 그는 능력을 인정받기 시작했고, 상사에게서 좋은 추천서를 받을 수 있었으며, 무엇보다 경험과 실력과 전문성을 키웠다.

K도 그렇고, 자영업으로 밥벌이를 하는 나를 포함한 이민자들 모두가 그렇게 홀로서기를 했다. 기득권이라고는 없으니 가장 낮은 현장에서 일을 배우고 경험을 하며 긴 시간을 보냈다. 물론 캐나다에서도 명문대학을 나오면 취업의 문이 훨씬 더 넓기는 하다. 그러나 취업 자체가 어려운 것은 세상 어디든 마찬가지이다. 도처에 취업준비생이다.

그렇다고 '알바'나 계약직으로 시작해 정규직 자리를 잡아가는 사람들을 두고 '공정하지 않다'고 이야기하는 사람은 없다. '알바'든 계약직이든 현장에서 일하면서 전문성을 키우는 것 또한 명문대학을 졸업하고 취업준비를 하는 것 못지않게 힘들고 의미있다는 사실을 모두가 인정하고 있기 때문이다.

2020년 07월 03일

매뉴얼 천국의
느림보 문화

캐나다에 살러 와서 가장 적응하기 힘들었던 것은 '느림보 문화'였다. 전화를 신청해도 느리고, 무엇을 주문해도 느렸다. 장애인을 태우느라 버스도 느리게 갔다. 공무원과 교사, 은행과 가게 직원들은 느리게 일하기 경쟁을 하는 것 같았다. 사람들의 성격이 느긋해서도 아니고 게을러서는 더더욱 아니었다. 살면서 보니 느린 이유가 있었다. 무슨 일을 하든 법과 제도, 규칙과 규정이 정한 대로 하는 문화 때문이었다.

나 같은 이방인이 보기에, 그냥 빨리빨리 해도, 대충 눈감고 넘어가도 될 법한 일인데도, 이곳 사람들은 정해진 매뉴얼을 그대로 따라했다. 특히 사람의 안전과 관련된 일에 대해선, 처음 경험하는 사람으로서는 속이 터질 정도로 느릿느릿 일을 했다. 응급을 필요로 하는 일을 빼고는 캐나다 사회는 전반적으로 그렇게 돌아갔다.

내가 밥벌이로 처음 시작한 일은 식당 운영이었다. 우리 부부를 포함해 세 명이 일하는 빌딩 속 작은 패스트푸드점이었다. 우리를 바짝 긴장시키는 일이 하나 있었다. 위생과 안전 불시점검이었다. 토론토시 공무원은 몇 개월에 한 번꼴로 불쑥불쑥 우리 식당에 나타났다. 물론 예고는 없었다.

그이가 훅 하고 들어오는 곳은 주방. 맨 처음에 와서는 구석구석 청결 상태를 검사하더니, 주방 바닥에 깔린 카펫형 발판을 지적했다. 발판이 움직이면 넘어져 다칠 수 있으니까 고무 재질로 바꾸라고 했다. '다쳐도 우리가 다치고 다쳐봐야 얼마나 다치겠나' 싶어 차일피일 미뤘다. 그 이야기를 들은 선배는 말했다.

"가게 문 닫고 싶어? 당장 바꿔."

운이 좋았다. 발판을 바꾸자마자 바로 점검을 나왔다. 지난번 그 사람이었다. 그이는 지난번 지적 사항부터 확인했다. 발판을 교체하지 않았더라면 벌금과 벌점을 부과했을 것이다. 벌점이 큰 문제였다. 토론토의 모든 식당과 식품점 입구에는 'PASS'라는 초록색 팻말이 붙어 있다. 거기에는 '패스' '조건부 패스' '폐업' 세 단계가 표시되어 있다. '조건부 패스'만 받아도 손님이 뚝 떨어진다. 위생이나 안전 상태가 불량하다는 뜻이기 때문이다. 작은 식당 주방의 발판 하나를 가지고도 그렇게 꼼꼼하게 따지고 지적하는 판국이니, 대형 사고와 바로 연결될 수 있는 불과 기름, 가스 같은 것에 대해서는 까다롭기가 이루 말할 수가 없다.

소화기는 지상에서 1m 높이의 눈에 잘 띄는 곳에 설치해야 하고, 매월 1일 상태를 점검하고 확인 표시를 해야 한다. 가스불을 사용하는 식당뿐 아니라 모든 상점이 지켜야 하는 의무사항이다. 규정대로 하지 않으면 지적을 받고, 그게 누적되면 가게 문을 닫으라는 명령을 받는다. 사람이 드나드는 어떤 장소든 마찬가지이다. 규모가 크든 작든 상관없다. 보험 가입 또한 필수다. 숙박업소는 말할 것도 없고, 개인이 사는 단독주택도 안전에 관한 한 의무사항이 많다. 화재 및 가스

경보기 설치는 기본이다.

　도로나 빌딩 같은 큰 공사는 물론, 개인이 집을 짓거나 고쳐도 모든 게 느릿느릿이다. 작업 환경이 안전하지 않으면 아예 일을 시작하지 못하고, 안전검사를 통과하지 못하면 무슨 공사든 끝을 보지 못한다. 한국 사람으로서는 답답하기 짝이 없지만, 그런 느림은 곧 익숙해지게 마련이다.

　캐나다에 산 지 올해로 17년째이다. 눈길에 미끄러진 스쿨버스 사고를 제외하고는 어린 학생이나 청년들이 어디서 안전사고를 당했다는 뉴스를 들은 기억은 거의 없다. 사람의 생명과 직결되는 안전에 관해서는, 매뉴얼을 무엇보다 철저하게 지키는 문화 덕분이다. 법도 안 만들고, 있는 법도 안 지키고, 법을 안 지켜도 단속도, 처벌도 안 하는 어른들 탓에 아이들이 희생되는 일이란 없다. 어쩌다가 작은 사고가 난다 해도 다시는 반복되지 않도록 아주 오랜 시간을 들여 조사하고 대책을 마련한다. 그러니 캐나다 사회는 느리다.

　나는 이 느림보 문화가 점점 더 좋아진다. 사회적으로 노하거나 슬퍼할 일이 많지 않기 때문이다.

2018년 12월 23일

어린이병원에
기꺼이 기부하는 까닭

며칠 전 일이다. 코스트코 계산대에서 돈을 내기 직전에 직원이 말했다.

"어린이병원(The Hospital for Sick Children)에 기부하지 않으실래요? 2달러 이상이면 되는데요."

코스트코에서는 1년에 서너 번쯤 이런 제안을 받는다. 거절하거나 망설인 적은 없다. 직원은 내가 산 물건 가격에 기부금을 추가하고, 기부했다는 표시로 노란색 풍선 그림에 이름을 적으라고 했다. 노란색 종이풍선들은 코스트코 한쪽 넓은 벽면에 날아갈 듯 가득 붙어 있다.

비록 적은 액수지만 매달 은행계좌 자동이체로 이 병원에 기부해 온 지도 올해로 16년째다. 이렇게 정기적으로 기부하고, 코스트코에서처럼 제안을 받을 때마다 선뜻 기부하는 것은 토론토 사람들에게 그리 특별한 일이 아니다. 여러 매체나 그곳을 경험한 사람들을 통해 어린이병원이 어떤 곳인가를 잘 알고 있기 때문이다. 어린이병원은 캐나다가 자랑하는 병원이자 캐나다 사람들이 가장 사랑하는 병원이다. 나처럼 자식이 그곳에서 수술을 받은 적이 있기라도 하면 그 고마움은 평생을 가게 마련이다. 말로만 듣던 '인술'을 실제로 접한다면 누구나 그럴 것이다.

청각장애를 가지고 태어난 우리 큰아이는 15년 전 어린이병원에서 인공와우 수술을 받았다. 수술 후 아이는 보청기를 끼던 예전과는 비교할 수 없이 소리를 잘 듣게 되었다. 아이는 올여름 대학을 졸업하고 다음 달부터 직장에 나간다.

어린이병원에서 우리가 감동한 것은 아이가 소리를 잘 듣게 되었기 때문만은 아니다. 어린이병원에서 검사하고 수술하고 특수교육을 받은 1년6개월 동안 우리는 '병원이란 모름지기 이래야 하는구나' 하는 것을 거의 처음으로 알게 됐다.

병원에서 만난 사람들은 누구를 막론하고 친절했다. 환자를 대할 때 모두가 웃는 얼굴이었다. 그 못지않게 놀라웠던 것은 의사·간호사·특수교사·오디올로지스트(Audiologist, 청력을 검사하고 보청기 같은

토론토 어린이병원 내부. 아기자기한 놀이동산 느낌이 나도록 꾸며져 있다.

청각 관련 기계 상태를 점검·보완하는 전문가) 등 우리가 만난 각 분야 전문가들이 위아래가 아닌 동등한 관계의 동료로 서로 협력하는 모습이었다. 한국 병원을 자주 드나들었던 우리 눈에는 조금 낯선 광경이었다.

아이가 두 살일 때 한국의 모 대학병원에서 청각장애 판정을 받고 나서도, 우리는 병원에서 특수교육은 물론 특수학교나 특수교사에 대한 아무런 정보를 얻지 못했다(우리에게 특수학교가 있다는 사실을 알려준 사람은 우리 같은 부모에게 보청기를 팔러 나온 회사 영업사원이었다). 그 병원에서는 특정 전문가가 다른 분야에 대해 무지하거나 무시하는 경향마저 있어서, 우리 아이를 가운데 두고 전문가들끼리 의견을 교환하는 모습을 한 번도 보지 못했다. 벌써 26년 전 일이니 그 병원의 그런 문화도 지금은 바뀌었을 것이다.

우리 아이는 어렵기는 했으나 보청기를 끼고 일상생활을 하고 학교 공부도 부지런히 따라갔기 때문에 캐나다에 살러 와서도 인공와우 수술에 별 관심을 두지 않았다. 어느 날 학교에서 중요한 회의가 있으니 참석하라는 연락이 왔다. 청각장애 학생들을 담당하는 교육청 관계자가 소집한 회의였다. 교장과 2명의 담임교사도 함께한 회의에서 교육청 담당자가 말했다.

"지난 2년 동안 아이가 학교생활을 하는 모습을 관찰했다. 인공와우 수술을 받으면 큰 효과가 있을 거라는 결론을 얻었다."

그때까지만 해도 우리는 인공와우 수술은 보청기를 끼고도 거의 들을 수 없는 아이들에게 필요한 것인 줄 알았다. 교육청 담당자가 알려준 대로 우리는 수술신청서를 작성해 어린이병원에 보냈다.

한 달 만에 답장이 왔다. 병원에서 연락해온 사람은 뜻밖에도 오디올로지스트였다. 한국에서는 그저 청력을 검사하는 '기사'였으나 캐나다 어린이병원에서는 오디올로지스트가 아이의 검사와 수술, 재활교육에 이르는 모든 일정을 짜고 그 진행을 담당했다. 말하자면 입원 준비부터 퇴원에 이르는 과정을 총괄하는 지휘자였다. 아이는 오디올로지스트가 만든 시간표대로 일주일에 한 번씩 병원에 가서 청력 검사, MRI 테스트, CT 스캔, 언어 능력 검사 등을 6개월에 걸쳐 하나하나 받았다.

모든 검사가 마무리되자 오디올로지스트는 회의를 소집했다. 거기에는 수술을 집도하는 의사와 간호사, 수술 이후 언어교육을 담당하는 특수교사가 참석했다. 그들은 검사 결과를 함께 검토하고 수술이 아이에게 효과가 있을지 여부를 두고 의견을 나누었다. 우리 아이의 장애와 관련해 전문가들이 머리를 맞대고 회의를 하는 모습도, 서로의 전문성을 존중하며 동등한 위치에서 의견을 교환하는 것도 처음 보았다. 따지고 보면 당연한 일인데도, 그 당연한 것을 어린이병원에서 처음으로 경험했다.

벌써 십수 년이 흘렀는데도 우리가 어린이병원에서 보낸 수술 당일의 그 하루가 마치 어제 일처럼 생생하게 기억난다. 그날, 병원에 발을 들여놓는 순간부터 자원봉사자들이 우리를 그림자처럼 따라다니며 친절하게 안내했다. 아이를 수술실에 들여보낸 뒤 우리는 보호자 대기실에 가 있었다. 그곳에는 우리 같은 환자 가족들이 모여 있었다. 수술을 마친 의사들이 수술복을 입은 채 수시로 들어와 수술 결과를 가족에게 알려주었다.

수술실에 들어간 지 2시간쯤 지나자 우리 아이를 수술한 닥터 펩신이 문을 열고 들어왔다. 두건과 수술복 어깨에 땀이 배어 있었다. 수술을 끝내자마자 마스크를 벗고 바로 오는 길이었다. 벌떡 일어선 우리에게 "앉아서 들으세요"라면서 수술 결과를 자세하게 설명했다. 수술 부위가 안면 신경이 지나는 자리라 조금 까다로웠으나 수술은 잘 되었으니 안심하라는 이야기였다. 우리는 또 감동했다. 의사가 수술을 마치고 한달음에 달려와 환자 가족에게 그 결과를 알려주는 것이 당연한 일이기는 해도, 그 또한 우리에게 그리 익숙한 일은 아니었기 때문이다.

닥터 펩신은 일어설 생각을 하지 않은 채 계속 말했다.

"궁금한 거 더 없으세요? 무엇이든 괜찮으니 물어보세요."

이후 입원실에서 하룻밤을 자고, 퇴원하고, 기계를 새로 받고, 병원에 있는 특수교사한테 교육받는 과정이 1년 내내 이어졌다. 1년 6개월 동안 우리가 쓴 돈은 수술 당일과 그 이튿날 이틀치 주차비로 냈던 17달러가 전부였다. 의료보험 제도 덕분에 병원비가 무료였고 고가의 기계를 무료로 지급받고, 무엇보다 수술을 성공적으로 마친 것은 더없이 기쁜 일이었으나 정작 우리를 감동시킨 것은 '무료'나 '뛰어난 의술'이 아니었다. 사람을 존중하고, 특히 장애인이나 환자와 같은 약자들에게 불편함이 없도록 최선을 다해 배려하는 의료 전문가들의 마음과 태도에 깊이 감동했다.

병원에서 이런 경험을 했으니 어린이병원 기부 권유라도 받으면 기분 좋게 받아들인다. 이민 와서 처음 가본 큰 병원에서 이런 경험을 해서 그런지는 몰라도, 나는 캐나다 병원 하면 '친절하다'는 느낌을

NHL과 NBA의 토론토 하키·농구 선수은 어린이병원을 찾아 환자들과 즐거운 시간을 자주 갖는다. 스포츠 스타들은 또 운동 장비에 어린이병원(SickKids) 스티커를 붙여 어린이 환자들을 응원한다.

가장 먼저 떠올린다.

최근 페이스북을 통해 어떤 이가 내게 이런 질문을 한 적이 있다.

"캐나다 의료의 질은 괜찮은지요?"

나는 이렇게 답했다.

"환자들을 대하는 의료진의 태도까지 포함한다면 의료의 질은 한국보다 훨씬 낫습니다."

물론 내가 했던 경험이 전체를 이야기하는 것이라고 생각하지는 않는다. 그러나 나는 어린이병원뿐만 아니라 가정의(패밀리닥터)와 다른 병원의 전문의를 만날 때도 비슷한 느낌을 받았다. 그 어느 곳에서 만났든 환자를 대하는 의사들의 태도는 한결같았다. 모두가 친절했다.

캐나다에서는 응급실을 제외하고는 1차 진료는 가정의를 통해서 하게 되어 있다. 한국 사람이라면 우리말을 할 줄 아는 한국인 가정의를 당연히 선호한다. 한국인 가정의가 이곳 한국 사람 모두를 감당할 만큼 많지는 않아서, 한국 사람들이 외국인 가정의를 찾아가야 하는 경우도 더러 있다.

한국인 가정의라 해도 친절하지 않으면 한국 사람들에게도 외면받게 마련이다. 사람들이 가지 않으면 가정의는 수입이 그만큼 줄어들고, 오진이라도 하게 되면 제소되고 나아가 면허정지까지 당하는 경우도 있다.

캐나다 정부는 시민들에게 1년에 한 번씩은 정기검진을 받으라고 권유한다. 의료보험 제도로 의료비가 무료인 까닭에 국가는 병의 예방에 큰 힘을 기울인다. 병이 깊어지면 국가가 그만큼 큰 비용을 지급

해야 하기 때문이다. 이런 이유로 캐나다 시민 대다수는 1년에 한 번 씩은 가정의를 만난다. 여기서 병의 징후가 보이면 가정의는 2차 진료기관인 큰 병원의 전문의에게 환자를 보낸다.

평소 정기검진을 받지 않다가, 갑자기 심각한 병에 걸린다면 낭패를 보기 십상이다. 전문의를 빨리 만나 수술 일정을 잡을 수 있으면 다행이겠으나 잡지 못하면 오랫동안 대기해야 하는 경우도 생긴다.

내 주변 사람들에게 캐나다 병원 의사들의 태도가 어떠냐고 물어보면 거의 예외 없이 "친절하다"고 답한다. 이곳 의과대학도 진학하기가 어렵고, 의사들이 격무에 시달리는 것도 마찬가지이다. "너무 힘들어서 우리 아이는 절대 의사 시키지 않겠다"고 공공연하게 말하는 의사도 있다. 그런데도 의사들이 환자에게 그렇게 친절한 이유가 무엇일까 궁금했다.

어떤 사람들은 "이 나라의 문화도 작용하겠고, 대학을 마치거나 사회생활을 했던 사람들이 의대에 진학하니 그럴 수도 있다"고 말한다. 대학을 졸업하고 본인 스스로 '힘든 직업'을 선택한 만큼 소명의식 같은 것을 더 구체적으로 가지게 돼 그런 것이 아닐까 하는 얘기다. 이곳에서는 4년제 대학 졸업자에게만 의대에 지원할 자격을 준다.

최근 캐나다에서 가장 크고 유명한 병원 가운데 하나인 마운트사이나이병원 의사를 만나서도 물어보았다. 그는 "의사가 존재하는 이유가 환자를 치료하는 것인데, 아픈 사람을 친절하게 대하는 것은 당연한 일"이라고 말했다.

나아가 그는 뜻밖의 이야기를 전해주었다. 마음에 안 들게 진료하거나 불친절한 의사가 있으면 환자가 병원당국에 항의 편지를 보내는 경우가 있다고 했다. 그런 편지를 받으면 병원은 의사에게 반드시 경위서를 쓰게 한다. 의사가 잘못한 일이 없다 해도 바쁜 와중에 그런 경위서를 쓰는 것은 번거롭고 때로 불쾌한 일일 수밖에 없다.

만약 의사의 잘못이 확인되면 병원은 의사에게 주의나 경고를 하고, 그런 일들이 쌓이면 이동이나 진급을 할 때 당연히 불이익을 받게 된다(캐나다의 종합병원은 모두 국립이고 의사는 준공무원 신분이다). 의료 소비자들의 평가와 항의는 가정의나 전문의에 대한 좋은 평판도 만들어내지만 최악의 경우 밥줄도 끊게 하는 것이다.

그것은 토론토의 버스기사들이 장애인들에게 친절할 수밖에 없는 것과 똑같다. 운전기사가 법이 정한 대로 하지 않으면 승객은 버스회사(공기업이다)에 불만 사항을 적은 편지를 쓰고, 그런 편지가 쌓이면 운전기사는 직업을 잃을 수밖에 없다.

캐나다 병원의 문화와 제도가 하루아침에 만들어진 것은 물론 아니다. 1960년대 초반 캐나다에서 의료보험 제도를 처음 시행할 때도 큰 갈등이 빚어졌다. 수입이 줄어들 것을 우려한 의사들이 파업으로 맞서는 바람에 외국인 의사들을 들여오는 등 큰 진통을 겪었다. 다만 제도를 도입하려는 정부와 의료진이 시민 건강을 중심에 두고 전향적으로 논의한 결과 오늘 캐나다 시민들이 누리는 의료서비스 제도와 문화를 정착시켰다. 제도와 문화를 개선하는 데 진통이 따르는 것은 필연적인 일일는지도 모른다.

2020년 09월 11일

위험에 처한 아이
모른 척하면 범죄

캐나다에 살러 와서 처음으로 가족여행을 갔다가 뜻밖의 경험을 했다. 오타와강 건너 국회의사당이 보이는 공원 잔디 위에 자리를 폈는데, 근처에 있던 백인 노인들이 자꾸 우리 쪽을 쳐다보았다. 10세, 3세였던 우리 아이들이 소란을 피운 것도 아닌데 말이다. 급기야 할머니 한 분이 심각한 표정으로 다가와서 말했다.

"아이들이 위험한데 왜 그냥 두고 보느냐?"

그분은 우리 아이들이 물가에 너무 가까이 간다고 여겼던 것 같다. "주의하겠다"라고 말했지만 속으로는 지나친 간섭이 아닌가 하고 생각했다.

그런데 토론토에 자리 잡고 살다 보니 그런 간섭은 퍽 자연스러운 것이었다. 내 자식, 남의 자식 할 것 없이 어린아이에 관한 한 사회 구성원 모두가 스스로 보호자라고 생각하기 때문이다. 어린이들이 위험에 처한 것을 보고 모른 척할 수도 없거니와, 만약 그랬다가는 그것은 범죄행위에 해당한다.

지난해 10월 미국령 괌에서 승용차 안에 어린 자녀 둘을 두고 쇼핑하다가 체포된 한국인 판사 변호사 부부가 있었다. 부모도 문제지만 그것을 보고 신고하지 않으면 문제가 된다. 어린이 보호에 대해서는 캐나다나 미국이나 다를 바가 없다.

주마다 차이가 있지만 대개 만 12세가 되기 전까지 어린이들은 보호자 없이 바깥에 나가거나 홀로 집에 있을 수 없다. 교사나 의사는 어린이가 신체적으로나 정신적으로 학대받은 흔적을 발견하면 관계 당국이나 경찰에 반드시 신고해야 한다. 온타리오 주의 경우 주정부 내에 '어린이·청소년 서비스부'가 있고, 토론토에는 주정부 지원을 받는 비영리기구 아동보호협회(CAS)가 설치되어 소속 전문가들이 어린이 학대 등에 관한 문제를 전담한다. CAS는 캐나다 건국 8년 만인 1875년에 설립되었다.

캐나다에서 사회 안전을 이야기할 때 어린이 보호에 앞서는 가치란 없다. 학교 주변에서 자동차는 늘 속도를 줄여야 하고, 등·하교 시간에는 아예 차량 진입이 금지되는 도로가 많다. 스쿨버스가 멈춤 표지판을 올리고 서 있으면 주변의 모든 자동차는 정지해야 한다. 실수로라도 움직이면 엄중한 처벌을 받는다.

캐나다 문화에 익숙하지 않은 초기 이민자의 가정에 경찰이 들이닥치는 경우가 종종 있다. 그 대부분은 체벌에 대한 문화 차이에서 연유하는 '범죄' 때문이다. 어떤 경우에도 체벌은 할 수 없고 정신적 학대도 그것 못지않게 엄격하게 다루어진다. 대개 부모와 자녀가 격리되어 조사받는데 현장에서 체포된 '현행범'은 자녀에 대한 접근 금지 명령을 받게 된다. 이후 내려지는 판결에 따라, 극단적인 경우 부모와 자식이 생이별할 수도 있다. 설사 자식이 부모에 대한 처벌을 원치 않는다 해도 부모의 죄는 사라지지 않는다.

내가 아는 젊은 한국인 부모는 잠든 아이를 집에 두고 잠깐 외출했

초등학교에서 스쿨버스를 타는 어린이들과 '멈춤' 표지판을 올린 스쿨버스. 스쿨버스가 멈춤 표지판을 올리면 양방향 자동차들은 모두 멈춰서야 한다. 위반하면 일반 위반보다 훨씬 가혹한 처벌을 받는다.

다가 경찰 조사를 받은 적이 있다. 잠에서 깬 아이가 문을 열고 나와 우는 것을 보고 이웃 사람이 경찰에 신고했기 때문이다. 아이를 낳고 양육하는 것은 부모지만 성인이 될 때까지 그들을 보호하고 키우는 것은 사회 공동체이다. 어린이들은 공동체의 보살핌을 받고 자라야 하는 사회의 일원이니, 낯선 할머니가 공원에서 그렇게 간섭하고 나서는 것이다. 이런 사고방식이 확고하게 뿌리내린 곳이 바로 캐나다 사회이다.

어린이에 대한 보호는 경제적 지원으로도 나타난다. 연방정부가 지원하는 최저 생계비, 곧 자녀 양육수당(Canada Child Benefit)은 가구 소득에 따라 차등을 두는데, 1명당 최대 월 646캐나다달러(약 55만 원)까지 지원받는다. 캐나다에 거주하는 18세 이하 모든 어린이·청소년은 어떤 환경에서도 굶지 않을 권리가 있다.

2018년 02월 01일

하늘이 두 쪽 나도
안 되는 건 안 된다

"자, 이제 마지막 기회다. 열심히 해보자. 안 되면 되게 하라는 말
알지?"

고3 여름방학을 앞두고 담임 선생님이 종례를 이렇게 마무리하자
뒤에 앉은 친구가 말했다.

"안 되는 게 어떻게 돼요?"

캐나다 고속도로에서 'Zero Tolerance'라는 표지판을 볼 때마다 이
친구의 말이 떠오른다. 음주·과속 운전 금지 표지판 옆에 적혀 있는
이 문구는, 보통은 '무관용'이라 번역되지만 '안 되는 건 절대 안 된
다' 또는 '절대 안 봐준다'로 해석해야 더 실감이 난다.

평소 토론토는 서울보다 운전하기가 여러모로 편하고 수월한 도시
이다. 인구 밀도가 낮고 덜 복잡하기도 하거니와 교통 법규가 비교적
'널널하고' 운전자에게 자율성을 많이 보장하니 그럴 것이다. 도로
중앙선을 넘어 좌회전도, 유턴도 할 수 있다. 하지 말라는 것만 안 하
면 문제 될 것이 없다. 대신 금지 표지판이 붙어 있는데도 그것을 어
기면 가차 없는 처벌이 뒤따른다. 새로운 환경에 익숙지 않은 초기 이
민자들은 범칙금을 수업료처럼 내가며 교통 문화를 배우고 익히는
경우가 많다.

부끄러운 얘기지만 토론토에 살러 온 직후 나도 단속 티켓을 연달아 받았다. 제한속도 $20km$의 공원 도로에서 $38km$로 달리다가 경찰을 처음 만났다. 며칠 후에는 빨간불에서 그냥 우회전했더니 경찰차가 비상등을 켜고 따라왔다. 일단 멈춤 위반. 처벌이 범칙금과 벌점으로 마무리된다면 별일 아니겠으나 문제는 그 정도로 끝나지 않는다는 것이다. 일단 보험료가 껑충 뛰고, 티켓이 여러 장 쌓이면 보험사에서 이듬해 재가입을 받아주지 않는다. 그 지경에 이른 운전자는 말썽꾸러기 전문 보험사를 찾아가야 한다. 보험료가 몇 배 비싸다.

보통의 경우가 이 정도이니 어린이 보호라든가 공공의 안전과 직결된 위반은 처벌 강도가 훨씬 더 높다. 비상등을 번쩍이며 경적을 울리는 소방차와 구급차, 멈춤 표지판을 올린 스쿨버스가 보이면 도로 위 모든 차량은 얼어붙은 듯 정지한다. 그 모습을 보고 처음에는 '토론토 시민들의 질서의식이 참 높구나' 하고 생각했었다.

봄이 되면서 생각이 달라졌다. 산책이라도 나가면 겨우내 눈 속에 파묻혀 있다가 드러난 개똥이 지천이다. 동네 숲길에서는 사시사철 똥 밟기 십상이다. 물론 개를 끌고 나온 주인이 방치한 것이다.

빨간불만 보면 휴일 새벽 아무도 없는 좁은 도로에서도 본능적으로 브레이크를 밟는 사람들, 보는 사람 없으면 개똥을 그대로 두고 가는 사람들. 그들 모두 평범한 토론토 시민들이다. 법규 준수 여부는 개인의 양식 문제일 수도 있겠으나, 개똥의 경우를 보면 단속과 처벌의 영향을 확실히 더 많이 받는 것 같다. 경찰이든 공무원이든 눈에 불을 켜고 단속에 나선다면 개똥은 봄눈처럼 사라질 것이다.

느슨한 개똥 단속과는 반대로, 시민들을 늘 긴장하게 하는 단속이 있다. 물론 1순위는 시민 안전과 관련한 단속이다. 소화전 앞이나 소방도로에서 실수로라도 위반했다가는 인생이 피곤해질 만큼 가혹한 조처가 따른다. 운 좋게 단속을 피할 확률은 '제로'에 가까워서, 소방서 앞 같은 곳에 주차한다는 것은 아예 생각조차 하지 않는다.

2018년 새해 첫날 강릉소방서 앞에 차량들이 불법 주차했다는 보도를 접하고 많이 놀랐다. 그보다 더 놀라운 사실이 하나 있었는데, 그것은 바로 경포119안전센터 관계자의 말이었다.

"새해 첫날임을 감안해 과태료를 부과하지 않고, 계도·주의 조치만 했다."

이 말은 관광객의 안전불감증을 줄이기는커녕 오히려 널리 퍼뜨리는 것이 아닌가 하는 생각이 들었다. 화재가 새해 첫날을 알아보고 비켜가는 것도 아닌데, 소방서 앞에 불법 주차를 해도 제대로 처벌받지 않는다는 사실을 공공연하게 알려주었으니 말이다. 캐나다에서 대형 참사가 거의 일어나지 않는 이유는 간단하다. 안 되는 건 하늘이 두 쪽이 나도 안 되기 때문이다.

2018년 01월 14일

공자님 말씀에 충실한
캐나다 대학

16년 전 초기 이민자 시절 영어학교에서 만난 다른 나라 이민자들은 한국에서 온 나를 보고 의아해했다.

"자동차 생산국에서 자동차도 못 만드는 나라로 왜 살러 왔지?"

청각장애를 가진 큰아이 교육 때문에 이민을 온 나로서는 몇 마디로 설명하기가 참 어려웠다. 후진국에서 온 이민자들에게 한국의 경제력과 교육 문화의 불균형한 발전을 이야기한다는 것 자체가 부끄러운 일이기도 했다.

수업시간에 영어 교사는 자기 나라에서 하지 말아야 하는 '실례되는 질문' 혹은 금기에 대해 이야기해보자고 했다. 대부분 나이나 종교 같은 상식적인 내용을 거론했다. 좀 특이한 것을 찾다가 나는 "한국에서는 어느 대학을 나왔냐고 물으면 실례가 된다"고 말했다. 모두들 의아해하며 그 이유를 궁금해했다. 이 문제 역시 몇 마디로 설명하기가 어려워서 "한국 사람들끼리 그냥 그렇다는 얘기다"라고 얼버무렸다.

캐나다 영어 교사가 이 문제에 부쩍 관심을 보였다. 세칭 명문이든 아니든 출신 대학 밝히기를 꺼리게 하는 차별 문화에 대해 아무리 설명을 해도 그이는 이해하기 어렵다는 표정을 지었다. 그럴 수밖에 없을 것이다. 출신 대학 이름에 따라 사회적 대우가 달라진다는 것은 상식적으로 납득이 안 되는 일이기 때문이다.

이 나라에도 토론토·맥길·퀸스·UBC·워털루·웨스턴온타리오 등 명문 소리 듣는 대학이 꽤 많다. 그런데 명문은 명문으로 끝날 뿐이다. 명문은 있으되 명문 출신이라는 이유 하나만으로 사회에 나와 우대받는다는 소리는 들어본 적이 없다. 명문대든 2년제 전문대든 떠받들거나 낮춰보는 사회적 분위기도 없다. 취업을 할 때나, 배우자를 선택할 때도 마찬가지다. 대학에 따라 우대 혹은 홀대하는 경향이 없으니 주눅들거나 부끄러워할 일은 더더욱 없다. 딱히 명문을 지망하기보다는 좋아하는 분야를 선택하고 학업 능력에 맞는 대학을 찾아가는 분위기이니, "어느 대학 나왔어요?"라는 질문이 실례가 된다는 말이 이상하게 들리는 것이다.

매체가 대학 순위를 매겨 보도하기도 한다. 그러나 대학 지망자도, 학부모도 그런 랭킹 따위는 거들떠보지 않는다. 주변 어느 집 자식이 미국 유명 대학에 진학했다는 소식이 들리면 '그런가 보다' 하며 축하할 뿐, 크게 부러워한다거나 '우리 아이도 꼭 보내야겠다'라고 생각하지 않는다.

중요한 것은 대학 이름이 아니라 '하고 싶은 공부를 하느냐'의 여부이다. 대학에 가려는 학생들의 가장 큰 고민거리는 '내가 무엇을 하고 싶은가'를 파악하는 일이다. 성향과 능력에 맞는 전공을 찾아 대학에 진학했다면, 2년제 칼리지가 세칭 명문대보다 훨씬 좋은 곳일 수 있다.

전공이 맞지 않아 대학 재학 중에 과를 바꾸는 것은 흔한 일이다.

우리 큰아이처럼 2년을 다니다가 "이 길이 아닌 것 같다"며 중간에 그만두는 경우도 많다. "일단 졸업은 하지 그러니?"라고 한국 부모답게 권유했더니 "시간과 돈이 아깝다"라는 답이 돌아왔다. 원하는 대로 하라고 했다. 아이는 전공과 대학을 다시 선택해 입학한 이후 전에 없이 행복해하고 있다.

한국 매스컴에서 'SKY'라는 영어 단어를 자주 접한다. 한국 사람 중에 이 단어를 보고 대학이 아니라 '하늘'을 떠올리는 사람이 얼마나 될까 싶다. 어느 은행 면접시험에서 대학을 차별했다고 비판하는 사람들도 SKY라는 단어를 거리낌 없이 사용한다. 특정 대학들을 최고 명문이라 명토 박고 띄워주는 저 단어에 학벌주의, 대학 순위, 줄 세우기, 차별대우 같은 의미가 이미 농축되어 있는데도 말이다.

공자가 말씀하시기를 "아는 것은 좋아하는 것만 못하고, 좋아하는 것은 즐기는 것만 못하다"(논어 6-18)고 했다. 명문이라는 허울보다 '좋아하고' '즐기는' 공부를 더 권장하고 우대하는 서구사회가, 유교 문화권의 동양보다 공자 말씀에 더 충실하니 참 아이러니한 일이다.

2018년 02월 11일

다름 인정하고 존중하는
서방예의지국

　토론토로 이민을 와서 큰아이는 한국에서와 같은 4학년으로 초등학교에 들어갔다. 청각장애아 특수반이 있는 학교였다. 그 반에는 토론토 여러 지역에서 모인 아이들이 6~7명 있었고, 교사로는 담임과 부담임 두 분이 계셨다. 선생님들은 청각장애 아이들의 특성에 맞춰 수업을 진행했다. 특정 과목에서 학습 능력이 향상되었다 싶으면 아이들을 비장애아 교실로 보냈다. 우리 아이는 수학을 시작으로 메인스트림에서 공부하는 과목을 차츰 늘려나갔다. 고교에 가서는 모든 과목을 비장애인 아이들과 함께 공부했다. 장애를 가진 아이들의 공부도 공부지만, 이 시스템은 더 큰 목적을 가지고 있는 것 같았다.

　장애아와 비장애 아이들이 자연스럽게 함께 생활하고 또 서로에게 익숙해지도록 하는 데 더없이 효과적인 방식이었다. 특수학교를 따로 만들고 장애인과 비장애인 학생 사이에 담을 쌓는 것이 아니라, 어릴 적부터 '다름'을 있는 그대로 접하게 하다 보니 비장애인 아이들은 성인이 되어서도 장애와 같은 '다름'을 유별나게 여기지 않는다.

　새로 이민을 온 사람들에 대해서도 마찬가지이다. 장애인과 이민자는 때로 도움을 필요로 하는, 몸이나 언어가 불편한 사람일 따름이다. 어릴 적부터 성인이 될 때까지 사회 구성원 모두가 이런 교육을 줄기차게 받다 보니, 장애인이나 이민자에 대한 차별이나 혐오 따위의 감정이 스며들 여지가 거의 없다.

아이가 학교에 간 지 3개월쯤 지났을 무렵 담임 선생님이 아이 편에 편지를 보내왔다. 급히 상의할 일이 있으니 학교에 나오라는 내용이었다. 무슨 큰일이라도 생겼나 싶어 다음날 바로 학교에 갔다. 선생님은 아이의 나쁜 버릇에 대해 이야기했다. 귓속말하기와 소리 지르기. 여러 사람이 있는 곳에서 옆사람에게 귓속말을 하는 것은 대단히 무례한 행동이며, 갑자기 소리를 지르는 버릇도 반드시 바로잡아야 한다고 지적했다. 아이에게 여러 번 주의를 주어도 고쳐지지 않으니 급기야 부모를 부른 것 같았다.

선생님이 그 이야기를 얼마나 엄하게 하는지, 우리는 크게 야단을 맞는 학생처럼 눈물이 쏙 빠지는 느낌이 들었다. 이후 우리는 아이에게 입이 닳도록 이야기를 했다. 아이는 "알았어요, 알았어요. 이제는 안 그래요"를 되뇌었다. 그런 '가정교육'을 1년쯤 지속했을 것이다. 아이는 버릇을 고쳤다.

두 아이를 토론토의 학교에 보내면서 알게 된 사실이 있다. 학교는 공동체(사회) 생활이 요구하는 매너와 예의 교육을 어릴 적부터 정교하고 철저하게 시킨다. 마치 '서방예의지국'을 만들기라도 하려는 듯, 사람들과 더불어 사는 데 필요한 예의 교육을 공부보다 더 중요시한다는 느낌을 주기도 한다.

해마다 이방인 20만~30만 명이 쏟아져 들어오는 이민자의 나라이다 보니 '다름'을 인정하고 존중하는 매너는 사회의 근간을 이루는 필수 요소이다. 귓속말하기 같은 작은 버릇 하나를 두고도 부모를 호출할 정도이니, 소수자에 대한 차별이나 혐오 같은 것은 당연히 범죄 수준으로 다스린다.

얼마 전 한국에서 이른바 '다문화 가정'의 중학생 아이가 집단 괴롭힘과 폭행을 당한 끝에 결국 죽음에 이르렀다는 참담한 뉴스를 보았다. 인구절벽에 맞닥뜨린 한국은 싫든 좋든 이민자의 나라가 될 수밖에 없을 것이다. 한국에 체류하는 외국인이 200만 명을 넘어섰다니 하는 말이다. 중학생 아이를 죽음으로 내몬 어린 당사자들만 탓할 문제가 아니다. 학교고 언론이고 부모고 어른들 모두가 이 문제에 대해 무지하고 무관심해서 벌어진 일이다.

생김새가 다른 사람도 '우리'라는 사실을 진지하게 고민한 바 없으니, 이런 문제는 필연적으로 터져나올 수밖에 없다. 이제, 한국 사회는 '다름'을 존중하고 자연스럽게 받아들여야 한다고 귀에 못이 박이도록 이야기해야 한다. 어려운 일도 아니다. 생각만 조금 바꾸면 할 수 있는 일이다. 그래야 사람 사는 세상이다.

2018년 11월 25일

성적 1등으로는
졸업생 대표가 될 수 없는 나라

캐나다의 초·중·고교에 다닐 적에 우리 아이들은 학기말이면 성적표를 들고 왔다. 고등학교 때는 영어 90점, 수학 80점 하는 식으로 과목별 점수가 성적표에 적혀 있었다. 그 옆에는 과목 담당 선생님들의 평가가 있었는데, 점수가 높든 낮든 간에 '무엇을 잘한다'고 칭찬만 했던 것으로 기억한다.

학과별 교사들이 아이에 대한 의견을 일일이 적는 것 못지않게 낯설었던 문화는 '등수'를 매기지 않는다는 사실이었다. 평균 점수가 90점이 넘든 70점 아래든 몇 등을 했는지 도무지 알 수가 없었다.

어느 과목 성적이 눈에 띄게 좋아 보여서 아이에게 무심코 이런 질문을 한 적이 있었다.

"너보다 더 잘한 아이 있어?"

질문을 받자마자 아이는 기겁을 했다.

엄마 아빠가 보기에 잘했으면 그냥 잘했다고 칭찬만 하면 그만이지, 왜 남들과 비교를 하며, 더 잘한 아이가 있든 없든 그게 내가 받은 성적과 무슨 상관이냐는 것이다. 아이가 이렇게 정색을 하며 따지고 드는 바람에 성적표를 받아올 때면 '몇 등이나 했을까?' 하고 거의 저절로 생겨나는 궁금증을 꾹꾹 누르는 수밖에 없었다.

아이는 등수를 궁금해하는 일부 부모의 성향을 두고 학교 친구들과 이야기를 주고받았던 모양이다. 점수의 높고 낮음에 대한 관심을 넘어 등수에 집착하는 문화가 아이들 사이에서는 퍽 흥미롭게 비친 것이 틀림없다.

어느 날 우리 아이는 '몇 등을 했느냐'를 궁금해하는 부모들의 공통점이 있다고 전해주었다. '아시아 부모'. 그러니까, 아시아(주로 한국과 중국이다) 부모들만이 등수에 관심을 보인다는 얘기다. 이후 등수에 관한 이야기가 나올 기미만 보여도 아이는 '아시아 부모'라며 우리를 놀려댔다.

나 같은 아시아 부모한테 익숙하지 않은 것은 또 있었다. 성적표가 나오면 그것을 가지고 학과목 선생님들과 시간을 정해 면담을 하는 날이 있다. 고교에 담임교사가 없으니 아이가 학교생활을 잘하고 있나 궁금해서 몇몇 과목 선생님들께 면담 신청을 한 적이 있었다. 선생님들의 반응은 한결같았다.

"아이 성적도 좋고(별 문제 없이 공부 잘하고) 내 의견 또한 성적표에 적었는데 무슨 할 말이 있어서 굳이 찾아왔느냐"는 것이었다. 말하자면 면담 자리는 좋지 않은 성적을 어떻게 올릴 수 있을까를 선생님과 의논하는 곳이었다. 이민자인 우리가 그 사실을 알지 못했을 뿐이다.

등수를 중요시하지 않는 캐나다 학교 문화의 대표적인 사례는 아이들의 중·고교 졸업식에서도 접할 수 있었다. 아시아 부모인 우리의 경험으로는 초등학교에서부터 대학에 이르기까지 졸업생 대표는 늘 성적 수석자였다. 성적을 가장 중요한 가치로 여겼으니 그리했을 것이다. 졸업식 때마다 접했던 일이라 전교 1등이 졸업생 대표가 되는 것을 그저 당연하게 여겼더랬다.

그런데 우리 아이들의 중고교 졸업식에서 보니 졸업생 대표는 성적 수석 졸업생이 아니었다. 물론 과목별 수석, 평균 수석을 한 졸업생들에게 상을 주지만 가장 마지막에 '조용필'처럼 등장해 가장 큰 박수를 받는 졸업생 대표는 '벨레딕터리언(Valedictorian)'이었다.

전교 1등은 벨레딕터리언이 호명되기 직전에 상을 받는다. 바로 그 벨레딕터리언이 졸업식에서 가장 영광스러운 '졸업생 연설'을 하게 된다. 아시아 부모의 눈에는, 전교 1등보다 빛나는 벨레딕터리언의 선발 과정 또한 흥미로웠다.

졸업식을 앞두고 중고교에서는 '벨레딕터리언 선정위원회'를 구성한다. 교사들이 선정 위원들이다. 위원회가 후보자들을 선정해 공개하면 몇 년을 함께 생활하면서 후보자들에 대해 가장 잘 아는 해당

토론토 '얼헤이그세컨더리스쿨'(고교) 졸업식에서 졸업생 대표 연설을 마친 뒤 학교 선생님들을 비롯한 참석자들의 기립 박수를 받는 '벨레딕터리언.'

연도 졸업생들이 투표를 한다. 물론 후보자들의 학과 성적은 최상위권이지만 후보자를 선정하는 데 있어 성적은 절대적인 기준이 되지 않는다.

리더십, 동아리 및 봉사 활동, 교우관계 등 고교시절 학교생활 내용이 성적과 비슷한 비중으로 반영된다. 동기생들의 투표 결과를 가지고 선정위원회는 최종 심사를 해서 벨레딕터리언을 결정한다. 종합적인 평가와 여러 단계를 거쳐서 그런지는 몰라도, 벨레딕터리언 선정에 누가 이의제기를 했다는 이야기를 들어본 적은 없다.

벨레딕터리언은 졸업식에서 '전교 1등'을 제친 가장 주목받는 졸업생 대표여서 그 부모들까지 그날 특별대접을 받는다. 다른 부모들은 졸업식에 참여하면서 티켓을 구입하기도 하고 지정석이 따로 없지만 벨레딕터리언 부모는 'R석' 중에서도 가장 좋은 자리를 무료로 제공받게 된다.

시쳇말로 '성적과 등수가 깡패'인 문화에서라면 상상하기가 쉽지 않은 일일 것이다. 벨레딕터리언이 졸업생 대표가 되는 것은 이곳 대학입시 문화와도 연관이 있어 보인다.

캐나다에도 대학 서열은 있다. 공대는 어디가 좋고, 경영대는 어디가 최고라는 식이다. 그런데 같은 공대인데도 고교 학과 성적 평균 95점이 떨어지고 93점이 붙는 경우가 있다(이곳은 대학입시 전형이 내신성적으로만 이루어진다).

공교롭게도 우리 아이의 친구들이 그렇게 붙고 떨어져서 '아시아 부모'로서 또 궁금했다. 아이에게 물어보았다.

"성적이 더 좋은 아이가 왜 떨어졌는데?"

'엑스트라 커리큘럼', 곧 정규과목이 아닌 과외활동 성적 때문에 그랬을 것이라는 답이 돌아왔다. 이를테면 동아리나 학교 바깥의 봉사 같은 과외활동 내용이 대학입시의 당락에 적지 않게 작용한다. 그것은 대학이 "성적이 조금 떨어지더라도 우리 대학에는 이런 활동을 많이 한 학생이 잘 맞는다"고 선언하는 것이나 마찬가지이다.

대학이 독자적인 기준을 가지고 자기 학교에서 공부를 더 잘할 만한 학생을 선발하겠다는데, 부모고 학생이고 더이상 문제를 제기할 수는 없다. 지망하는 대학에 못 갔다고 해서, 수험생이 크게 좌절하지도 않는다. 어느 대학이든 입학한 이후 절반에 가까운 학생들이 학교나 학과를 바꾸거나 중도 탈락하기 때문이다.

이런 경향은 취업을 할 때도 마찬가지이다. 캐나다 기업들은 공채시험을 보는 대신 취업 희망자들을 대상으로 인터뷰를 한다. 인터뷰에서 가장 중요시하는 것은 대학에서 받은 성적이 아니다. 일단 대학을 졸업했으면 취업 희망자의 생각과 대학시절에 쌓은 여러 경험 같은 것들을 검토하면서 자기네 회사에 적합한 인물인가를 따진다.

이런 사정을 잘 모르는 아시아 부모들은 이렇게 불평을 하게 마련.

"학과 성적이 가장 좋은 우리 아이가 떨어졌는데, 기준이 뭔가? 이거 혹시 인종차별 아닌가?"

대학시절 내내 학과 공부에만 몰두하면서 아무리 좋은 학점을 얻어봤자, 다양한 활동과 경험을 한 사람에게 밀릴 수밖에 없다는 사실을 아시아 부모들은 대체로 잘 모르는 편이다. 최고의 등수, 성적만이 최고의 가치라고 믿다가는 이렇게 낭패를 보기 십상이다.

캐나다에도 사교육이 없는 것은 아니다. 고액 과외비를 내가며 중고생 자녀에게 사교육을 시키는 부모도 있다. 그러나 그 목적은 한국이나 중국과는 많이 다르다. 공부 잘하는 아이를 더 잘하게 하려고 시키는 것이 아니라, 못하는 아이를 좀 더 잘하게 하려고 시키는 사교육이다. 2등을 1등 만들려고 시키는 사교육이 아니다. '전교 1등'에 큰 의미를 두지 않기 때문이다.

내가 기억하기에, 한국에서 나온 역대 최악의 광고 카피 가운데 하나는 "2등은 아무도 기억하지 않는다"이다. 어떤 분야에서는 전교 1등이 꼴찌가 될 수도 있고, 성적 꼴찌가 1등을 하는 분야도 많다. 세상은 학교 성적 1등이 모든 면에서 다 잘하는 것으로 굴러가지도 않고, 그렇게 굴러가서도 안 된다.

고교시절 '전교 1등'을 서슴없이 입에 올리는 문화는 저 광고 카피만큼이나 저급하고 천박하다. 한때의 전교 1등을 우려먹으려 할수록 공정한 사회가 멀어진다는 사실을 전교 1등 신봉자들이 아는지 모르겠다. 그렇다고 전교 1등을 내세우는 일부 젊은 사람들에게만 손가락질을 할 수는 없다. 어른들부터 너나 할 것 없이 자기 스스로 '아시아 부모'가 아닌가 따져보는 것이 우선이다.

2020년 09월 16일

캐나다처럼
마리화나를 합법화하면

나는 대마초에 대해 약간의 공포감을 가지고 있다. 대마초에 관한 어릴 적 강렬한 기억 때문이다. 텔레비전에서 자주 보던 가수들이 어느날 갑자기 신문 사회면에 나오기 시작했다. "한 번 보고 두 번 보고 자꾸만 보고 싶네"라던 이를 비롯해 주로 기타를 치며 노래하던 가수들이었다. 그들은 요즘 아이돌만큼이나 인기가 있었다. 죄수복을 입고 포승줄에 묶인 채 신문에 등장한 그들의 모습은 낯설고 충격적이었다. 사진에는 '대마초 가수'라는 설명이 붙어 있었다.

나의 중·고교시절 그런 기사는 끊이지 않고 나왔다. 더 충격적인 것은, 내가 좋아하던 가수 대다수가 연루되었다는 사실이었다. 나와 동년배인 그룹 '부활'의 리더 김태원이 〈백분토론〉에 나와서 한 말이 있다.

"70년대 말에 기라성 같은 선배들이 거의 종적을 감춥니다. 대중음악사에 한 획을 그은 선배들이었습니다. 그로 인해 우리 대중음악의 맥이 끊깁니다."

나는 그가 한 말의 속뜻을 금방 알아들었다. 대마초는 그렇게 무서운 것이었다. 큰 죄가 되는 줄도 모르고, 단지 담배처럼 피웠다는 이유 하나만으로 기라성 같은 대중음악 스타는 하루아침에 반사회적인 범죄자로 전락했다. 그때 이후 대마초(마리화나)는 마약의 대명사처럼 들렸다.

토론토에 살면서 마리화나를 흡연하는 광경을 종종 목격했다. 엄지와 검지 끝으로 잡고 피워서 그런지 담배가 아니라는 것을 금방 알아볼 수 있었다. 무엇보다 냄새가 달랐다. 담배보다 역했다. 2015년 마리화나 합법화를 선거 공약으로 내건 저스틴 트뤼도가 캐나다 연방총리에 취임한 이후 마리화나 연기는 눈에 더 자주 띄었다. 급기야 두어 달 전에는 길거리에서 마리화나에 취한 젊은 사람에게 봉변을 당할 뻔하기도 했다. 그는 나를 때리는 시늉을 하면서 지나갔다. 마리화나 냄새를 풍겼고 술에 취한 것처럼 비틀댔다.

이런저런 우려 속에 2018년 10월 17일 캐나다가 오락용(기호용) 마리화나를 합법화했다(의료용은 2001년). 국가로는 우루과이에 이어 두 번째이다(미국은 8개 주에서 합법화). 환각 작용을 하는 오락용 마리화나의 합법화에 대해서는 그동안 논란이 많았으나 지난 6월 캐나다 상원을 결국 통과했다.

음성적으로 거래되는 마리화나를 법으로 관리하겠다는 명분을 내세웠지만 실상은 막대한 유통 수익을 범죄조직으로부터 빼앗아 세수를 늘리겠다는 데 더 큰 목적이 있는 것 같다. 어차피 금지를 해도 확산을 막을 도리가 없고, 또 술과 담배에 비해 더 유해할 것이 없다면 아예 합법화하여 철저하게 관리하는 쪽이 더 낫겠다는 현실적인 판단을 한 것 같다.

대마초에 대한 일말의 공포감을 가진 나로서는 이상한 기분이 들었다. 더군다나 네 그루로 제한은 했으되 개인이 집에서 마리화나를 재배하는 것까지 허용했으니 정서적인 이질감은 쉽게 사라지지 않는다. 마리화나를 판매하는 주체가 주정부라는 사실도 심리적 혼란을 부추긴다.

내 연배의 한국 사람이라면 나와 비슷한 감정일 것이다. 다행스러운 것은 합법화 이후 마리화나 가게 앞에 사람들이 줄을 섰다지만 사회 분위기는 별반 달라지지 않았다는 사실이다. 부작용을 걱정하는 목소리가 여전히 높은 한편, 동성결혼이나 안락사처럼 마리화나도 캐나다의 다양한 문화를 구성하는 한 요소로 자리잡을 것이라고 예상하는 사람들이 많다.

한국은 환각 성분을 제거한 의료용 마리화나도 금지하고 있다고 들었다. 대마초에 대한 사회적 거부감과 공포감이 여전하기 때문일 것이다. 난치성 뇌전증과 알츠하이머 환자들이 마리화나 오일 치료제를 '해외직구'해도 법에 저촉된다고 한다. 대마초가 우리에게 마약으로 각인되어 있는 것은 그렇다 치더라도, 이제는 '오락용'과 '의료

토론토의 마리화나 가게.

용' 정도는 이성적으로 구별해야 하지 않을까 싶다. 오락용 마리화나도 합법화하는 나라가 있으니까 하는 말이다. 의료용 마리화나를 치료제로 쓰게 해달라는 난치병 환자들의 요구는 절박하다.

2018년 10월 28일

'천국'은 없다…
장점만 보고 와서 단점도 안고 사는 이민

캐나다에 살러 온 지 만 20년이 되는 해가 시작되었다. 우리 가족은 2002년 한·일 월드컵이 개막되기 직전 캐나다에 도착했다. 월드컵 열기는 이곳에서도 뜨거웠다. 한국에서 열리는 대회인 만큼 한국 사람들의 관심은 더 뜨거워서, 한국팀이 이기면 한인타운으로 몰려나가 기쁨을 만끽했다. 나로서는 처음 보는 광경이었다.

나는 캐나다 정착과 관련한 일을 처리하느라 마음이 급했다. 한국팀의 경기가 열리는 날이면 그 일과 관련된 한국 사람들을 만나기가 쉽지 않았다.

"새벽에 축구 봐야 하니까, 점심시간 이후에 오세요."

그러면 하루에 한 건밖에 일을 보지 못했다. 축구 보는 것보다 은행 계좌 만들기, 자동차보험 가입하기 등이 더 급했던 나로서는 한국이 4강까지 갔던 바람에 많은 시간을 허비해야 했다.

다른 할 일이 없던 나도 축구를 보러 다녔다. 우리 집에 텔레비전을 구입하기 전이어서 어느 선배 집에 가서 한국 경기를 보곤 했다. 집에 돌아오던 새벽 우리 아파트 엘리베이터에서 내 연배의 어느 한국인 남자를 만났다. 아파트에 사는 걸 보니 그도 캐나다에 살러 온 지 얼마 안 되는 것 같았다. 그는 내게 축구 이야기를 하며 말을 걸었다. 나는 반가워서 "앞으로 자주 뵙겠네요"라고 인사를 했다.

그는 내가 전혀 예상치 못했던 말을 했다.

"앞으로 못 볼 거예요. 우리는 돌아가기로 했거든요."

캐나다에 온 지 한 달도 안 된 나에게는 충격적인 말이었다. "왜요?"라는 질문이 내 입에서 바로 나왔다.

"와서 보니까 생각했던 것하고는 너무 달라서요."

"오신 지 얼마나 됐는데요?"

"6개월이요."

"뭐가 그렇게 달랐어요?"

"취직도 안 되고 돈벌이하기가 어렵네요. 여기선 희망이 없어서 그냥 돌아가기로 했어요."

희망을 잔뜩 품고 온 나에게는 절망을 안겨주는 말이었다. 나는 더 묻기가 어려웠다. 나중에 같은 아파트에 사는 다른 사람에게 들으니 그 사람은 취업하기로 했던 회사와 막판에 일이 틀어지는 바람에 좌절했다고 한다. 그 사람의 처지가 이해 안 될 바도 아니지만, 한편으로는 어렵게 건너와서 너무 쉽게 돌아가는 것 아닌가 하는 생각도 들었다. 그 사람이 내가 캐나다에서 본 최초의 역이민자이다.

모국에서 살다가 외국으로 이민을 가서 정착하기까지의 과정은 누구에게나 두렵고 힘들고 지루하게 마련이다. 나는 캐나다에 건너온 지 4년 만에 옷가게를 열면서 밥벌이를 비로소 시작했는데, 이곳에서 자리 잡고 사는 사람이라면 거의 예외 없이 그 정도의 시간은 투자했다. 그사이에 한국에서 가져온 돈을 '까먹고' 살아야 하니, 불안에 떠는 것은 당연한 일이다. 노력한다고 해서 몇 년 후에 과연 제대로 정착을 할 수 있겠느냐 하는 불안감 때문에 그 시기에는 밤잠을 설치기 일쑤였다. 그럴 때면 이런 고생 안 하고 한국으로 일찌감치 돌아간 사람이 잘했구나 하는 생각이 들기도 했다.

역이민하는 사람을 한동안 본 적이 없는데, 최근 들어 그런 소식이 들려오기 시작했다. 물론 오자마자 바로 돌아간 것과는 다른 성격의 역이민이다. 캐나다에서 20년 넘게 살다가 자녀들을 다 키우고 나서 한국으로 살러 들어가는 사람들이 부쩍 늘어났다. 내 주변만 해도 최근 몇 년 동안 네 가구가 한국으로 되돌아갔다.

그들의 공통점을 꼽자면, 먼저 나이가 예순 전후지만 아직 은퇴할 연배는 되지 않았다는 사실이다. 캐나다에는 직장에서 물러나도록 정해진 나이, 곧 정년이 없다. 보통의 경우, 캐나다에서는 노령보장 연금(Old Age Security Pension)을 받는 65세를 은퇴 시기로 삼는다. 그러니 60세가 되기 전에 일을 그만두었다면 조기 은퇴자라고 할 수 있다.

두 번째 공통점은 캐나다에 살러 와서 안정된 직장을 구하거나 비즈니스를 성공적으로 운영하며 20년 넘게 잘 살아왔다는 사실이다. 자녀들이 공부를 마치고 취직을 하고 나서, 그들은 하던 일을 그만두고 역이민을 결행했다. 역이민은 부부 두 사람만 한국으로 돌아가는 것이어서, 캐나다로 이민을 올 때보다 훨씬 단출하다.

멀쩡한 직장을 그만두고 그들이 역이민을 하는 이유는, 역시 멀쩡한 직장에 사표를 내고 캐나다로 이민 왔을 때와 비슷하다.

"한국 가서 살고 싶어서."

자세한 설명을 하지 않아도 나는 금방 수긍할 수 있었다. 한·일 월드컵이 열리던 2002년과 비교해도 지금 한국은 전 세계에서 가장 크게 변화·발전한 나라로 꼽을 수 있을 것이다. 캐나다에 산 지 20년이 된 나는 한국에 들어갈 적마다 그 변화와 발전에 깜짝깜짝 놀란다. KTX나 대도시 지하철 같은 편리해진 교통에 놀라고, 북미에서는 찾아보기 힘든 고급 물건에 대해서도 놀란다.

1990년대까지만 해도 한국에서는 '미제' '일제'가 고급으로 통했다. 지금 북미에서는 '한국제'가 고급이다. K팝, K드라마가 이끄는 이른바 'K컬처'는 한국에 대한 이미지를 한껏 끌어올렸다. 불과 10년 전까지만 해도 내가 만난 캐나다 사람들 가운데 남한과 북한을 구별하지 못하는 사람이 태반이었다. 지금은 우리 가게 손님의 절반 이상이 "안녕하세요?" "감사합니다"라는 한국말을 할 줄 안다. 나도 "땡큐" 대신 "감사합니다"라고 말하는 경우가 많다.

의료서비스를 비교해도 이미 오래전에 한국이 캐나다를 추월했다. 캐나다가 병원비가 들지 않는다는 큰 장점을 가지고 있기는 하지만 그 내용을 들여다보면 취약한 대목이 적지 않다. 경험자들에 따르면, 병원 대기시간이 길다는 것이 가장 큰 단점이다. 반면, 한국에 가면 의료보험 가입자가 아니더라도 '저렴한' 비용으로 '빨리빨리' 치료나 검진을 받을 수 있다. 이곳에서도 건강검진을 무료로 받을 수는 있으나 한국처럼 단기간에 종합적으로 받기는 어렵다. 비용을 지불하고라도 한국에서 치료를 받거나 건강검진을 받고 돌아온 사람들 대부분은, 한국 의료서비스의 탁월함을 이야기한다. 일종의 전도사가 되는 셈이다.

한국이 이제는 예전에 우리가 부러워하던 그 어느 선진국 못지않게 잘사는 나라가 되었으니, 이민 자격이 되는 사람들이 한국으로 (역)이민을 가는 것은 그리 이상한 일이 아니다. 못사는(또는 불편한) 나라에서 잘사는(또는 편한) 나라로 살러 가는 것이 이민이니까 하는 말이다. 더군다나 그 잘사는 나라가 '모국'이라면, 캐나다로 이민을 올 때보다 이민하는 부담감이 절반 이상은 줄어들 것이다. 최소한 언어 소통에 문제가 없고, 낯선 문화에 적응하는 것도 캐나다 살러 올 때와 비교할 수 없이 쉽다.

외국에 나와 살다 보면, 가장 아쉬운 것이 '사람'이다. 이곳에서도 마음 맞는 한국 사람들과 교류를 하지만 그 폭이 한국에 있을 때와는 비교할 수 없이 좁다. 가장 안타까운 것은 한국에서라면 1년에 몇 번씩 만나 어울리는 친동기를 볼 수 없다는 사실이다. 외국살이가 오래 되면 될수록 점점 더 그립고 아쉬워지는 것이 내 부모·형제들과의 만남인데, 한국으로 역이민을 가면 그런 아쉬움은 바로 해결된다.

2000년을 전후해 캐나다 같은 나라로 많은 사람들이 살러가는 것을 두고 한국 언론은 '교육 이민'이라고 이름 붙였다. 입시지옥이 아닌 곳에서 자녀들을 교육시키는 것이 이민의 주된 목적이었기 때문이다. 그런 기준으로 따지고 보면, 자녀들이 대학 공부까지 마치고 자립할 능력을 갖추었다면 굳이 다른 나라에서 살 이유가 없다.

최근 유튜브를 보다가 내 주변에서 벌어지는 것과는 다른 형태의 역이민을 우연히 접했다. 캐나다에 살러 와서 몇 년 고생한 끝에 자리를 잡은 젊은 부부의 이야기이다. 취학 전인 어린 두 자녀를 둔 부부는 캐나다에서 영주권과 안정된 직장을 구하고, 주택담보대출 (Mortgage)을 받아 주택까지 구입한 상태였다. 정착하기까지 고생하는 것은 20년 전이나 지금이나 다름없어 보였다. 이 부부도 열심히 노력해서 몇 년 만에 정착하는 데 성공했다.

그러나 놀랍게도 이 가족은 캐나다에서 안정된 생활을 막 시작할 즈음 한국으로 되돌아갔다. 그들의 그런 모습을 보면서, 고생은 고생대로 하고 캐나다의 좋은 점은 제대로 누리지 못한 채 역이민을 하게 되어 안타깝다는 생각이 들었다. 그러나 그들이 들려주는 역이민의 이유에 대해서도 수긍할 수밖에 없었다. 캐나다 사회는 변화가 더디거나 어느 면에서는 퇴보하는 반면, 한국 사회는 비약적으로 변화·발전하고 있기 때문이다. 앞서 말한 의료서비스 하나만 놓고 보더라도 젊은 부부가 지적하는 캐나다의 단점은 명확하다. 더군다나 한국과 비교하면 단점이 더 두드러질 수밖에 없다. 패밀리닥터(가정의)가 부족하다거나 대기시간이 여전히 길다는 보도가 끊이지 않는 것을 보면, 서비스의 질이 그만큼 떨어진 것이 사실이기 때문이다. 아픈 아이를 데리고 급히 병원에 갔는데 제대로 된 진료나 치료를 받지 못한다면 분노하지 않을 부모는 없을 것이다.

이 지점에 이르면 '그럼 이 글을 쓰는 당신은 왜 한국으로 돌아가지 않느냐?'라는 질문이 나올 법하다. 캐나다에 살러 와보니 '파라다이스'처럼 보였던 이곳도 사람이 사는 곳이었다. 살아보니 캐나다가 가진 단점도 선명하게 드러났다. 한국에서 캐나다 이민을 생각할 적에는 캐나다의 장점만 보였다. 그럴 때면, 내가 사는 곳의 단점은 그만큼 더 커 보이는 법이다. 모국이 모든 면에서 발전했고, 모국어 사용 및 친동기들과 보내는 시간이 더없이 달콤하다는 사실을 잘 알지만 나는 쉽게 움직일 수가 없다. 지금 여기에서는 한국의 좋은 점만 보일 것이라는 생각이 들기 때문이다. 그러나 역이민을 하는 사람들의 판단과 선택은 존중한다. 때로는 그들의 결단이 부럽다. 이민 초기에 그랬던 것처럼.

캐나다살이는 퍽 단순하다. 내 경우를 보면, 노는 것이라고는 여름에 골프를 치고 겨울에는 트레일을 걷는 일이 전부이다. 지난 주말 함께 트레일을 걷던 친구들에게 물어보았다.

"한국으로 돌아가도 되는데 왜 캐나다에 살지?"

뻔한 답들을 내놓았다.

"자연이 좋잖아."

"애들 학원에 안 보내도 되니까."

"골프 치기 좋아서."

"불필요한 인간관계에 엮이기 싫어서."

"한국 정치에 신경 덜 써도 되니까."

그러니까, 결론은 세상에 '천국'은 없다는 얘기다.

2023년 01월 06일

동포사회 이야기

한국 사람
조심하세요?

외국에 살면 흔히들 쉽게 하는 말이 하나 있다.

"한국 사람 조심하라."

나는 토론토 공항에 내리는 순간부터 한국 사람의 도움을 받기 시작했다. 토론토에서 처음으로 나를 도와준 그 한국 사람도 숙소로 가는 차 안에서 그랬다.

"한국 사람 조심하세요."

캐나다에 살러 오기 전, 외국 생활 경험이 있는 지인들도 이구동성으로 한국 사람을 조심하라고 했다. 아무리 외국에 산다지만 첫발을 디디면서부터 무려 18년째 살고 있는 오늘까지 한국 사람들과 잘 어울리며 사는데도 "한국 사람 조심하라"는 말은 여전히 들려온다. 무슨 금과옥조나 되는 양 말이다. 재미있는 것은 외국 사람이 그 말을 하는 것은 한 번도 들은 적이 없다는 사실이다. "한국 사람 조심하라"고 말하는 사람은 오로지 한국 사람들뿐이다.

그 말의 속뜻은 이렇다. 낯선 외국 땅에서 새로운 삶을 시작하는 사람을 상대로 사기를 치려는 사람이 더러 있으니 쉽게 믿지 말고 조심하라는 것. 신규 이민자들은 약점을 많이 가진 사람들이다. 새로 살게 된 나라의 문화도 잘 모르고 빨리 정착해 밥벌이를 해야 한다는 조급한 마음도 있다. 한국 사람을 조심하라는 말의 정확한 뜻은, 그런 취약점을 파고들어 이용하려는 한국 사람을 조심하라는 것이다.

그동안 나는 연 30% 이상의 이자 수익을 보장해주겠다며 화려한 스펙을 내세워 주로 신규 이민자들을 현혹한 사람도 보았고, 나쁜 가게를 좋은 가게로 포장해 팔아넘기려는 사람 이야기도 들었다. 매체에서 다룰 만한 큰 사건도 많았지만 가게를 사고파는 과정에서 벌어지는, 속고 속이는 이야기도 적잖게 들었다.

아무리 그렇다 해도 한국 사람 대다수는 한국에서와 마찬가지로 서로 도움을 주고받으며 함께 어울리는 좋은 사람들이다. 외국 땅에 처음 발을 디딘 한국 사람들은 크게든 작게든 한국 사람의 도움을 받지 않으면 정착하기가 쉽지 않다. 한국 사람들이 이민 초기부터 종교 모임이나 동문회 활동을 적극적으로 하는 까닭은 그런 모임에 나가

토론토에서 한국인 은인을 만나서 열게 된 우리 가게. 외국에 나와살면 한국 사람은 한국 사람에게 의지하게 마련이다.

야 외로움도 덜고 세상 돌아가는 정보를 얻을 수 있기 때문이다. 정착 학교라는 것이 따로 없으니, 한국 사람들이 모여 있는 곳이 새로운 사회를 배우는 학교나 다름없다. 코로나19 같은 재난 속에서 한국 사람들이 뉴스와 정보를 쉽게 가장 많이 얻는 곳도 한인 온라인 커뮤니티이다.

나는 한국에서는 한 번도 나간 적이 없는 학교 동문회에 부지런히 나갔다. 그런 모임에서 이런저런 인연으로 연결된 좋은 한국 사람들을 많이 만났다. 그들은 훌륭한 선생님이었고, 좋은 길잡이였다.

토론토에 살러 오기 전에 나는 자영업, 그중에서도 빵과 커피를 파는 가게를 해야겠다고 생각했다. 한국에서 기자로 일하면서 나름 준비를 한다고 했으나 막상 살러 오니 막막하기만 했다. 낯선 문화에다 말도 익숙하지 않으니 광야에 홀로 선 기분이 들 때도 적지 않았다. 이민사회에서 자영업 세계가 어떻게 돌아가는지를 알려면, 그 안에 들어가 일을 하는 것이 가장 효과적일 듯싶었다.

맨 처음 만난 좋은 한국 사람은 샌드위치 가게 주인이었다. '니키'라는 영어 이름을 쓰는 그분은 토론토에 온 지 2개월 남짓밖에 안 된 나를 헬퍼(한국으로 치면 '알바')로 받아주었다. 토론토 경험과 육체노동 경험이 전혀 없는 초보자가 이런 자리를 얻는 것도 쉬운 일이 아니라는 사실은 나중에 가서야 알았다. 주로 했던 일은 샌드위치 배달이었다. 토론토 도심에 있는 회사들은 아침이나 점심시간을 이용해 회의를 많이 했다. 그러니까 식사시간에 먹을 것을 제공해가며 회의하는 문화가 보편화돼 있는데, 나는 바로 그 자리에 음식을 배달했다. 한국의 '철가방' 같은 일이었다.

배달하면서 보고 듣는 모든 것이 나한테는 공부가 되었다. 일하던 중에 이런저런 실수를 할 때마다 가게 주인 니키는 "나도 예전에 헬퍼로 일하면서 실수를 많이 했다"며 오히려 다독여주었다.

어느 이른 아침 큰 사고를 저지른 적이 있었다. 한 은행에서 직원 150여 명을 대상으로 하는 아침 교육시간에 샌드위치와 커피를 주문했다. 오전 7시에 시작하는 교육인 만큼 30분 전에는 교육장에 두 가지를 갖다놓아야 했다. 샌드위치를 먼저 나르고, 커피를 가득 담은 대형 커피통을 배달 카트에 싣고 뛰다가 카트가 보도블록에 걸려 넘어지는 바람에 커피통이 길바닥에 떨어져 굴렀다. 커피가 길바닥으로 콸콸 쏟아져 나왔다. 하도 난감해서 '이대로 그냥 도망갈까?' 하는 생각도 잠시 했었다.

샌드위치 가게로 돌아가 주인한테 사실대로 말할 수밖에 없었다. 주인은 화를 내지 않았다. 어디 다친 데는 없느냐고 먼저 물었다.

"그럴 수 있어요. 대신 커피를 내리는 대로 작은 커피통 들고 여러 번 다녀오셔야 해요."

대여섯 번을 왔다 갔다 했다. 교육장에 문을 열고 들어설 때마다 사람들은 "와, 신선한 커피가 또 왔다"며 나를 반겼다. 주인 니키는 사람이 하는 실수를 어떻게 수습해야 하는가를 알려준 멋진 선생이었다.

두 번째로 만난 좋은 한국 사람은, 내가 가게를 찾다가 만난 청과상이었다. 토론토에서 오래 산 사람들은 "은퇴하는 사람이 내놓은 가게가 좋으니 그걸 잡으라"라고 했다. 한자리에서 수십 년 운영하면서 아이들 키우고 먹고살았다면 틀림없이 좋은 가게라고 했다. 어느 날 새벽 4시에 '푸드터미널'에 갈 일이 있었다. 그곳에서 과일·채소 가게를 운영하는 이들을 만났다. 인사를 나누고 이야기를 하던 중에 "가게를 찾고 있다"는 내 말에 어떤 어른 한 분이 "나는 곧 은퇴할 예정인데 내 가게에 관심 있으면 한 번 와보라"라고 했다. 한자리에서 30년 넘게 그 가게를 운영했다고 했다. 그날 밤, 나는 좋아서 잠을 설쳤다.

다음날 바로 가게로 찾아갔다. 그분은 시간 날 때마다 들러서 가게 돌아가는 것을 구경하라고 했다. 나는 일주일에 한두 번씩 들렀다. 오래된 가게인 만큼 단골손님이 많았다. 그 가게를 드나든 지 3개월이 넘었는데도 주인은 가타부타 말이 없었다. 내 쪽에서 슬슬 초조해지기 시작할 무렵 주인이 가게 옆 커피점에서 만나자고 했다. 좋은 소식이 아닐 수 있겠다는 생각이 들었다.

주인은 "내 가게를 넘기지 못하겠다"고 했다. 나에게 넘기겠다고 결심하고 가게를 자세히 들여다보니 자영업 경험이 전혀 없는 나 같은 '아마추어'가 맡으면 금방 가게 문을 닫게 될 듯하다는 얘기였다. "앞으로는 나 같은 프로가 운영해도 힘든 업종이 될 것 같다"는 말에 단념했다.

지나고 보니, 내가 성함도 기억 못 하는 그 한국 어른은 참 좋은 분이었다. 그 업계에 대해 잘 알지도 못하고 하루빨리 가게를 하고 싶어 하는 나 같은 신참 이민자에게 가게를 팔면 권리금으로 몇십만 달러(한국 돈으로 수억 원)는 챙기고 은퇴할 수 있는 상황이었다. 가게 운영이 어려워져서 문을 닫게 되더라도 '초보자라 미숙해서 그렇다'고 내게 모든 책임을 떠넘길 수도 있는 상황이었다.

그런데도 그분은 생면부지의 나에게 상황을 설명하고 단념하도록 했다. 몇 년 지나고 보니, 그분 말씀이 맞았다. 나는 그렇게 좋은 한국 사람을 만나 생명줄과도 같은 '자영업 자금'을 잃어버리지 않을 수 있었다. 가게를 하려고 한국에서 아파트 팔고 퇴직금까지 보태 만든 자금이었다.

샌드위치숍과 베이커리카페 등에서 일을 하면서 운영할 가게를 계속 찾았다. 이민 3년차가 될 무렵 토론토 인근 작은 도시에 외국인이 운영하는 빵가게 하나가 매물로 나왔다. 매출이 괜찮은 가게였다. 빵가게에서 일한 경험이 있는 나한테 잘 어울리는 가게 같았다. 마음에 걸리는 하나는 일을 하는 시간이었다. 새벽 4시부터 오후 2시까지 일을 해야 했다. 가장 큰 문제는 일주일에 하루도 쉬는 날이 없다는 것이었다. "아무리 못해도 일주일에 하루는 꼭 쉬어야 해. 안 그러면 지쳐서 오래는 못해"라는 어느 선배의 조언을 기억하고 있던 터였다.

그래도 3년 가까이 한국에서 가져온 돈을 까먹기만 하는 처지이다 보니('알바'로 버는 돈은 생활비에 턱없이 모자랐다) 일주일에 하루 쉬고 안 쉬고 하는 것을 가릴 처지가 아니었다. 마음이 급했다. 계약서에 사인하러 가기 하루 전날, 대학 선배 한 분을 커피점에서 우연히 만났다. 친구를 만나러 나왔다며 나를 보고 반가워하셨다. 오랫동안 자영업에 종사해온 분이었다. "내일 가게 매매 계약서 사인을 하려고 한다"는 내 말을 듣고 그 선배님은 "비슷한 가게를 운영하다 얼마 전 은퇴한 친구가 있으니 통화나 한번 해보라"고 했다.

마음의 결정을 한 상태인데 또 조언을 들어야 하나, 이거 안 되면 또 얼마나 가게를 찾아다녀야 하나 하는 생각이 들었다. '마지막이다' 하는 마음으로 선배님 친구한테 전화했다. 그분은 단호하게 말했다.

"그거 하지 마세요. 그 사람들, 너무 힘들어서 빠져나오려는 거예요. 하지 마세요."

얼굴도 모르는, 처음 통화하는 사람에게 이렇게 확신을 가지고 말하기는 쉽지 않은 일이다. 나는 정신이 번쩍 들었다. 다음에 들은 말이 오금을 박았다.

"사람 많이 쓰면 되는데, 그러면 돈을 벌 수 없고요. 돈을 벌자면 부부가 너무 바쁘고 힘들어서 아이들 돌보기도 쉽지 않아요. 그 일 후유증 때문에 우리 집사람 몸이 지금 많이 안 좋아요."

그분이 자기 가족 일인 것처럼 그렇게 확실하게 말해주지 않았더라면 그 가게를 덤터기 쓰듯 인수해 마음고생, 몸고생을 많이 했을 것이다. 나도 남에게 덤터기 씌우듯 하고 빠져나왔을 것이다.

이렇게 좋은 한국 사람들을 많이 만나, 배울 건 배우고 피할 건 피하면서 나한테 맞는 가게를 찾아 지금 15년째 운영 중이다. 이 가게를 열게 되는 과정에서도 평생 고마워해야 할 은인을 만났다.

자영업 경험이라고는 전혀 없는 월급쟁이 출신의 나 같은 사람이 아는 사람 하나 없는 외국에 나와 밥벌이하며 살 수 있게 된 것은 순전히 한국 사람들을 잘 만났기 때문이다. 그러니 외국 나가는 사람에게 "한국 사람 조심하라"는 말은 가급적이면 조심스럽게 해야 한다. 외국에서도 좋은 한국 사람을 많이 만날 수 있다. 한국 사람이 아니라 한국인 사기꾼만 조심하면 된다.

2020년 12월 04일

'한인 요양원',
정체성 확인시켜주는 디딤돌

M을 만난 건 2001년이었다. 캐나다 이민을 결정하기 전에 여러 사람한테서 조언을 구하는 와중에 한 친구가 그를 소개해주었다. M은 캐나다에서 태어난 한국인 2세였다. 토론토에서 대학을 졸업하자마자 한국에 건너와 있었다. 그가 한국에 온 이유가 특이해 보였다.

"내가 누구인지를 잘 몰라서요."

어릴 적에는 의식하지 않았으나 나이를 먹어가면서 '나는 누구인가'라는 생각이 자꾸 들었다고 했다. 생김새는 한국 사람이지만 한국 말을 거의 못했고 한국에 대해 아는 것도 없었다. 시간이 지날수록 마음이 더 힘들어질 것 같아서 M은 한국에 건너왔다고 했다.

그는 서울의 어학원 영어 강사로 일하면서 2년 넘게 한국에서 시간을 보냈다. 우리는 서로에게 '선생'이 되어 매주 한 번씩 1년 가까이 만났다. M은 스펀지가 물을 빨아들이듯 한국문화를 빠르게 습득했다. 어떤 때는 내가 미처 생각하지도 못했던 것을 이야기해서 나를 놀라게 했다.

"한국 사람들은 봄이 가는 것을 많이 아쉬워하나 봐요."

그는 '봄날은 간다'라는 제목의 노래와 영화와 시(기형도)가 모두 사랑을 받고 있으니 그런 생각이 든다고 했다.

나는 한국 문화를 배우려는 그의 열의에 감탄하는 한편으로, 왜 그가 일부러 시간과 돈을 들여가며 굳이 배우려 하는지 궁금했다. 한국 공부는 그의 전공이나 취업과도 상관이 없었다. 2년 후 M은 캐나다로 돌아와 대학원에 들어갔다.

박사학위를 받고 미국 어느 대학에서 교수로 일하다가, 몇 년 전 캐나다 정부기관으로 자리를 옮겼다. 요즘도 그와 연락을 하며 지내는데 M은 종종 이렇게 말한다.

"지금까지 제가 한 일 중에서 가장 잘한 것 하나가 그때 한국에 건너간 거예요."

그러지 않았더라면 정체 모를 답답함과 불안감에 여전히 시달렸을 것이라고 했다.

이민자의 나라인 캐나다에는 앞뒤가 맞지 않는 모순되는 문화가 하나 있다. 모국을 떠나 다른 나라에 살러 왔으면 '과거'를 잊고 이곳 문화에 빨리 적응해야 새로운 땅에 뿌리를 내릴 수 있다. 캐나다 사회는 거기서 한 걸음 더 나아가, 이민자들로 하여금 자기 나라의 전통과 문화를 계속 유지하며 살도록 권장한다. 그것도 적극적으로 지원까지 하면서 말이다.

이민자들이 각자 자기 색깔을 유지하면서 다른 배경을 가진 이들과 공존하는 것이 개인적으로도 행복하고 사회적으로도 더 낫다는 얘기다. 내 정체성을 잊거나 모르고 산다면 개인은 M처럼 답답함과 불안감 같은 것에 시달릴 수 있고, 그것은 사회를 불안하게 하는 집단 스트레스로 터져나올 수도 있다.

말하자면 캐나다 사회는 전형적인 '따로 또 같이' 문화를 지향한다. 캐나다 시민으로서 모두가 함께 어울려 살게 하면서도, 한편으로는 자기 나라의 고유한 문화를 유지하며 누리도록 권장하고 지원한다. 이곳 교육청 주관으로 운영되는 한글학교가 대표적인 경우이다.

1971년 캐나다가 세계 최초로 다문화주의를 선언하고 '모자이크 프로젝트'를 실행하고 있다는 것은 널리 알려진 사실이다. 이와 관련해 최근 토론토 한인사회에서 크고 뜻깊은 '사건' 하나가 일어났다. 한인전용 요양원 '되찾기' 모금 운동이 벌어졌고, 2개월 만에 500만 달러(약 46억 원)가 넘는 기부금이 모였다.

1967년 한국 사람들에게 문호가 공식적으로 열리면서 캐나다 한인 이민 역사가 본격화한 이래, 최단 기간에 가장 많은 기금을 모아 '무궁화한인요양원'을 한인사회로 되찾아왔다. '되찾다'라고 말하는 까닭은 온타리오주 한인사회가 설립·운영했던 이 한인전용 요양원이 자금난으로 외국인 회사에 넘어가 있었기 때문이다.

역사는 1980년대 초로 거슬러 올라간다. 당시 건립위원회가 출범하고 10년 뒤 온타리오 주정부로부터 침상 50개를 배당받았다(이후 60개로 증가). 그것은 곧 주정부가 침상 1개당 1년에 5만 달러(약 4600만 원)를 지원하면서 운영자금의 90%를 부담한다는 것을 의미한다(나머지는 입주자 개인연금 등으로 충당). 온타리오주 한인사회는 토론토 도심 가까이에 부지를 마련하고 12층 건물을 올렸다. 그 가운데 4개 층이 요양원 시설이었고 나머지는 임대 아파트로 사용되었다.

2005년 7월 착공식을 하고 4년 후 요양원 입주가 시작되었으나 예상보다 늘어난 공사비를 제때 갚지 못하는 바람에 몇 년 만에 부도가 나고 말았다. 주정부는 운영자금의 대부분을 지원해주는 만큼 관리·감독을 엄격하게 한다. 한인 요양원은 바로 법정관리로 넘어갔다. 2018년 법정관리 회사는 입찰을 공고했다. 한인사회는 무궁화한인요양원 인수추진위원회(위원장 김도헌·신장전문의)를 결성하고 모금운동을 벌였다. 2개월여 만에 360만 달러가 모였다. 당시로서는 최단기간, 최고 모금액이었다.

그러나 2019년 입찰에서 한인사회는 뜻을 이루지 못했다. 실망은 컸다. 그것은 한인 간호사·간병인들이 상주하는 '준병원 시설' 요양원에서 장기적인 치료와 보살핌을 필요로 하는 한국 노인들의 희망, 나아가 한인사회의 희망 하나가 사라지는 것을 의미했다.

요양원 입주자들이 우리 음식·우리말 등 한국문화 속에서 보살핌을 받는다는 것은 높은 삶의 질과 직결된다. 입주자 처지에서는 모국문화 속에서 보살핌을 받는 것만큼 복 받은 일도 드물다.

외국인과 소통하는 데 문제가 없다거나 캐나다 주류문화에 익숙하다고 해서 답답한 마음과 불편함이 해소되는 것은 아니다. 한국계 캐

토론토 무궁화한인요양원. 2021년 온타리오주 한인사회는 감동적인 모금운동을 펼쳐 외국인 회사에 넘어갔던 이 요양원을 되찾아왔다.

나다 청년 M이 일부러 한국에 찾아가 2년여 시간을 보낸 것과 맥이 닿는 문제인 것이다. 한국인 입주자가 한국 음식을 먹고 우리말로 소통·교류하고 한국식으로 보살핌을 받는다는 것은, 캐나다 요양원에서 받을 수 있는 최상의 서비스이다.

현재 보유한 침상 60개로는 턱없이 부족(현재 대기자만 해도 160명에 이른다)하기도 하지만, 그마저 잃는다면 앞으로 한인사회는 한인전용 요양원에 대한 희망을 접어야만 하는 절박한 처지였다. 중국 커뮤니티는 한인사회와 비슷한 시기에 전용 요양원을 설립해 지금은 1500여 침상을 운영 중이고, 웬만한 나라 커뮤니티 치고 자기네 요양원을 갖추지 않은 곳은 없다.

한국이라는 나라의 국격이나 캐나다 한인사회의 위상에 견주어도 부끄러운 일이지만, 그보다 더 큰 문제는 한번 얻은 기회를 살리지 못하면 더 이상 같은 기회를 얻기가 거의 불가능하다는 사실이다. 온타리오 주정부는 각국 커뮤니티에 똑같은 기회를 주고 그것을 잘 운영하는 곳에는 지원을 확대하는 반면, 기회를 살리지 못하는 곳에는 더 이상 관심을 두지 않는다. 세금 낭비일 수 있기 때문이다.

2년 전 한인사회를 제치고 무궁화한인요양원을 낙찰·인수한 곳은 유대인들이 주인인 '리카케어센터'라는 영리 회사였다. 비록 무궁화 요양원에 한인들이 입주해 있으나, 사설 요양원을 10여 개 운영하는 그 회사가 외국인들을 받아들일 수도 있고 시설을 다른 곳에 넘길 수도 있었다. 한인사회로서는 거의 절망적인 상황이었다.

그런데 기회가 극적으로 다시 찾아왔다. 아이러니하게도 코로나19 사태 덕분이었다. 리카케어센터가 운영하는 요양원들에서 코로나19

로 인한 사망자가 속출했다(다행히도 무궁화한인요양원에서는 사망자나 확진자가 나오지 않았다). 리카케어센터의 운영에 문제를 제기하는 항의가 빗발쳤다. 한인 어르신들을 그 회사에 맡긴 한인사회의 우려가 큰 것은 당연한 일이었다. 집단 탄원서를 제출하는 방식 등으로 불만 여론이 들끓으면 정치인들은 움직이게 되어 있다.

리카케어센터는 올해 초 한인사회의 인수위원회를 접촉해 매각 의사를 전했다. 총 인수비용은 800만 달러. 낙찰 금액에서 약간의 비용을 더한 좋은 조건이었다. 3월 16일 인수위원회는 이 같은 사실을 공표하고 450만 달러를 목표(나머지 금액은 은행융자로 충당)로 한 모금운동에 다시 돌입했다.

개인이나 교회 및 동창회 모임 등에서 기부금을 다시 내면서도 목표액 달성에는 반신반의하는 분위기였다. 모금을 하기에는 최악의 상황이었다. 오랫동안 지속된 록다운으로 사회 분위기가 얼어붙어 있었고, 특히 자영업자 대다수는 가게 문을 닫고 정부의 재난지원금으로 살아가는 처지였다. 게다가 모금기간도 2개월밖에 되지 않았다.

그런 위기상황에서 가구유통회사 대표 최등용씨가 100만 달러(약 9억2000만 원)를 기부했다는 소식이 한인사회에 알려졌다. 캐나다 한인 이민 역사상 가장 큰 기부였다. 최 대표의 기부 뉴스는 모금 분위기를 살리는 기폭제였다. 한인사회는 목표액 450만 달러를 넘어 500만 달러를 모으기에 이르렀다.

무엇보다 M과 같은 한국인 2세 청년들이 무궁화한인요양원 되찾기 프로젝트에 적극 참여했다는 점이 돋보였다. 그들은 탄원서 제출 등을 통해 한인사회의 여론을 정치인들에게 전달하는 일을 주도했고, 인수작업에 실무자로 포진해 각자의 전문성을 발휘했다. 나아가 이번에 되찾은 요양원을 발판 삼아 제2, 제3의 한인 요양원 설립을 위한 장기적이고 구체적인 모금방안을 속속 내놓고 있다. M도 몇 년 전 세상을 떠난 아버지의 유지를 받들어 무궁화한인요양원에 10만 달러(약 9200만 원)를 기부했다.

이번에 토론토에서 이루어진 무궁화한인요양원 재인수는 이곳에 사는 한국 사람들에게 60개 침상을 되찾았다는 것 이상의 의미를 지닌다. 캐나다라는 이민사회에서 자기 고유의 문화와 정체성을 지키고 누리는 것이 얼마나 소중한 일인가를 다시금 확인했기 때문이다. 무궁화한인요양원 되찾기는 바로 그것을 구체적으로 알게 해준 과정이었다.

더불어 일단 뜻을 모으기만 하면 엄청난 힘을 발휘하는 한국인의 DNA를 새삼 확인한 일이기도 했다. 이런 분위기로 보자면, 이번에 되찾은 요양원을 시작으로 제2, 제3의 요양원을 설립하겠다는 구상이 비단 꿈만은 아닐 것이다.

아쉬운 것은, 토론토 한인들의 이 같은 절박한 움직임을 주토론토 대한민국총영사관이나 토론토에 나와 있는 한국 기업들이 강 건너 불구경하듯 했다는 사실이다. 중국 커뮤니티만 해도 이런 일이 벌어지면 모두가 한 몸이 되어 움직인다. 중국인 전용 요양원들은 침상도 많고 그것을 계속 늘려가고 있거니와, 가장 모범적으로 운영된다는 평까지 듣고 있다.

2021년 06월 11일

노는 모임 거의 없는
재미없는 천국

캐나다에 살러 온 이민자라면 누구든 마찬가지였을 것이다. 캐나다행을 고려하면서 가장 큰 고민거리는 거기 가서 무엇을 해서 먹고사는가 하는 것이었다. 내가 몇 년 동안 생각만 하고 선뜻 이민을 결행하지 못한 가장 큰 이유 역시 밥벌이 문제였다. 십수 년 동안 한글로 기사 쓰는 일만 했던 내가 영어를 사용하는 나라에서 기자 경력을 살려서 할 수 있는 일이라고는 없다. 문과 출신으로서 가진 기술이라고는 없는 나 같은 사람들은 말 그대로 '제로베이스'에서 시작하는 것 말고는 달리 뾰족한 방법이 있을 리 없다.

나름 대비를 한다고는 했으나 막상 살러 와서 보니 한국에서 예상했던 것과는 많이 달랐다. 먹고사는 문제가 해결되지 않으면 하루하루가 초조한 나날이 될 수밖에 없다. 이곳에 먼저 와서 자리 잡고 사는 이민 선배들에게 물어보면 한결같이 이상한 소리들을 했다.

"몇 년간 아무 일도 하지 마. 그냥 먹고 놀아."

월급쟁이 출신으로서 자영업에 종사하려는 나 같은 사람들에게는 그냥 노는 것이 특히 더 중요하다고 했다. 가진 돈이라고는 뻔해서 한시라도 빨리 돈벌이에 나서야 할 사람에게 그냥 놀라는 말을 어떻게 할 수 있나 싶었다. 처음에는 농담하는 줄로만 알았다. 그런 농담 같은 말을 여러 사람이, 그것도 진지하게 하는 바람에 조금 황당하기도 했다. 웬만한 강심장이 아니고서는 그저 놀고먹는 것만큼 어려운 일도 드물다. 한국 출신의 나 같은 평범한 가장이라면 말이다.

"그냥 먹고 놀아라"라는 말의 뜻이 '마음 급하다고 섣불리 일을 시작하지 말고 이곳 분위기와 돌아가는 사정부터 먼저 파악하라'는 것이라는 사실을 얼마 지나지 않아 바로 알아챘지만 그래도 "그냥 놀아라"라는 말 자체는 대단히 신선하고 인상적이었다. 아무 일도 안 하고 빈둥빈둥 노는 것이 인생살이에 도움이 된다는 말은 캐나다에 와서 처음 들었다. 역시 캐나다는 한국과 다르구나 하는 생각을 잠깐 동안 하기는 했었다.

그러나 가져온 돈을 까먹으며 몇 년을 놀다시피 하다가 본격적으로 밥벌이를 하게 되면서 "그냥 놀아라"라는 말의 의미를 달리 생각하게 되었다. 놀고먹는 것이 캐나다에서만 중요한 게 아니었다. 자영업을 하려는 월급쟁이 출신들에게 일단 느긋하게 놀면서 관망하는 것이 무엇보다 중요하다는 사실은 캐나다나 한국이나 다를 바가 없을 것이다.

가게 문을 열고 경제적으로 안정을 찾으면서 진짜로 놀아보려고 하다 보니, 이번에는 재미있게 노는 것이 쉬운 일이 아니었다. 외국 나와 살면서도 한국 음식을 먹듯이 한국 사람들은 한인 커뮤니티에서 주로 놀게 마련이다. 한국 사람들과 어울려도 노는 방식이 한국과 많이 달랐다. 나보다 1년 먼저 캐나다로 살러 온 한 친구는 처음 참석한 어느 모임의 송년 파티에 대한 소감을 이렇게 말했다.

"백수십 명의 사람들이 파티복을 입고 와서 춤을 추고 하는데, 참 적응이 안 되더라."

나는 말만 들어도 적응이 되지 않았다. 송년 모임이야 한국에서도 많이 가졌지만 부부가 함께 참석해서 춤추고 노는 파티는 한 번도 경험한 적이 없었다.

캐나다살이가 거의 모든 면에서 한국살이와 다르지만 한국 사람들끼리 만나서 노는 것도 이렇게 다를 줄은 몰랐다. 노는 일을 일부러 배우고 익힐 것까지야 없겠으나 캐나다에서 노는 방식도 나로서는 처음 접하는 문화여서 적응하는 시간이 필요했다. 캐나다에 산 지 20년이 지난 지금은 적응이 되어서, 야유회나 송년 파티에 나가면 나도 이제 어색해하지 않고 춤을 추며 놀 줄 안다.

한국에서 직장생활을 했던 만큼 내가 가장 많은 시간을 보낸 곳은 역시 직장과 그 주변이었다. 돌이켜보면 직장에 나가서 일만 했던 것이 아니다. 직장과 관련지어 가장 많이 놀기도 했다. 절친한 친구들이야 자주 만나봐야 1년에 서너 번뿐이었지만 직장 사람들은 매일 보고 거의 매일 어울리는 사람들이었다. 동료들과 저녁 술자리를 자주 가졌던 것은 물론이고, 직장 업무와 관련한 사람들과 함께한 시간도 많았다. 당시만 해도 그것을 일의 연장이라 여겼으나 지금 생각하면 그것은 거의 술 먹고 놀았던 시간이나 다름없다. 좋게 보자면 일과 놀이를 칼같이 구분하는 문화가 없을 때여서 다소 어정쩡했을 뿐이다.

캐나다에 살러 오니 이곳은 일상적으로 노는 문화가 한국과 많이 달랐다. 가장 다른 점을 꼽자면 주중 저녁 시간에 가족 아닌 다른 사람을 만나는 일이 거의 없다는 사실이다. 일과 관련해 사람을 저녁 시간이나 주말에 만날 일 자체가 없다. 평일 저녁에 사적으로 누구를 만나 노는 것도 매우 희귀한 일이다(나는 몇 년 전 서울에서 출장을 온 친구를 만난 것이 마지막이다). 직장생활을 하는 주변 친구들을 봐도 마찬가지이다. 특별한 일이 있다면 모를까 일상적으로는 '칼퇴근'을 하고 집에 오는 것이 기본이다.

그래도 사람이 일만 하고 살 수는 없으니, 캐나다에 사는 사람들도 나름 노는 문화가 있기는 있다. 이민자의 나라인 만큼 사람들은 주로 자기 나라 사람들과 어울린다. 더군다나 나 같은 이민 1세라면 노는 분야에서만큼은 같은 말과 정서를 공유하는 사람들하고만 교류하게 마련이다. 편하게 놀자면 언어와 정서가 무엇보다 중요하기 때문이다.

캐나다에 사는 한국 사람들이 가장 많이 만나는 모임은 크게 두 가지이다. 하나는 종교단체이고 다른 하나는 학교 동창회이다. 더불어 스포츠 동호회나 향우회 같은 것도 함께 어울리는 모임으로 꼽을 수 있다. 물론 전부는 아니겠으나 토론토 한인사회의 많은 이들은 종교단체와 학교 동창회를 매개로 사적인 친목 모임을 만들어나간다.

재미있는 사실은 그곳에서 만들어지는 크고 작은 모임들의 성격도 한국과 여러모로 다르다는 점이다. 나는 학교 동창회를 통해 사람들을 주로 만났다. 이유는 간단하다. 이민을 와서 학교 모임을 가장 먼저 접했기 때문이다. 캐나다에 도착하자마자 우연히 학교 선배를 만났고, 그 선배를 따라 동창회 야유회에 나갔던 것이 계기가 되었다. 만약 종교단체나 동호회 사람을 먼저 만났더라면 내가 어울리는 사람들이 그런 곳을 중심으로 형성되었을 가능성이 높다.

이곳 학교 동창 모임에는 한국에 살 적에는 상상도 할 수 없었던 특

토론토의 공원에서 열린 한국 어느 학교 동창회의 가을 야유회.

이한 점들이 많다. 나는 선후배 관계를 제법 중시하는 학교를 나왔으나 한국에 살 적에는 동창회에 한 번도 나간 적이 없었다. 수십 년 높은 선배를 만날 일도 없고, 직장에서 알게 된 높은 선배라고 해봐야 마주치면 그저 인사나 하고 지낼 뿐 함께 어울릴 일이라고는 없었다. 게다가 연배가 아무리 높다고 해도 20년 남짓 선배였다.

그런데 이곳에 와서 보니 학교 선후배 관계가 한국과 많이 달랐다. 여기서 만난 최고참 선배는 1947년에 대학에 입학한 분이었다. 1950~1960년대에 대학 생활을 했던 선배들도 많이 만났다. 한국에서는 보지도 못했던 연배의 선배들이다. 그분들은 연배가 높기도 했지만 한국인 이민 사회에서 숫자도 참 많았다. 20년 전만 해도 1년에 몇 번씩 열리는 큰 모임은 바로 그분들이 주도했다. 나는 모임에 나가서 그런 '어른'들과 수시로 어울려 놀았다. 한국에서라면 어울리기는 커녕 연배가 달라서 만나지도 못했을 높은 선배들이었다. 동창회에서 비슷한 연배의 친구들을 만나는 것은 당연한 일이다.

또 특이한 것은 종교든 동창회든 대부분의 사적인 모임에 부부가 함께 참가한다는 사실이다. 문화가 그렇다 보니, 친목 모임에도 혼자 나갔다가는 '뻘쭘'해지기 십상이다. 나도 한때 한국에서처럼 남자들끼리 갖는 저녁 술자리에 몇 번 나가보기도 했지만 이상하게도 노는 재미가 별로 없었다. 무엇보다 술자리를 마친 후 귀가하는 일이 너무 불편했다. 서울처럼 대중교통이 발달한 것도 아니고 대리기사도 없으니, 남자들끼리 갖는 저녁 술자리 모임을 더욱 꺼리게 된다.

노는 일에 관한 사정이 이러해서 그런지는 몰라도, 예전에 캐나다 살이를 준비하던 사람들 사이에서는 다음과 말이 돌았다.

"캐나다는 재미없는 천국, 한국은 재미있는 지옥."

천국과 지옥에 관해서라면 이론이 많겠으나 (노는) 재미가 '있다' '없다'에 대해서는 그럴 여지가 별로 없어 보인다. 특히 사람들과 어울려 노는 것으로 말하자면 캐나다는 정말로 재미없는 곳이 맞다. 한국에 비해 노는 환경이 다소 좋은 것은 골프나 캠핑 같은 몇몇 분야에 국한되어 있을 뿐이다. 그마저도 겨울이 긴 토론토에서는 6개월 남짓 즐길 수 있는 놀이이다.

'재미없는 천국'이라는 캐나다는 한국에서 살다 온 사람이 보기에 재미가 없기도 하지만 참 단순한 곳이기도 하다. 사람을 새로 사귈 기회도 많지 않고, 노는 내용도 늘상 비슷비슷하다. 친하게 지내는 사람들끼리 가끔씩 만나 함께 식사하고 세상 돌아가는 이야기를 나누는 것이 '일상적인 놀이'라고 보면 된다. 게다가 여러모로 단순한 삶이다 보니, 가족 구성원이 지금 어디서 무엇을 하며 놀고 있는지 모두 투명하게 공개되기도 한다. 특히 가족 비즈니스로 자영업을 하는 경우라면 일하는 것이나 노는 것 전부를 부부가 공유하게 되어 있다. 주중에 누구를 만날 일이 없고, 주말에 누구를 만난다 해도 부부가 함께 만나기 때문이다.

참 복잡다단했던 한국에서의 삶과 비교하자면 이곳 삶은 단순하기 짝이 없지만(지루한 이곳 삶에 적응하지 못해서 한국으로 돌아가는 사람도 여럿 보았다) 그래도 살다 보면 이 재미없는 삶에도 익숙해지기 마련이다. 일터에 나가봐야 어울릴 사람도 별로 없고 재미있게 놀 만한 대안이 없으니, 종교나 학교 동창회, 동호회 모임이 활발하게 이루어질 수밖에 없다.

나를 포함해 이곳에 사는 많은 한국 사람들은 세계의 그 어느 유명 여행지보다 한국 가는 것을 더 좋아하는 경향이 있다. 떠난 지 오래되어 한국이 아무리 '한국말 잘 통하는 외국' 같다고는 해도 좋은 음식과 보고 싶은 사람들이 있기 때문이다. 캐나다처럼 노는 재미가 없는 단순한 사회에 살다 보면 그 반가운 사람들과 어울려 노는 것만큼 달콤한 것은 이 세상에 없다. 특히 내 경우가 그렇다.

2022년 09월 16일

캐나다 한국식당은
외국인이 주고객

1990년대 중후반 나는 뉴욕을 자주 드나들었다. 시사주간지 문화부에서 미술과 음악 기사를 주로 쓰던 기자에게 뉴욕만큼 매력적인 출장지도 흔치 않았다. 뉴욕은 말 그대로 세계 문화예술의 중심지였다. 나는 그 무대에서 활동 중인 한국인 예술가를 여럿 만났다. 백남준, 홍혜경, 이상남, 조숙진, 강익중, 니키리 같은 뉴욕 예술계의 스타들이었다.

뉴욕에 갈 때마다 한국인 예술가들을 1~2명 만나곤 했는데, 인터뷰는 식사로 이어지게 마련이었다. 그들과 함께 식사를 하면서 놀란 것이 하나 있었다. 그들이 식사를 하자고 하면 그것은 한국식당에 가는 것을 의미했다. 누구든 예외는 없었다.

뉴욕에서 수십 년을 활동해온 예술가도 마찬가지였다. 맨해튼32가 코리아타운(요즘은 K타운이라 불린다)의 한국식당을 찾아가는 것을 당연한 일로 여겼다. 나로서는 이해하기가 어려웠다. 한국에서 온 사람을 미국식당이 아니라 한국식당으로 데리고 가는 것이 이상했고, 그들이 그것을 당연하게 여기는 것은 더 이상해 보였다.

취재차 만난 유명 예술가들만 그러는 것이 아니었다. 내가 뉴욕에서 만난 한국사람들은 어느 누구 할 것 없이 "식사를 하자"고 하면 한국식당을 찾아갔다. 뉴욕까지 가서 한국식당 아닌 곳에서 식사를 한 것은 손으로 꼽을 정도였다. 뉴욕에 간 내가 고를 수 있는 선택지는 설렁탕이냐, 순두부냐 하는 것밖에 없었다. 먹는 것에 관한 한 뉴욕은 서울과 별로 다를 바가 없었다. 어떤 식당의 음식 맛은 서울에서도 찾기 어려울 만큼 훌륭했다.

그래도 명색이 해외출장인데, 설렁탕·순두부·삼겹살·불고기·보쌈 같은 한국음식만 먹었으니 음식 먹는 걸로 보자면 국내출장인지, 해외출장인지 헷갈릴 지경이었다. 캐나다에 이민을 와서 사는 지금이 바로 그렇다. 집에서는 당연히 한국음식을 먹고, 바깥에서도 예외없이 한국식당을 애용하니 하는 말이다.

토론토에 처음 살러 왔을 때 임대 아파트를 소개해준 이는 말했다.

"이 아파트는 한국식품점과 가까워요."

살기가 그만큼 편리하다는 이야기였다. 한국식품점과의 거리는 어느 지역에 살 것인가를 결정하는 주요 고려사항 가운데 하나였다. 한국인이 많이 모여 사는 K타운은 음식과 가장 관련이 깊다고 보면 된다. 최소 하루 한 끼 이상은 한식으로 밥을 먹는 한국사람으로서는 한국식품점과 한국식당이 가까이 있어야 살기에 편하다.

한국사람이 있어서 한국식품점이 생겨났고, 한국식품점이 있어서 한국사람들은 더 모여들었다. 한국식당도 마찬가지이다. 미국 버팔로에서 국경을 넘어 2시간 이상 자동차를 몰고 토론토 한국식품점으로 시장을 보러 오는 사람을 본 적도 있다. 한국인이 별로 없는 캐나다 다른 주에서 온 어떤 사람은 감자탕을 사들고 비행기를 탄다고 했다.

먹는 것과 관련해 한국과 다른 점이라면 두 가지 정도를 꼽을 수 있겠다. 첫째는 토론토에서는 장을 두 번 봐야 한다는 사실이다. 고추장과 된장 같은 것을 사려면 한국식품점에 반드시 들러야 한다. 그래도 외국살이를 하고 있으니 이곳 식품점에 가야 구할 수 있는 것도 많다. 뉴욕이나 LA 같은 미국 큰 도시의 한국식품점에서라면 '원스톱 쇼핑'이 가능할 테지만 토론토는 아직 그 수준까지는 아니다.

두 번째는 이곳 식당의 음식 가격이 한국에 비해 많이 비싸다는 것이다. 한국식당도 마찬가지다. 이민 초창기만 해도 돈벌이를 제대로 하지 못하니 한국식당에서 밥을 사먹기가 그리 쉽지 않았다. 무엇보다 한국보다 두 배 가까이 비싼 음식값이 부담스러웠고, 음식값의 15~20%에 달하는 팁 문화에 적응하는 데도 시간이 걸렸다.

동창회 같은 모임은 주로 한국식당에서 열리는데, 음식은 뷔페식으로 나온다. 참석 초기에 흥미로워 보였던 것은 참석자들이 먹고 남은 음식을 음식컨테이너에 남김없이 담아 집에 들고 간다는 사실이었다. 처음에는 '식당 음식이 아무리 비싸도 그렇지, 무슨 궁상인가' 싶었으나 그 문화에 곧 익숙해졌다. 그것은 궁상을 떠는 것이 아니라 우리 음식으로 한 끼를 더 해결하고 음식 쓰레기도 만들지 않는 훌륭한 문화였다.

한국에서 온 이민자라면 초기에 거의 예외없이 거치는 통과의례 같은 것이 하나 있다. 가까운 공원에 나가 삼겹살을 굽는 일이다. 처음에는 공원에서 고기를 굽는다는 것이 신기해서 많이들 나가기도 했고, 바깥에 나가 사먹기가 어려우니 '외식'을 그런 식으로 할 수밖에 없었다.

밥을 먹은 뒤 '개운하다'는 느낌을 가진 것은 토론토에 살면서부터였다. 이민 초창기에 이곳 문화를 배우고 적응하려고 샌드위치숍과 빵집에 나가서 일을 했던 적이 있다. 두 곳 모두 외국인 손님을 상대하는 곳이었다. 그곳에서 일하는 사람들은 매일 메뉴를 바꿔가며 점심을 먹을 수 있었다. 늘 뛰어다녀야 할 정도로 바쁘게 돌아가는 곳이었다. 육체노동을 처음으로 하는 터라 정신이 멍할 정도로 힘이 들었다. 샌드위치를 만들어 먹기는 했으나 허기를 끄기 위해 그저 삼키는 기분이었다. 자동차에 기름을 넣는다는 느낌이 들 때가 많았다.

샌드위치숍에서는 7명이 함께 일을 했는데, 주인도 종업원도 모두 한국사람이었다. 점심 장사를 마치면 주방에 모여 앉아 각자 샌드위치를 만들어 먹었다. 어느 날 여성 동료 한 사람이 "샌드위치가 지겨우니 밥을 해먹는 게 어떠냐"고 제안했다. 반대하는 사람은 없었다. 전기밥솥은 있었고, 돈을 모아서 한국식품점에서 반찬 몇 가지를 사왔다. 멸치볶음이나 김 같은 냄새가 나지 않는 것들이었다. 최고는 쌈장이었다. 가게에는 상추와 배추가 많았다.

어느 날 한참을 먹고 있는데, 동료 한 사람이 말했다.

"이제 그만 먹어요. 그러다가 정말 배 터지겠네."

사실이 그랬다. 주방에서 변변한 식탁도 없이 플라스틱 우유 박스 위에 앉아서 하는 식사였으나 돌이켜보면 그때만큼 맛있게 많이 먹었던 적도 드문 것 같다. 고기 한 점, 국 한 그릇 없는 단출한 차림이었지만 쌀밥과 상추와 쌈장만으로도 성찬이었다. 그걸 먹고 나면 몸이 개운해지는 느낌이 들었다.

내 가게를 열고 밥벌이를 제대로 하게 되면서도 마찬가지였다. 아침 일찍부터 가게에 나가 일을 하면 점심은 식당에서 해결하는 경우가 많았다. 우리가 밥을 먹으러 가는 곳은 늘 한국식당이었다. 아무리 맛있는 다른 식당이 있다 해도 가기가 꺼려졌다. 한국음식을 먹어야 비로소 밥을 먹은 것 같고, 개운한 느낌이 들었기 때문이다.

한국음식을 먹으면 내 몸과 마음이 가뿐해지기는 해도 문제가 없는 것은 아니다. 캐나다가 세계 각지에서 온 사람들이 모여 사는 나라이다 보니 특이한 음식 냄새를 풍길까 봐 서로가 늘 조심하는 편이다. 냄새에 민감한 사람도 많다. 한국사람들은 김치에 들어 있는 생마늘 때문에 각별히 주의를 하는데, 요즘은 예전처럼 긴장하지는 않는다. 한국음식에 대한 외국사람들의 호감도가 급격히 상승했기 때문이다. K드라마, K팝에 이어 지금은 K푸드까지 뜨고 있는 것이다.

이곳 사람들로 하여금 한국음식에 대해 관심을 넘어 호감을 갖게 한 것은 역시 한국 드라마였다. 출발점은 2000년대 초중반에 방영된 드라마 〈대장금〉. 〈대장금〉은 중국 대륙을 넘어 캐나다에서도 큰 인기를 모았다. 초창기에 K드라마의 인기를 주도한 사람들은 중국인을 비롯한 아시아인들이었다. 드라마의 혜택을 가장 크게 입은 곳은 한국 식당과 식품점들이다. 토론토 한국식당의 주고객은 더 이상 한국사람이 아니다. 드라마에 매혹된 외국인들이 한국식당에 몰려들었다. 그들은 '감자탕'을 대표적인 한국음식으로 띄우기도 했다. 이제는 한국식당들이 외국사람들의 입맛에 맞추다 보니, '들쩍지근함' 때문에 한국식당의 음식이 도리어 한국사람들 입에 맞지 않는 아이러니도 생겨난다.

한국식품점도 이제는 한국 손님만으로는 유지할 수가 없다. 어느

곳이든 외국 손님 비율은 30%가 넘고, 어떤 지역 한국식품점은 절반
이 넘는다. 한국식품점을 찾는 외국인 숫자는 점점 더 늘어나는 추세
이다.

한국식품점과 비슷한 품목을 취급하면서도 규모가 크고 가격이 좋
은 중국식품점도 여럿 있으나 일부러 한국식품점을 찾는 중국인이
많다. 재미있는 사실은 한국사람들은 좀 더 싼 가격을 찾아 중국식품
점에 가고, 중국사람들은 한국의 깨끗하고 고급스러운 이미지 때문
에 한국식품점을 찾는 경우가 많다는 것이다.

물론 외국인들에게 한국음식이 '주식'은 아니겠으나, 이제는 한국
음식에 대한 이미지가 크게 바뀌었다는 것을 곳곳에서 확인할 수 있
다. 가장 대표적인 경우가 집을 사고팔 때이다. 불과 10년 전만 해도

토론토의 코스트코에 나와 있는 한국 음식들. 위 왼쪽에서부터 시계 방향으로 김치 컵라면 만두 김.

한국인들이 집을 내놓을 때면 한동안 한국음식을 해먹을 수가 없었다. 한국음식 특유의 냄새가 집을 보러오는 사람들에게 좋지 않은 인상을 줄 수 있기 때문이다. 그러나 지금은 부동산 중개인들이 "청국장만 안 끓이면 된다"고 말한다. 그만큼 외국사람들이 한국음식을 좋아하고 냄새에도 익숙해졌다는 얘기다.

토론토의 대형 식품점에도 한국 먹거리가 밀려드는 추세이다. 대형 식품점 어디에서나 한국산 라면이나 과자는 쉽게 볼 수 있다. 가장 큰 매장인 코스트코에도 10년 전부터 한국음식들이 하나둘 들어가기 시작하더니, 지금은 김치와 김, 만두, 유자차 같은 것까지 눈에 띈다. 한국식품점에서만 볼 수 있었던 삼겹살도 있고, 한국식 LA갈비도 있고, 코리안 스타일이라고 적어놓은 불고기감도 있다. 한국음식에 '인이 박여서' 한국음식을 찾는 이들이, 이제는 한국사람들만이 아니라는 얘기다.

그렇지 않아도, 먹는 음식으로 말하자면 이곳 한국사람이 사는 삶은 한국과 '다른 삶'이 아니었다. 지금은 K푸드 인기가 급상승하다 보니 '활어회'를 제외하고 먹지 못하는 한국음식은 없다. 문화강국의 위력을 음식에서도 실감하고 있다. 북미 큰 도시에 살다가 한국에 가끔씩 나가는 나 같은 사람에게 "한국음식 그리웠지? 뭐 먹고 싶어?" 같은 질문은 더 이상 하지 말기 바란다. 촌스러운 질문이다.

2021년 07월 09일

같은 '유색'이면서 흑인 차별하는
동양계 이민자들

20여 년 전 캐나다에 살러 오자마자 영어학교에 등록을 했다. 새로 온 이민자들에게 영어를 무료로 가르치는 ESL 프로그램이었다. 한 반 정원은 30명 정도. 쉬는 시간이면 같은 나라 사람들끼리 모여서 정착에 필요한 정보를 나누곤 했다.

우리 반에는 나를 포함해 한국 사람이 4명 있었다. 통성명을 하고 "언제 왔느냐"와 같은 질문이 이어졌다. 지금 사는 지역에 대해서도 서로 궁금해했다. 한 사람이 "나는 ○○에 산다"고 하자 나머지 세 사람은 미리 입이라도 맞춘 듯 똑같이 물었다.

"거기 괜찮아요?"

'괜찮냐'는 질문은 곧 '위험하지 않느냐' '시끄럽지 않느냐' '더럽지 않느냐' 등의 뜻을 담고 있었다. ○○은 주로 흑인들이 사는 동네라는 사실을 모두가 이미 알고 있었기 때문이다. 물론 다른 지역에 대한 정보도 많았으나 "가서는 안 된다"라고 콕 집어 지목된 곳은 ○○뿐이었다.

그런 말을 듣고도 당연하다는 듯 "흑인 동네면 왜 안 되는데?"라고 반문하지 않았다. 나도 모르는 사이에 만들어진 선입견과 고정관념 때문이었다. 평범한 한국 사람들은 교류조차 해보지 않으면서도 흑인들이 사는 동네를 '위험하다' '거칠다' '가난하다'고 여기고 있었다.

○○에 산다던 한국 사람의 말이 퍽 인상적이었다.

"싼 곳을 급하게 찾다보니 내 형편에 맞는 곳이 그 지역 임대 아파트밖에 없었다. 나도 처음에는 걱정을 좀 했었다. 그래서 딱 1년만 살자고 생각했는데, 막상 살아보니 위험하지도 시끄럽지도 않았다. 이웃들은 순박하고 착하다. 월세가 싸서 당분간 계속 살 생각이다."

그 동네에 사는 이가 자기 경험을 이야기하는데도 세 사람은 말을 멈추지 않았다.

"아이들 학교는 어떻게 보내려고 그러느냐?"

"그래도 빨리 나오는 게 좋지 않겠나?"

서울에 가보지 않은 사람이 서울 사는 사람보다 서울을 훨씬 더 잘 안다는 식이었다.

그 영어학교에서 공부한 지 오랜 세월이 흘렀어도 나를 포함한 세 사람의 생각이 완전히 바뀌지는 않았을 것이다. 이후 그 동네에 가서 살지 않았고, 살 생각도 없었으며, 혹시 그 동네를 지나갈 일이 있으면 조금 경계하는 마음이 생겼다. 그 지역에서 편의점을 운영하는 한국 사람들을 통해 이런 소식은 가끔 들었다.

"장사는 잘 되는데 좀도둑이 있다."

좀도둑은 그 동네에만 있는 것이 아니다. 다른 지역에도 많은데도 그 소리를 들으면 '그러면 그렇지' 하는 생각을 은연중에 했다.

토론토는 100개가 넘는 나라에서 온 사람들이 모여 사는 도시인 만큼 인종 전시장이라고 할 만하다. 캐나다 사람 5명 가운데 1명은 외국 태생이니 이곳 사회에서는 인종차별을 중범죄로 여겨 법으로 엄하게 다스린다.

학교에서는 피부 색깔이나 출신지, 성 정체성을 가지고 사람을 차별해서는 안 된다고 귀에 못이 박이도록 가르친다. 차별이 추악한 범죄라는 사실을 어릴 적부터 확고하게 심어주지 않으면 다양한 사람들이 조화롭게 살아가기가 사실상 불가능한 사회이기 때문이다.

문제는 이곳에서 그런 교육을 받은 이민자 자녀세대가 아니라, 영어학교에서 함께 공부했던 우리 같은 이민 1세들이다. 정직하게 말하자면, 한국을 포함한 동양계 이민자 가운데 많은 이들이 흑인 사회에 대해 편견을 가지고 있다. 유색인종이기는 마찬가지인데도 말이다.

캐나다에서 처음 집을 구할 때 가장 선호하는 지역은 백인 동네였다. 우리도 이민자면서 이민자가 적은 동네를 좋은 지역으로 꼽았다. 반대로 흑인 동네는 가지 말아야 할 곳, 가서는 안 되는 곳이라고 여겼다.

게다가 유색인종이자 소수민족이라 해도 아시아 사람들은 백인들의 이웃이 될 수 있는 '좋은 마이너리티'라 스스로 여기며 살았다. 아이러니한 것은 '좋은 마이너리티' 혹은 '모델 마이너리티'라는 개념은 우리가 아닌 백인 주류사회가 만들어냈다는 사실이다. 기존 시스템에 불평등한 점이 있어도 불만 없이 순응한다는 의미로 '좋은' '모델' 마이너리티라는 뜻인데도 아시아계 이민자들은 그 말에 은근히 만족해온 편이다.

나아가 상대적으로 '나쁜 마이너리티'라 일컬어지는 흑인사회에 대해 우월감을 갖는 경향마저 있다. 주류가 '좋은' '모델'을 '나쁜' 마이너리티를 비판하는 무기로 사용해도 딱히 거부감을 갖지 않는다. 그러기는커녕 같은 마이너리티이면서도 아시아 사람들은 자기들끼리 '나쁜 마이너리티'에 대해 편견을 드러내는 것을 별로 부끄러워하지 않는다.

코로나19 사태로 북미 동양인들의 이 같은 사고방식이 얼마나 터무니없고 위험한 것인가 하는 사실이 곧바로 증명되었다. 아시아 사람들은 '좋은' '모델'에서 하루아침에 바이러스를 퍼뜨리는 '나쁜' 마이너리티로 손가락질 당하기도 했다. 다양한 민족이 조화롭게 모여 산다는 토론토와 뉴욕에서 벌어진 일이었다.

우리가 아무런 경험도 근거도 없이 흑인 지역을 기피했듯이, 평소 우리를 '좋은' '모델' 마이너리티라 치켜세우곤 했던 사람들 또한 우리를 향해 근거 없는 혐오감을 드러낸 것이다. 물론 일부 사람들이다.

따지고 보면 한국 사람들을 비롯한 동양인들은 흑인에 대한 편견을 무심결에 드러내는 경향이 없지 않다. 단지 덩치가 크고 피부가 검다는 이유로 "무섭다"는 말을 아무렇지도 않게 입에 올린다. 동양인들의 편견은 일부 백인 못지않게 견고하다.

영화 〈겟아웃〉을 보면, 자기 스스로를 리버럴리스트라 여기는 백인은 흑인 청년을 보고 무심코 말한다.

"(흑인이라) 운동 잘하겠구나."

이런 생각은 백인들만 하는 게 아니다. 듣는 사람의 입장이나 기분 같은 것은 전혀 고려하지 않는 이런 차별 발언은 우리 언어생활 속에 녹아 있다. 대표적인 사례가 '흑형'이다. 백형은 없고 황형도 당연히 없다.

문제는 자기도 모르는 사이에 습관처럼 되어버린 우리의 이런 말과 태도가 최근 미국 미니애폴리스에서 발생한 조지 플로이드 살해 사건과 무관하지 않다는 사실이다. 미국 경찰 데릭 쇼빈이 플로이드의 목을 무릎으로 잔혹하게 짓눌렀을 때, 그로 하여금 그런 행동을 거리낌없이 하게 하고 목숨이 끊어질 때까지 지속하게 한 힘은 경찰 한 사람의 것만은 아니었다.

　백인 인종차별주의자뿐만 아니라 은연중에 흑인을 차별하는 우리 같은 사람들의 고정관념과 말, 눈길과 표정 하나하나가 모이고 모여 백인 경찰의 무릎에 힘을 가하도록 만들었다고 해야 맞다. 단지 미국 경찰 몇 사람들만의 죄라면 그들만 처벌받으면 그만이다.

2020년 5월 25일 미국 미니애폴리스에서 흑인 조지 플로이드가 경찰에게 살해된 이후 북미 전역에서 벌어진 항의 시위.

그러나 인종차별 반대 시위는 미국을 넘어 세계 각처로 끊임없이 퍼져나간다. 그것은 미국의 주류 백인들을 향한 것이기도 하지만 넓게 보면 단지 '다르다'는 이유 하나만으로 사람을 차별하고 혐오하는 우리 모두를 향한 것이다.

한국도 이제는 어쩔 수 없이 피부색과 배경이 다른 사람들과 함께 살아갈 수밖에 없는 처지에 놓여 있다. '피부색 다른 한국인'의 비율은 앞으로 점점 더 높아질 것이다. 이참에 우리도 우리와 다르다는 이유로 이웃의 '다른 한국인'을 차별하지는 않는지 심각하게 돌아보지 않으면 안 된다.

그런 반성이 없다면 플로이드 살해사건과 같은 비극이 한국 사회를 강타하는 부메랑이 되어 날아올 수밖에 없다. 북미에서는 지금 '좋은 마이너리티'라며 믿고 살아온 동양 사람들의 행동을 촉구하는 목소리가 이민 2세들 사이에서 높아지는 중이다. 이런 이야기를 나누던 중 대학 3학년인 내 딸은 남아공의 성공회 대주교 데즈먼드 투투의 말을 끄집어냈다.

"불의를 눈앞에 두고도 중립을 지킨다는 핑계로 침묵한다면 그것은 불의를 저지르는 사람의 편을 드는 것이다. 코끼리가 쥐의 꼬리를 밟았는데, 중립을 지킨다고 가만히 있는다면 쥐가 과연 고마워하겠는가."

2020년 06월 08일

해외동포,
모국이 불러주자 꽃이 되었다

텔레비전 드라마 때문에 그랬을 것이다. 어릴 적부터 나는 선글라스 쓴 사람을 보면 재미동포를 먼저 떠올렸다. 선글라스를 쓰거나 머리에 인 사람들은 왠지 모르게 '부티'가 났다. 한국이 중진국 소리 듣던 1980년대까지만 해도, 해외동포는 부자 나라에 사는 사람들로 대접 받았다. 미국이나 캐나다로 이민을 간다고 하면 사람들은 부러워했다. 캐나다에 40년 넘게 산 원로 동포들은 말한다.

"예전에는 캐나다 이민 비자를 받으면 고등고시 합격이 부럽지 않았다."

과거 해외동포라는 용어는 '선망'과 동의어였다.

지난 수십 년간 한국이 눈부시게 발전하고 변화한 만큼 해외동포들의 위상도 많이 바뀌었다. 이민을 간다고 하면 주변에서 하는 말들이 점차 달라졌다. 2000년대 들어서는 "축하한다" "부럽다"는 의례적인 언급에 반드시 따라오는 말이 있다.

"낯선 땅에 적응하느라 고생 많겠다."

한국이 이제는 세계 어느 선진국 못지않게 잘사는 나라가 되었기 때문이다. 해외동포에 대한 시각이 '선망'에서 '염려'로 바뀌는 동안, 한국을 바라보는 해외동포들의 시각도 당연히 변했다. 이제는 한국에 가서 선글라스 끼고 부자 나라 사는 티를 낼 수가 없다. 부티는커 녕 '서울 구경 온 촌사람' 티가 날까 봐 두렵다. 캐나다에서 한국에 들어갈 때면 선물로 가져갈 만한 것을 찾느라 고민이 이만저만이 아니다.

모국이 이렇게 잘살게 된 것은 기쁘고 자랑스러운 일이다. 한편 해외동포의 위상이 딱 그만큼 떨어지는 것은 슬픈 일이지만 현실로 받아들일 수밖에 없다. 한국 내에서 해외동포들의 위상이 올라가든 내려가든 변하지 않는 한 가지가 있다. 그것은 바로 모국에 대한 동포들의 관심이다.

새로운 나라에 완전히 동화하는 것은 이민 3세나 되어야 가능하다고 한다. 이민 1세대는 아무리 애를 써도 완전한 캐나다·미국 사람이 될 수 없어서 그런지는 몰라도, 아무리 외면하려 해도 한국에 대한 관심을 끊기가 힘들다. 드라마와 영화 같은 대중문화 즐기기는 말할 것도 없고, 한인들 대화에서 가장 큰 비중을 차지하는 내용 또한 한국 이야기이다. 특히 세월호 사태와 촛불혁명 등 최근 몇 년 동안 모국에서 격변이 일어났던 까닭에 모국에 대한 해외동포들의 관심은 부쩍 더 커질 수밖에 없었다. CNN에서 한반도 전쟁 위기설이라도 언급하면 좌불안석이다.

외국에 살면서, 한국 사람 만나 한국 정치 이야기하고, 소셜미디어에 한글로 글 쓰고, 토론토 거리에 나가 "박근혜 퇴진하라"며 촛불시위를 하는 것이 과연 잘하는 일인가, 우리까지 나서는 것이 오지랖 넓은 짓은 아닌가 하는 생각을 종종 하기도 한다. 가벼운 자괴감이다. "캐나다에 살면 캐나다 일에나 신경 쓰세요"라는 말을 들으면 그런 자괴감은 커지게 마련이다.

해외동포 입장에서 보자면, 남북 정상의 이번 4·27 판문점선언은 모국 국민들이 느끼지 못하는 중대한 의미를 하나 더 담고 있다. 두 정상은 판문점선언의 발표를 이렇게 시작했다.

"존경하는 남과 북의 국민 여러분, 해외동포 여러분."(문재인 대통령)

"친애하는 북과 남, 해외의 동포 형제자매들."(김정은 국무위원장)

해외에 사는 동포들도 모국 국민들과 똑같이 두 정상으로부터 회담 결과를 이렇게 보고 받은 것이다. 내가 사는 나라와 모국 사이에 끼여 있다는 어정쩡한 느낌, 해외에 살면서 한국 상황에 깊이 관심을 가져도 되는가 하는 자괴감. 이런 것들을 말끔하게 씻어주는 선언이었다.

1992년 LA폭동 이후 미국에서 한인 풀뿌리 민주주의 운동을 펼쳐온 김동석 시민참여센터(KACE) 상임이사는 두 정상이 남과 북의 국민과 해외동포를 나란히 언급하는 모습을 보며 눈물이 났다고 했다. 판문점선언은 이렇게 또 다른 의미로 700만 해외동포들을 감동시켰다.

두 정상이 "해외동포"를 불러주었을 때, 우리는 꽃이 되었다.

2018년 05월 06일

한국 책 갈증에
오아시스 같은 토론토도서관

예전 한국에서 기자로 일을 한 13년 동안 문화부에서만 11년을 보냈다. 기자 초년병 시절에는 다른 부서에서 뭐가 뭔지도 모르고 그저 바쁘게만 지냈으니, 문화부 기자만 했다고 해도 틀린 말은 아니다. 나는 미술, 음악, 문학 등 거의 모든 문화예술 장르를 돌아가며 담당했었다. 재미있는 사실은, 문화예술 관련 기사의 거의 모두는 책과 관련되어 있다는 점이다. 말하자면 문화면 기사의 출발점은 책이었다. 단행본까지는 아니라 해도 기사를 쓰려면 최소한 활자로 된 팸플릿이라도 읽어야 했다. 취재는 전시나 공연을 보거나 사람을 만나 인터뷰하는 것이었으나, 어떤 기사가 되었든 관련된 책을 전부 혹은 부분적으로라도 읽지 않으면 기사를 작성할 수가 없었다.

책 읽기가 일과 연관되어 있다 보니, 정작 내가 읽고 싶은 책을 펼칠 시간은 별로 없었다(물론 게으른 탓도 크다). 이쯤 되면 내가 좋아하는 책을 느긋하게 읽고 싶은 갈증이 생겨나게 마련이다. 캐나다에 살러 오기 직전까지 기자로 일을 했으니, 한국에서는 그 갈증을 풀 기회가 별로 없었다.

캐나다로 건너오면서 다른 것은 몰라도 책 읽기 갈증은 풀 수 있겠거니 기대했다. 이곳에서는 책과 관련한 일을 할 가능성이 거의 없었기 때문이다. 그러나 캐나다살이 초창기에는 다른 이유로 책을 펼칠 여력이 없었다. 이민 보따리에 읽고 싶은 한국 책을 많이 넣어오기는 했으나 낯선 사회에 적응하느라 책을 읽을 여유가 별로 없었다. 몇 년이 지나고 캐나다 생활이 안정되면서 내가 읽고 싶은 책을 마음 편하게 읽을 환경이 만들어지자, 이번에는 읽을 만한 책이 거의 남아 있지 않았다. 그렇다고 영어로 된 책을 펼치기도 쉽지 않았다. 영어 책을 읽는 것이 많이 불편하기도 했거니와, 나로서는 읽고 싶은 한국 책이 너무 많았기 때문이다.

문제는 한국 책을 구하기가 어렵다는 것이었다. 한국 사는 형제나 친구들이 책을 보내주겠다고 해도, 번거로운 일이라 선뜻 부탁하기가 어려웠다. 그렇다고 한국에 직접 주문을 하기에는 운송료가 부담스러웠다. 전자책을 구입하기도 했으나 종이 책장을 넘기는 맛을 볼 수 없다는 아쉬움이 컸다. 게다가 전자책으로는 구입할 수 없는 책들도 많았다. 한국에 갈 때마다 책을 사 온다고는 하지만 부족한 것은 마찬가지였다. 책을 쉽게 구할 수 없는 처지여서 그런지는 몰라도, 한국에서 나오는 신간들은 내가 먹고 싶어하는 한국 음식처럼 맛있어 보였다.

아쉽기는 해도 이런 갈증을 해소할 방법을 나름대로 찾았다. 토론토에 한국 사람들이 적지 않게 사는(토론토와 그 인근에 10만 명) 만큼 한국 책을 구하는 일이 불가능한 것만은 아니었다. 내가 꼭 읽고 싶은 것을 만나기는 어려워도 읽을 만한 책은 곧잘 나타났다. 나는 몇 가지 경로를 통해 한국 책을 빌린다.

첫 번째는 다른 사람과 책을 돌려보는 것이다. 독서 취향이 비슷한 주변 사람들에게 내가 가진 책을 빌려주고 또 빌려서 읽으면 된다. 이 대목에서의 난관은 '책 신용'이 좋은 사람을 만나기가 쉽지 않다는 사실이다. 나는 남들에게 책을 빌려줄 적에 책 아래에다가 내 이름을 적는다. 책 신용이 나쁜 사람에게 책을 빌려줬다가 몇 년이 지나 제3자에게 책을 돌려받은 적이 있다. 책이 돌고 돌다가 나를 아는 사람이 내 이름을 발견하고 나에게 돌려준 것이다. 책이 그렇게 돌아다니며 여러 사람에게 읽힌다는 사실은 좋은 일이지만 내가 책을 빌려준 사실조차 잊어버렸다는 것은 그리 기분 좋은 일이 아니다. 그래서 책 신용이 별로 안 좋은 사람에게는 "이런 재미있는 책이 있다"며 빌려주는 것이 아무래도 꺼려지게 마련이다.

두 번째 방법은, 책 신용이 좋은 사람을 모아 '북클럽'을 만드는 것이다. 북클럽의 좋은 점은 많다. 각자가 가진 책을 서로 빌려 읽을 수 있고, 내가 빌려준 책이 나도 모르게 돌아다니거나 어느 집 책꽂이에 꽂혀 나에게 돌아오지 않는 일 정도는 방지할 수 있다. 여러모로 좋은 기능을 가진 북클럽이라고 해도 모임의 목적에 걸맞게 잘 운영되는 것은 아니다. 한 달에 한 번씩 갖는 정기 모임이 책 내용을 이야기하고 책 정보를 나누는 것이 아니라, 잡담만 하는 평범한 술자리로 변한다는 것이 흠이라면 흠이다. 물론 술자리가 파하기 직전 각자 가져온 책을 부랴부랴 빌려주고, 빌려준 책을 돌려받기는 하지만 말이다.

내가 토론토에서 한국 책을 구하는 방법은 한 가지 더 있다. 토론토 시가 운영하는 토론토공공도서관(이하 토론토도서관)에서 한국 책을 빌릴 수 있다. 캐나다에서 가장 큰 규모를 자랑하는 토론토도서관은 1884년에 설립되었고 지금은 등록 회원이 120여만 명에 이른다. 토론토 시민 3분의 1 이상이 도서관 회원인 셈이다. 토론토도서관 숫자는 모두 100개. 그 가운데 한국 사람들이 많이 사는 노스욕 인근 지역 5개 도서관에 한국 책 코너가 설치되어 있다. 물론 한국 책 코너들은 책이 수백 권에 불과할 정도로 그 규모가 작다. 책이 많지 않다고 해서 간단하게 무시할 수준은 아니라는 것을 나는 십수 년 전에 경험했다.

　토론토에 사는 나 같은 한국 사람들이 한국 뉴스를 접하는 곳은 주로 인터넷 포털 사이트이다. 포털 사이트에서 책 기사는 거의 눈에 띄지 않는다. 문화예술과 관련해서는 대중문화 기사가 압도적이어서 과거 종이 신문에서 보던 '신간 안내'를 만나는 것은 여간 어려운 일이 아니다. 종이 신문이야 넘기다 보면 접할 수 있었지만 포털 사이트 뉴스 코너에서는 일부러 찾지 않으면 보기가 거의 불가능하다. 한국

토론토공공도서관 베이뷰 브랜치.

에 살 적에는 어떤 책이 어떻게 나왔으며 어떤 평을 얻고 있는지를 거의 저절로 알 수 있었지만, 외국 사는 사람이 한국의 출판 동향을 아는 것은 아무리 인터넷 시대라 해도 쉬운 일이 아니다.

이런 환경에 사는 사람에게 토론토도서관은 신간을 소개하는 좋은 창구가 되기도 한다. 볼 만한 책이 별로 없다며 무시하는 사람들도 있지만 자주 가다 보면 꼭 그런 것만은 아니라는 사실을 알 수 있다. 나는 토론토도서관 한국 책 코너에서 여러 재미있는 경험을 했다. 우선 서가에 꽂힌 책들 대부분이 손때를 많이 타서 반들반들하다. 특히 박완서, 황석영, 김훈, 김영하 같은 유명 소설가의 책들은 앞뒤 표지에 투명 테이프를 몇 번이나 붙여야 할 만큼 낡았다. 보기에 안쓰러울 정도이다. 그만큼 많은 이들이 빌려봤다는 얘기다.

이런 오래된 책들 사이에서 가끔씩 새 책이 눈에 띌 때가 있다. 말

토론토공공도서관의 한국 책 코너.

그대로 한국에서 막 공수해온 '따끈따끈'한 신간인데, 나는 그런 책을 만날 때마다 보물을 주운 듯한 기분이 든다. 토론토도서관은 부족하나마 나에게 한국의 2000년대 소설을 소개하는 통로였다. 물론 통로가 대단히 좁기는 하지만 그곳에서 어쩌다 보물 하나를 발견하면 그 책과 관련한 정보는 온라인에서 무진장 건질 수 있다.

이를테면 이런 식이다. 어느 날 도서관에 갔더니 내가 모르던 '정이현'이라는 소설가의 책이 눈에 들어왔다. 〈낭만적 사랑과 사회〉라는 소설집이었다. 오랜만에 맛있는 음식을 먹는 듯한 기분이 들었다. 달콤하고 행복했다. 이런 소설을 만나면, 그다음부터 '덕질'이 시작된다. 온라인으로 작가와 작품을 검색하고, 한국에 갈 때마다 그 작가의 책을 구해온다. 정이현에 이어 토론토도서관에서 만나 내가 덕질을 해온 작가가 김애란, 조해진, 황정은, 장강명, 정세랑, 장류진, 천선란 등이다. 정보가 부족하여 작가들을 폭넓게 알지는 못해도, 토론토

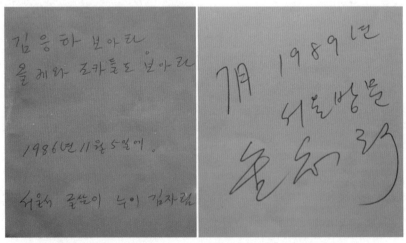

토론토의 어느 어른한테서 책을 여러 권 받았다. 거기에 이런 감동적인 문구들이 적혀 있었다.

도서관 덕분에 비교적 깊게는 읽고 있는 셈이다.

재작년에 토론토도서관에서 진짜 보물찾기를 했다는 기분이 든 적이 있었다. 최은영의 〈쇼코의 미소〉가 서가에 꽂혀 있었는데, 나로서는 처음 보는 작가의 소설집이었다. 책 표지가 조금 낡은 것을 보니 늘 대출 중이어서 내가 그동안 접하지 못했던 모양이다.

작가나 작품에 대한 정보가 없으니 별로 기대하지 않고 펼쳐보았다가 깜짝 놀랐다. 최은영의 소설을 읽고 내가 흥분해서 그런지는 몰라도, 21세기에 박완서를 새로 만나는 기분이 들었다. 역시 최은영에 대한 덕질을 시작해서 〈내게 무해한 사람〉〈밝은 밤〉〈애쓰지 않아도〉 등 작가가 출간한 책은 대부분 구해 읽었다. 마음 같아서는, 요즘 유행하는 '북콘서트' 같은 행사라도 열리면 비행기를 타고 가서라도 참석하고 싶을 정도이다. 한국에 계속 살았더라면 아마도 이런 애절함 같은 것은 생겨나지 않았을 것이다.

이런 애절함이 있는 곳에는 한국에서 접하기 어려운 소소한 재미도 나름 있게 마련이다. 지난 1월 새해 인사를 하려고 어느 어른을 찾아뵌 적이 있었다. 그분은 "나한테 최명희 〈혼불〉 전질이 있는데 가져가겠느냐"고 물으셨다. 마다할 이유가 없었다. 서가가 있는 방에 들어가서는 "요즘은 눈이 아파서 책을 못 읽는다"며 다른 책들도 손에 잡히는 대로 빼서 주셨다.

집에 와서 받아온 책들을 넘기면서 책 앞뒤에 적혀 있는 감동적인 문구들을 발견했다. 이런 것들이다.

"보고 싶은 나의 막내 동생네, 김웅하 보아라. 올케와 조카들도 보아라. 1986년 11월 5일에. 서울서 글쓴이 누이 김자림."

한국에서라면 이사를 다니는 와중에 진작에 정리되었을 책들을 여기서는 '바다를 건너왔다'는 이유 하나만으로도 간직하는 경향이 있다. 더군다나 책 앞장에 위와 같은 문구라도 적혀 있다면 그 책을 가족처럼 소중하게 여겼을 법하다. 책 내용도 내용이지만 1970~1980년대에 출간된 오래된 책이나 그 책 속에서 이런 문구를 만날 수 있다는 것은 외국살이하면서 얻게 되는 작은 즐거움이다.

사회관계망서비스(SNS)나 텔레비전 드라마를 통해 한국의 도서관을 간접적으로나마 들여다볼 수 있다. 특히 〈봄밤〉이라는 드라마에 등장하는 도서관 풍경을 보고 많이 놀랐다. 한국을 방문했다가 북카페가 있는 작은 공공도서관을 가보고는 더 놀랐다. 한국에서는 이제 그 누가 되었든 책 살 돈이 없어서 책을 못 읽는다는 소리는 하지 못하게 생겼다. 참 부럽다는 생각을 하는 한편으로 이런 생각도 하게 된다. '없어 봐야 귀한 줄 안다.' 토론토에서 한국 책을 구해 읽기 어렵다는 것은 어찌 보면 나처럼 게으른 독자에게는 큰 복일 수도 있겠다.

2023년 02월 03일

자영업 이야기

자영업 하려면
'몸'부터 만들어라

한국에서 직장을 그만둔 사람들이 대거 자영업에 뛰어든다는 소식이 요즘에도 계속 들려온다. 비록 다른 나라에 살고 있지만 자영업 종사자인 나에게는 남 얘기 같지가 않다. 특히 얼마 전 한국 정치권에서 불거진 이른바 '식당 총량제' 관련 이야기를 들었을 때는 더욱 그랬다. 특별한 무기(기술이나 연줄)도 없고 저축한 목돈도 없다면 어떻게든 밥벌이를 해야 하는데 여러모로 만만해 보이는 것이 자영업이다.

이는 캐나다나 한국이나 별반 다를 바가 없을 것이다. 한국에는 자영업으로 내몰리다시피 하는 명예퇴직자들이 많다 하고, 캐나다에는 한 해 30만 명 가까이 들어오는 이민자 가운데 많은 사람들이 자영업에 관심을 가지고 있다.

'별다른 기술'이 필요하지 않은 것처럼 보이기 때문이다. 나도 그랬다. 오랫동안 언론사에서만 일했던 나로서는 자영업 종사 외에는 달리 살아갈 방법이 보이지 않았다. 내가 가진 특기와 경력으로는 캐나다에서 직장다운 직장을 찾기가 거의 불가능하기 때문이다.

내 가게를 열고 운영해온 지 올해로 16년째이다. 그동안 생활을 하는 데 별 지장이 없을 만큼 벌었다면 자영업자로서 실패는 하지 않았다고 볼 수 있겠는데, 내 경우에는 행운이 많이 따랐던 것 같다. 고비마다 '선생'들이 있었다. 넓게 보자면 도처에 선생들이 있었다. 나보다 앞서서 자영업으로 자리 잡은 모든 이들이 선생이었다. 나는 기자 출신답게 기회만 생기면 질문을 했다. 남들보다 잘할 수 있는 것이 그것밖에 없었다.

캐나다행 비행기를 타기 며칠 전 서울에서 회사 선배를 우연히 만난 적이 있다. 젊은 시절 미국에서 공부하고 한국에서 기자 생활을 하다가 다시 미국으로 건너가 변호사로 일을 하는 선배였다. "캐나다 사회에 적응할 때까지 몇 년간 동포신문 기자로 일하는 것도 괜찮겠지요?"라고 말했다가 뜻밖에도 야단을 맞았다. 나로서는 동의를 구하는 질문이었으나 선배는 정색하며 말했다.

"그럴 생각이면 지금이라도 포기해라."

그렇게 안이하게 시작했다가는 언제까지고 연명만 할 수 있을 것이라고 했다. 자영업을 염두에 두고 있다면 처음부터 정면승부를 해야 빨리 자리 잡을 수 있다는 이야기였다. 그 말을 듣고 나는 적지 않게 충격을 받았다.

막상 토론토에 도착해 보니, 한마디로 막막했다. 자영업, 그 가운데서도 베이커리카페를 하고 싶다는 생각을 하기는 했으나 어디서 무엇을 어떻게 해야 할지 알 수가 없었다. 먼저 와서 자리를 잡고 사는 사람들은 "몇 년 그냥 놀면서 어떻게 돌아가는지를 보라"고들 했다. 가진 돈 까먹으며 놀라고 하는 것이 무성의한 조언처럼 들렸으나, 그런 말을 하는 사람들은 뜻밖에도 모두 진지했다. 대기업 출신으로 나보다 10년 먼저 뉴욕에 가서 살던 가까운 친지도 같은 말을 했다. 그이는 친지답게 한두 마디 덧붙였다.

"육체노동을 할 수 있는 몸부터 만들어라."

방법이 뭐냐고 물었더니 이런 답을 내놓았다.

"일단 네가 하려는 업종에 들어가서 최저임금 받으며 일을 해라. 그곳은 너한테 학교나 다름없다. 임금은 장학금이라 생각해라. 돈 받아가며 몸 만들고 일을 배우니 얼마나 좋은 곳이냐."

당시에는 몰랐으나 지금 생각하면 이런 말들은 금과옥조였다. 월급쟁이만 하던 사람에게 자영업의 세계는 정글 혹은 지뢰밭이나 다름없다. 한국이나 캐나다나 그 환경은 별로 다르지 않을 것이다. 처음에 들었던 그런 조언들 덕분에 나는 큰 위험을 피해갈 수 있었다.

내가 들고 온 자금이라고는 서울에서 아파트를 처분한 돈과 퇴직금이 전부였다. 그 돈을 '털어먹으면' 가족이 길바닥에 나앉아야 할 처지였다. 한국에서의 학력이나 경력, 인맥, 친지 같은 것들이 기득권이었다는 사실은 이곳에 와서야 알았다.

대학 동창 모임에 나갔더니, 그곳에서 처음 만난 선배들 또한 선생이 되어 주었다. "여기서 뭘 해서 먹고살 거냐?"며 궁금해들 했다. '한글로 글 쓰는 기술'밖에 없는 후배이고 보니 궁금증을 갖는 것은 당연했다. 나로서는 다른 사람들한테 들은 말밖에 내놓을 것이 없었다.

"커피점이나 빵집 헬퍼로 일을 시작하려고 합니다."

헬퍼란 요즘 한국식으로 말하자면 '최저 시급 알바'이다. 그 말을 들은 선배들은 말했다.

"너는 곧 자리 잡겠다."

"너는 걱정 안 해도 되겠구나."

당시에는 그분들이 왜 그런 말을 하는지 몰랐다. 나로서는 어떤 확신을 가지고 한 말이 아니었다. 달리 내가 할 수 있는 방법도 없었기 때문이다.

그래도 "너는 걱정 안 해도 되겠다"는 말에 한껏 고무되기는 했다. 두어 달쯤 놀다가 한인신문 구인광고를 들여다보기 시작했다. 헬퍼를 구한다는 광고가 업종별로 나와 있었다. 내가 하고 싶어하는 빵과 커피 관련 업종은 보이지 않았다. 가장 비슷한 것이 샌드위치숍이었다. 남성을 찾는다는 곳이 없어서 '여성'을 구한다는 가게들에 전화를 하기 시작했다. 한 곳에서 "여자 일은 맡길 수 없고 마침 배달하는 남학생이 그만두려는 참인데, 할 수 있겠느냐"고 했다.

그곳에서 내가 주로 한 일은 도심에 있는 큰 은행 등에 샌드위치를 배달하는 것이었다. 아침 일찍 100명이 넘는 사람이 모인 회의장에도 배달했고, 대여섯 명이 점심을 먹어가며 회의를 하는 곳에도 샌드위치와 음료를 갖다주었다. 캐나다의 가장 큰 신문사에도 배달을 나

이민 초기 샌드위치숍에서 헬퍼로 일할 때, 이렇게 생긴 카트를 밀고 다니며 배달을 했다.

갔다. 시간을 아끼려고 점심시간에 샌드위치를 먹으며 편집회의를 하는 것이 꽤 인상적이었다. 한국 같으면 짜장면 먹어가며 회의를 하는 식이었다.

그렇게 일을 하다 보니 실제로 몸이 만들어지는 것 같았다. 육체노동은 예상했던 것보다 훨씬 고되고 힘들었다. "너는 걱정 안 해도 되겠다"는 말

을 믿고 시작했는데, 당장 내 몸을 걱정해야 할 판이었다. 허리 통증이 얼마나 고통스러운가 하는 것을 처음 알았다. 어느 날 아침에는 침대에서 내려올 수도 없을 정도로 아팠다. 한 사람이라도 빠지면 가게 일이 제대로 돌아가지를 않아서, 벽에 손을 짚고 일어나 기다시피 하며 나가야 했다.

한국에서는 늘어나기만 하던 몸무게가 헬퍼 생활 몇 달 만에 6kg이 빠졌다. 몸으로 하는 일에 요령이 생겼고 무엇보다 '장사'가 어떻게 돌아가는지를 어깨너머로나마 조금 배웠다. 설거지에도 익숙해졌고 양파, 당근, 감자를 깎는 일도 손에 익었다. 무엇보다 이런 일에 대한 거부감을 없앤 것이 가장 큰 수확이었다. 헬퍼를 하면서 버는 돈은 정말로 장학금 같았다. 그것으로 아파트 렌트비 정도는 낼 수 있었다.

6개월 후 샌드위치숍의 경력을 인정받으며 베이커리카페 헬퍼로 자리를 옮기게 되었을 때는 눈물이 날 정도로 좋았다. 내가 원했던 업종인데다 빵과 커피로 유명한 가게였기 때문이다. 오전 5시에 출근해 오후 1시에 퇴근하면서 빵 굽는 일을 주로 했다. 샌드위치숍보다 힘이 들었으나, 시스템이 잘 갖춰진 곳이어서 배울 것이 많았다. 내가 가장 분명하게 배운 사실은 '내가 베이커리카페를 창업하는 것은 불가능하다'는 것이었다. 한두 해 빵 굽는 경험을 한다고 해서 곧바로 창업을 할 수 있는 것이 아니었다. 잘되는 가게를 권리금 주고 사서 운영하는 것이 최선이었다. 나를 고용한 베이커리카페 주인도 그랬다.

그렇게 2년 가까이 일을 하면서 권리금을 주고 살 가게를 찾아다녔다. 눈에 들어오는 곳이 별로 없었다. 시간이 지나도 내가 찾는 업종의 가게가 나타나지 않아서, 한국 사람들이 많이 하는 편의점과 과일·채소 가게에까지 범위를 넓혀서 보기 시작했다.

가게를 판다는 광고를 보면, 직접 가거나 부동산 중개인과 함께 방문해서 주인이 하는 말을 들었다. 권리금이 수만 달러(몇천만 원)에서 수십만 달러(수억 원)까지 하는 여러 가게를 구경했다. 이런 식으로 몇 년 동안이나 '비즈니스를 찾는 사람들'이 많다고들 했다. 애초에 "몇 년간은 그냥 놀아라"라는 말이 바로 이것이었다. 시간을 두고 매물(가게)을 부지런히 찾아다니며 보는 눈을 만들어야 실수를 덜 한다고 했다. 그 세계를 잘 모르고 덥석 뛰어들었다가 모든 것을 날리는 것보다는, 돈을 조금씩 까먹어가며 좋은 가게를 찾는 것이 훨씬 안전한 길이었다.

관심이 가는 가게가 눈에 띄면, 일차로 방문을 한 다음 가게 근처에 차를 세워두고 주인 모르게 며칠 지켜보기도 했다. 손님이 몇 명이나 드나드는지, 어느 시간에 많이 오는지를 파악하고, 팔려는 사람이 주장하는 것과 비슷한가 비교했다. 가게를 파악하는 가장 확실한 방법이었다. 이른바 '좋은 가게'는 광고로 나오지도 않고 '알음알음'으로 거래된다는 것도 시간이 지나서야 알았다. "주인이 곧 은퇴를 하는 가게들을 눈여겨 보라"고 한 사람도 있었고, "가게는 덜 속고 사면 된다"고 조언하는 사람도 있었다.

그즈음 대학 동창 모임에 나갔다가 어느 선배를 만났다. 토론토에서 가게를 여러 개 성공적으로 운영하는 선배였다. 궁금한 것이 있어서 물었다.

"저처럼 가게를 처음 하려는 사람한테는 권리금이 비싼 가게가 좋을까요, 싼 가게가 좋을까요?"

권리금이 작은 가게를 사서 시작하는 것이 어떨까 하는 생각이 들 무렵이었다. 예상 밖의 답변이 돌아왔다.

"초보일수록 비싼 권리금을 주고 좋은 가게를 사는 게 훨씬 수월하고 안전하지. 비싼 가게는 그만한 돈값을 한다는 얘기야. 권리금이 싼 가게 사서 키운다는 생각은 아예 하지 않는 게 좋아. 그건 우리 같은 선수들도 하기 어려운 일이거든."

이 말 또한 큰 보탬이 되었다. 초보라고 권리금 싼 가게를 사서 들어갔다가는, 권리금을 날리는 것은 물론이고 몸고생에 마음고생까지 이루 말할 수 없이 하게 된다는 얘기였다. 밥벌이를 하지 못해 눈에 보이는 어떤 가게도 부러워하던 시절이었다. 급한 마음에 앞뒤 안 가리고 덥석 인수할 수도 있었다. 내 가게를 시작한 직후 하루라도 매출이 크게 떨어지면 마치 피가 마르는 느낌이 들었다. 그때 선배의 말을 듣지 못했더라면 매일 그랬을지도 모른다.

내가 내 가게를 찾은 것은 이민을 온 지 2년이 지난 후였다. 은행에 비즈니스 계좌를 만들려고 갔더니 직원이 말했다.

"빠르지도 늦지도 않네요."

2021년 11월 05일

나는 왜
복대를 차게 되었나

오랜만에 허리를 삐끗해서 고생이 막심하다. 무엇보다 침대와 자
동차를 오르내리는 일이 고역이다. 깊은 숨 쉬기가 어렵고 재채기라
도 나오면 허리가 끊어질 듯 아프다. 침 맞고 부항 뜨고 파스 붙이고
사흘째 엉덩이를 뒤로 빼고 어정거리는 중이다.

집에는 허리 아픈 데 필요한 특수 기구가 몇 개 있다. 허리 부분만
따뜻하게 하는 작은 전기요도 있다. 그중에서도 가장 애용하는 것은
복대. 내가 캐나다에 건너온 이듬해에 한국 가족에게 부탁해서 받은
물건이다. 모르긴 해도 자영업에 종사하거나 몸으로 일하는 캐나다
이민자라면 이런 복대를 하나씩은 가지고 있을 것이다.

내가 한국에서는 구경도 못했던 복대를 애용하는 사연은 이렇다.
캐나다로 건너와서 내가 처음 일을 한 곳은 샌드위치 가게였다. 배달
하고 설거지하고 채소 깎고, 청소를 했다. 무거운 물건을 자주 옮겨야
했다. 생닭이 든 박스, 음료수 박스가 특히 무거웠다. 샌드위치 100인
분, 커피 100인분을 배달할 때도 힘이 필요했다.

일을 시작한 지 일주일쯤 지났을 무렵 새벽에 눈을 떴는데 침대에
서 일어날 수가 없었다. 나로서는 처음 겪는 아픔이었다. 어디가 아픈
지도 몰랐다. "아파서 도저히 못 나가겠다"고 전화를 했다. 주인 아주

머니가 기운 빠진 목소리로 "할 수 없죠, 뭐"라고 했다.

나를 원망하는 말투는 아니었으나 더 고단해진 하루를 걱정하는 느낌은 받을 수 있었다. 몸은 아팠으나 마음이 불편했다. 억지로 침대에서 기어 내려와 벽을 짚고 일어섰다. 손으로 느낀 벽의 건조한 느낌을 지금도 잊을 수 없다. 거의 기다시피 하며 버스와 지하철을 타고 가게에 나갔다.

주인 아주머니가 반색을 하는 한편 또 걱정을 했다.

"아이고, 허리가 나갔네요."

그리고는 가게 구석에서 무엇을 찾아 내주었다. 허리에 차는 복대였다. 나를 보고 주인은 대수롭지 않다는 듯이 말했다.

"처음에는 다 겪는 일이예요."

그이 역시 선생이었다.

나는 허리가 아픈 게 어떤 건지 그때 처음 알았다. 무엇이고 간에 아무 생각이 없게 만들었다. 복대를 차고 일을 하는데 너무 아파서 눈물이 찔끔찔끔 났다. 육체노동이 이렇게 힘든 건 줄은 정말 몰랐다. 물건 드는 방법을 다시금 제대로 배웠으나 잊을 만하면 허리 통증은 재발했다.

이번에는 4년 만에 맞는 통증이지 싶다. 겨울 타이어를 갈아 끼우러 갔다가 무심결에 무리를 했다. 카센터 직원을 도와준다며 무거운 타이어를 양손으로 들고 옮겼다. 그날 오후부터 아프기 시작했다. 너무 아파서 아무런 생각도 들지 않았다. 사흘째가 되어 조금 정신을 차린 정도이다.

당연히 복대를 다시 꺼내어 허리에 대고 있다. 복대는 이민 초창기를 떠올리게 하는 증표 가운데 하나이다. 지금도 그것을 고이 모셔두고 있다. 이런 증표로 확인할 수 있는 것이 있다. 이렇게 아파보지 않고는 낯선 곳에 뿌리를 내리는 것은 불가능하다. 정신노동이든 육체노동이든 마찬가지이다.

예전에는 진짜 아팠다. 지금도 많이 아프다. 세상에 공짜는 없다.

2022년 11월 04일

남자도 힘든 주방에
아내를 밀어넣었던 이야기

토론토에 살러 와서 2년 동안 자영업에 뛰어들 준비를 나름 열심히 했다고 여겼다. 샌드위치숍과 빵집에서 최저임금을 받아가며 낯선 세계를 경험하고 몸도 육체노동에 어느 정도 적응했다고 생각했다. 매물로 나온 가게를 꾸준히 보러다니면서 자신감이 붙기 시작했고, 사겠다는 의사를 표시하는 '오퍼'를 넣기 직전까지 갔던 가게도 두 군데 정도 있었다.

그즈음 나를 가장 힘들게 했던 것은 초조함이었다. 한국에서든 캐나다에서든 다니던 회사를 그만두고 자영업을 하려 하는 전직 월급쟁이라면 모두가 마찬가지일 것이다. 통장 잔액이 줄어드는 것이 무엇보다 두려웠다.

서두르다가는 낭패를 볼 수 있다는 사실을 잘 알면서도 나는 서두르고 있었다. 비즈니스 계좌를 만들어주던 은행 직원이 이민 2년 만에 내 가게를 시작한다는 소리를 듣고 "빠르지도 늦지도 않네요"라고 말했지만 지금 생각하면 그 말은 빠르다는 의미였다. 막상 가게를 시작하고 나니 내 실수로 인한 문제들이 속속 드러났다. 그것은 돌이킬 수 없는 것들이었다.

토론토에서 알고 지내던 이가 어느 날 전화를 해왔다. 그이는 "신문에 샌드위치 가게를 판다는 광고가 나왔다"고 알려주었다. 무엇보다 렌트비가 싸다고 했다. 가게가 매물로 나오면 '주매상' '렌트비' '인건비' '재료비'를 가장 먼저 살펴보는데, 렌트비가 싸다면 일단 좋은 가게로 봐도 무방했다.

빨리 시작해야겠다는 마음 때문에 편의점과 채소·과일 가게까지 찾아보던 나에게 지인의 전언은 눈이 번쩍 뜨일 만한 소식이었다. 부동산업자가 아니라 신문광고를 통해 가게를 내놓았다는 것도 마음에 들었다. 가게를 팔고 사는 사람들 사이에는 '좋은 매물은 부동산업자를 거칠 것도 없다'는 말이 퍼져 있었다. 가게를 팔 자신이 있는 주인들은 그냥 알음알음으로 넘기거나 신문에 광고를 냈다. 나는 토요일 아침마다 캐나다 최대 일간지 〈토론토스타〉의 주말판(가게 매매 광고가

토론토에 살러온 지 2년 만에 오피스빌딩 안에 있는 패스트푸드점을 인수해 8개월 동안 운영한 적이 있다. 사진과 비슷한 형태의 식당이었다.

집중적으로 올라왔다)을 탐독했고, 한인신문 광고면도 늘 눈여겨보았다.

지인이 알려준 매물은 과연 매력적이었다. 오피스빌딩에서 아침과 점심을 만들어 파는 샌드위치숍이었다. 주매상도 좋은 편이었고 권리금도 합리적이었다. 주 5일 영업한다는 것도 마음에 들었다. 바로 연락을 했다. 주인은 "오퍼를 이미 받았다. 그래도 혹시 모르니 연락처를 남겨달라"고 했다. 실망이 말할 수 없이 컸다. 나는 왜 그 광고를 남보다 먼저 보지 못했을까 하는 자책감 때문에 며칠 괴로웠다. 그만큼 조바심이 많았던 시절이었다.

일주일쯤 후 뜻밖에도 가게 주인한테서 전화가 왔다. 사려던 사람이 자금 문제로 뜻을 접었으니 지금이라도 관심이 있으면 와보라고 했다. 열심히 찾는 사람에게 인연 있는 가게는 꼭 나타난다고 하더니 나한테도 드디어 그것이 왔구나 하는 생각이 들었다. 더군다나 그 가게는 주인이 운영을 잘한다고 동포신문에 기사로도 나왔던 곳이라 기대가 더욱 컸다.

일반적으로 하는 것처럼, 일주일 동안 '매상 체크'를 하고 난 다음 부지런히 일을 배웠다. 아내가 주방에서 아주머니 한 사람의 도움을 받아가며 음식을 모두 만들어야 한다는 것이 조금 걸렸으나 내 가게를 시작한다는 설렘 때문에 대수롭지 않게 여겼다.

권리금을 주고 가게를 사는 작업은 한 달에 걸쳐 진행되었다. 그사이에 아내는 주방에서 음식 만드는 법을 배우고 나는 '아침 장사'를 배웠다. 한 달 후 가게 주인과 나는 각각 선임한 변호사를 통해 사인한 계약서를 주고받았다. 가게 주인 부부는 작은 가게를 해서 성공을 한 만큼 좀 더 규모가 큰 가게를 운영할 계획이라고 했다.

모든 것이 순조로웠다. 이런저런 경험을 좀 했고 일도 열심히 배운 만큼 처음이지만 가게를 운영하는 데 별 문제는 없었다. 주인이 바뀌었다고 손님이 줄어들지는 않았다. 많이 힘들었으나 처음이라 그렇겠거니 했다. 일이 손에 익고 익숙해지면 나아질 것이라고 여겼다.

한 달쯤 지나 성당에 나갔다가 어떤 분을 만났다. 캐나다에 산 지 수십 년 된 그분은 비즈니스에 대해 이런저런 경험이 많았다. 내가 샌드위치숍을 인수했다는 말을 듣고는 물었다.

"핫푸드 비중이 얼마나 되나?"

핫푸드? 나로서는 처음 듣는 이야기였다. 샌드위치의 매출은 1~2%도 되지 않았다. 서너 가지 뜨거운 음식을 매일 다르게 만들어 파는 것이 매출의 거의 전부였다. 나머지는 아침에 내가 베이글을 구워 커피와 함께 파는 것이었다.

그런데도 우리 가게는 샌드위치숍이라고 불렸다. 달리 부를 만한 용어가 없었다. 샌드위치도 만들어 파는, 정식 레스토랑에 비해 간편한 식당이니 그냥 샌드위치숍이라고 부를 뿐이었다. 신문광고에도 샌드위치숍을 판다고 나왔다.

샌드위치는 빵에다 내용물을 넣어 싸주는 간단한 음식이지만 핫푸드는 뜨거운 불에 요리를 하는 것이었다. 차원이 달랐다. 샌드위치숍에서 일을 했었다고는 하지만 나는 샌드위치와 핫푸드의 비중을 따져볼 생각조차 하지 못했다. 이곳은 그저 조금 다른 곳이겠거니 생각했을 뿐이다. 일이 정말로 힘든 이유가 따로 있었던 셈이다. 남자인 내가 들어가도 힘들어할 주방에, 경험도 없는 아내를 밀어넣은 꼴이었다.

조급함 때문에 저질렀던 돌이킬 수 없는 실수는 또 있다. 렌트비에 관한 것이었다. 렌트비가 저렴하다는 이야기를 듣고는 냉정하게 따질 생각을 하지 않았다. 내 변호사가 이 부분을 지적했어야 했지만 그이도 그냥 넘어갔다. 나는 '렌트비'와 '렌트비 개념'이 구분된다는 것을 알지 못했다. 렌트비는 건물주에게 내는 순수한 임차료. 그러나 '렌트비 개념'에는 순수 임차료에 더해 세금(토론토에서는 임차공간에 대한 재산세를 임차인이 내게 되어 있다)과 전기·수도 요금을 포함한 유지비, 그리고 보험료까지 들어 있다. 가게를 거래할 때 통상적으로 렌트비라고 하면 순수한 렌트비가 아니라 '렌트비 개념'을 의미했다. 나는 그것을 몰랐다. 렌트비 개념으로 보자면 내가 지불해야 하는 돈은 순수 렌트비의 2배가 넘었다.

렌트비가 싼 것이 아니었다. 나는 이런 기본적인 것도 제대로 따지지 못했다. 전 주인이 '렌트비 개념'이 아니라 '순수 렌트비'를 광고에 올렸다고 해서 잘못했다고 말할 수는 없었다. 두 가지를 구분하지 못한 내 잘못이 컸다. 변호사만 탓할 일은 아니었다.

그보다 더 큰 문제는 몇 달이 지나 일이 손에 익어도, 일이 쉬워지지 않는다는 것이었다. 속도도 붙지 않았다. 아내는 100명이 넘는 손님을 매일 치르는 것과 다름이 없었다. '몸으로 일한 경험이 있으니 힘든 것은 문제가 안 된다'는 것도 잘못된 생각이었다. 오전 7시부터 오후 5시까지 닷새를 일하고 이틀을 쉰다고 하지만, 문을 닫는다고 쉬는 게 아니었다. 토요일은 파김치가 되어 고꾸라지는 바람에 아무것도 하지 못했고, 일요일에는 다음 주 장사 준비를 하러 나가야 했다.

초기에는 긴장도 많이 하고 돈을 세는 것이 신기해서 힘든 줄을 몰랐다. 생활비를 벌 수 있으니 가게를 잘못 산 것은 아니었다. 그러나 시간이 지날수록 뭔가 이상하다는 느낌이 자꾸 들었다. 지속 가능성의 문제였다.

가게를 운영하면서 드러난 문제 가운데 가장 큰 것은 바로 이것이었다. 가게를 인수하기 전에 5년이고 10년이고 이 일을 계속할 수 있을지를 미처 생각하지 못한 것이 실수였다. 평일에는 우리 두 사람이 꼼짝없이 가게에 붙어 있어야 했으니, 아이들 학교에서 불러도 가기가 어려울 정도였다. 이것이야말로 정말 심각한 문제였다.

주방 일을 아내에게 전적으로 맡기는 시스템도 오래 끌고 갈 수 있는 게 아니었다. 요즘 흔히 쓰는 말로 그것은 사람을 '갈아넣는' 것이었다. 아내의 얼굴은 피곤에 절어서 번들거렸다. 전 주인이 더 큰 가게를 하겠다며 가게를 팔고 나간 이유를 금방 알 수 있었다. 규모를 크게 하고 사람을 더 쓰면 주인이 그만큼 힘이 덜 든다는 사실을 일을 해보고서야 알았다. 아무리 자영업에 걸맞게 몸을 만들고, 최저임금 '알바'로 일을 배우고 익혀도, 직접 해보지 않고는 알 수 없는 세계가 따로 있었다.

그렇다고 당장 그만둘 수도 없었다. '돈이 되는' 가게를 찾기 어려운 만큼 한편으로는 이 정도 매출을 가진 가게를 운영할 수 있는 것만 해도 감사해야 할 일이었다. 가게 안을 들여다보면 계속하기가 어렵고, 바깥을 돌아보면 이만한 가게도 없다는 생각이 들었다. 이러지도 저러지도 못하고 고민이 깊어가던 터에 두 가지 일이 거의 동시에 생겨났다.

어느 날 우리 가게에 낯선 한국 남자가 찾아와 가게를 팔지 않겠느냐고 물었다. 이 가게에 관심이 많았는데 시기가 맞지 않아 '오퍼'를 넣지 못했으며, 주방 일은 남자인 자기가 한다고 했다. 한국에서 주방 요리사로 일을 했던 만큼 자기로서는 어렵지 않게 운영할 수 있다는 말도 했다. '당신들이 얼마나 힘들어하는지 나는 잘 알고 있다'는 투였다. 처음 보는 사람이 무슨 뜬금없는 소리를 하나 싶었다.

그런데 신기하게도, 그즈음 우리가 자리 잡는 과정을 모두 지켜본 대학 선배님이 '지속 가능한 비즈니스'를 가르쳐주겠다고 제안했다. 15년 정도 먼저 이민 와서, 의류사업으로 크게 성공한 선배님이었다. 제안을 듣자마자 가게를 사겠다는 사람에게 연락했다. 내 가게를 시작한 지 8개월 만이었다. 곧바로 선배님한테로 가서 일을 배우기 시작했다. 그렇게 의류사업에 관한 일을 배웠고(그것도 임금을 받아가며), 1년7개월 후에는 빈 자리를 찾아 내 가게 문을 열었다. 그리고 올해로 16년차에 접어들었다.

돌이켜보면, 월급쟁이 출신으로 큰 실패 없이 자영업의 세계에 안착할 수 있었던 데는 초창기의 공부가 가장 크게 작용한 것 같다는 생각이 든다. 한국이든 캐나다든 다를 바 없을 것이다. 주변을 둘러보아도 월급쟁이 출신으로 자리를 잡은 자영업자치고 나 같은 경험을 하지 않은 사람이 드물다. 고생을 했다는 것이 아니다. 초기에 시간을 투자해 열심히 '공부'하면서 기초를 다졌다는 얘기이다. 기초를 단단하게 다진 사람치고 실패한 이를 보지 못했다.

2021년 11월 26일

여기서도 자영업자는
오답노트의 주인공

얼마 전 한국 언론인 두 사람이 사회관계망서비스(SNS)에 올린 글을 인상 깊게 읽었다. 정년이 되어 퇴직을 한다는 평범한 내용이었는데, 내 연배 사람들이 그런 말을 하니 감회가 새로웠다. 두 사람은 언론계에서만 줄곧 32년, 33년을 일했다고 했다. 한 분야에서 그토록 오래 일할 수 있었던 까닭은 성실한데다 능력이 뛰어났고, 무엇보다 그 일이 본인들에게 잘 맞았기 때문일 것이다.

지겹기는 했으되 진작에 떠날 만큼은 아니었겠고 전문성을 쌓으려고 끊임없이 노력했다고도 볼 수 있겠다. 그들은 운이 좋은 사람이기도 하고 나쁜 사람이기도 하다. 다른 분야로 건너가 '맨땅에 헤딩'할 일은 없었다는 사실로는 운이 좋았고, 다른 분야를 직접 경험할 기회를 갖지 못했다는 점에서는 나쁘다고도 볼 수 있겠다.

언론과는 완전히 다른 분야로 옮겨온 내 처지에서는, 그들이 진짜로 운이 좋은 사람들로 보였다. 어떤 이유에서건 낯선 곳에서 새롭게 출발한다는 것은 큰 모험이 따르는 행위이다. 기자 생활을 할 적에는 '돈벌이' '밥벌이'를 한다는 생각은 하지 않았고, 그런 생각을 할 겨를도 없었다. 공직은 아니지만 공적인 일을 한다는 자부심이 있었고, 사회로부터 대접 혹은 관심(칭찬이든 비난이든)을 받았고, 우리 연배에서는 비교적 인기 있는 직종이었다는 사실 등등은 언론계를 떠난 다음에야 비로소 실감할 수 있었다.

물론 기자들이라고 다 그런 것은 아니지만, 현역 시절 세상물정 다 아는 듯하던 기자들은 사표를 내고 사회에 나오는 순간 숙맥이 되기 십상이다. 어디를 가든 대접을 받던 관성을 쉽게 털어내지 못하고, 남보다 정보를 더 빨리 많이 안다는 이유로 '잘난 척'하던 습성도 남아서 세상살이가 다른 사람들보다 더 팍팍해질 수도 있다. 물론 좋은 곳으로 영전해 가는 경우가 아니라면 말이다.

회사를 떠난 지 십수 년 만에 만난 어떤 선배는 "기자 그만두고 좀 힘들었지?"라는 말을 인사처럼 했다. 나는 말뜻을 쉽게 알아들었다. 남들 앞에서 '가오' 잡으며 일해 버릇하다가 자영업의 세계로 들어오고 보니 초보도 그런 초보가 없었다. 나 스스로 아무것도 모르는 숙맥이라는 것을 인정할 수밖에 없었다. 그것을 빨리 인정해야 그만큼 일찍 자리 잡을 수 있겠다는 생각이 들었다.

처음에는 정말로 학교에 들어가 공부한다는 생각으로 일을 배웠다. 비슷한 시기에 이민을 온 한 친구는 대학원에 들어가 공부를 했다. 그 친구가 하는 공부나 내가 하는 공부나 별로 다를 바 없다고 생각했다. 내 가게를 열고 본격적으로 밥벌이를 하게 된 것은 이민을 온 지 꼭 4년 만이었다. 4년이라는 햇수가 절묘하다는 생각이 들었다. 마치 대학을 졸업하고 취업한 기분이었다.

초보자에게 4년은 그리 길지 않은 시간이었다. 짧은 기간 성적을 확실하게 올리는 방법은 정공법이다. 그것 못지않게 중요한 것이 하나 더 있었으니 바로 '오답노트'였다. 한국에서 내가 했던 일이 판매나 영업처럼 직접 돈을 벌어들이는 일과는 무관한 것이어서, 나는 여기서 남들이 자영업을 어떻게 시작했나 하는 것을 유심히 관찰해야 했다. 실패 사례는 더 중요하게 여겨야 했다. 그래야 시행착오를 줄일 수 있을 것이라 믿었다.

한국에서 이른바 '화이트칼라'로 일한 사람들의 실패 사례는 차고 넘칠 만큼 많이 들을 수 있었다. 특히 나처럼 자영업을 준비하는 사람들이 그런 사례를 주고받았는데, 그것은 오답노트를 공유하는 것과 같았다. 사례를 듣다 보면 자영업의 세계는 지뢰밭이나 다름없었다. 내가 아무리 조심한다 해도 운이 나쁘면 지뢰를 밟을 수 있었다. 그래도 어떤 지뢰들이 어떤 지점에 어떻게 숨어 있는가 하는 것을 가능한 한 많이 알아야 했다. 오답노트는 그런 면에서 정말 유용했다.

예전에 들어서 기억하는 오답노트 가운데 몇 가지를 적어보면 이런 내용들이다. 이민을 오기 전부터 나는 커피점에 관심이 많았다. 토론토에 살러 오니 팀호턴스라는 커피 프랜차이즈가 위세를 떨치고 있었다. 팀호턴스가 새로 문을 열면 근처 먹거리 가게 매출이 절반 아래로 뚝 떨어진다는 말이 있었다. 사실이 그랬다. 이 커피점은 도넛과 샌드위치, 심지어 수프까지 만들어 팔았다. 캐나다의 전설적인 하키선수 이름을 상호로 사용해서 그런지 몰라도 캐나다 사람들의 충성도는 이루 말할 수 없이 높았다. 세계 최강 스타벅스조차도 캐나다 동부에서는 팀호턴스에 눌려 맥을 추지 못했다.

팀호턴스는 초기 이민자에게 가맹점을 절대 내주지 않았다. 캐나다에서의 비즈니스 경력이 없다는 이유 때문이었다. 내가 이 커피점을 직접 운영하지는 못해도, 이 커피점으로 인해 피해 보는 일은 피해야 했다. 나뿐 아니라 커피점이나 샌드위치점 같은 관련 업종에 종사하려는 사람들 대부분은 팀호턴스의 위치에 신경을 많이 썼다. 팀호턴스로 인해 피해를 입은 사례들은 당연히 공유되었다.

이런 사례가 있었다. 나 같은 어느 이민자가 매출이 좋은 C프랜차이즈 커피점을 인수했다. 그는 인수한 지 단 몇 개월 만에 가게 문을 닫아야 했다. 한 블록쯤 떨어진 건물에서 가림막을 치고 공사를 하고 있었는데, 나중에 알고 보니 팀호턴스 입점을 위한 공사였다. 팀호턴스가 문을 열자마자 C프랜차이즈 커피점의 매상은 곤두박질쳤다. 전 주인이 그런 사실을 알고 가게를 팔았는지, 모르고 팔았는지는 확인할 길이 없다.

운 좋게도 그런 위험에서 벗어난 이야기도 들었다. 그 주인공은 내가 잘 아는 사람이었다. 그는 몇 년 동안 가게를 찾다가 목 좋은 자리의 베이글점이 '급매'로 나왔다는 소식을 듣고 급히 달려갔다고 했다. 평소 자기가 운영해봤으면 했던 가게이고 마음도 급한 터여서, 주인이 말하는 매각 이유에 대해서는 별로 개의치 않았다. 가게를 급하게 팔 때는 흔히 '급거 귀국' 같은 개인적인 사정을 많이 내세운다. 가게 매매는 무리 없이 진행되었다. 계약서에 사인을 하러 변호사 사무실에 가기 전, 한 번만 더 둘러보자며 가게 근처에 갔다가 이웃 가게 사람들로부터 놀라운 이야기를 들었다고 했다.

"다음 달에 이 근처에 팀호턴스가 들어온다."

확인을 해보니 사실이었다. 베이글 가게를 팔려던 주인은 그 사실을 미리 알고 다른 사람에게 그 부담을 떠넘기려 했다는 얘기였다. 법적으로 문제는 없다. 가게를 살 때는 '도의'니 '신의' 따위는 아예 없다고 믿는 편이 낫다. 오답노트를 작성하면서 했던 생각이다. 어떤 선배는 "덜 속고 사면 성공하는 것"이라고도 했다.

합법적인 테두리 안에서 자영업 희망자를 눈속임하는 경우는 허다했다. "새로 온 이민자를 돕겠다"는 명분을 앞세워 투자를 받은 다음 몇 년 만에 파산하는 경우도 몇 번 보았다.

한국에서의 화려한 학력과 이력을 내세우며 제시하는 장밋빛 청사진에 혹하는 사람들도 더러 있었다. 그런 꼬임에 넘어가면 떼이는 돈도 돈이지만 마음고생을 많이 해서 몸까지 망가지기 십상이다. 조건이 너무 좋으면 반드시 의심을 해야 했다. 그건 세상 어디서나 마찬가지다. 그걸 잘 알면서도 자기도 모르게 넘어가는 경우도 있게 마련이다.

한국의 어느 대기업 출신 이민자가 식당 주인이 되겠다는 목표를 세우고 비슷한 음식점에 들어가 몇 년 동안 일을 했다. 알고 보니, 식

캐나다에서 가장 인기있는 커피 프랜차이즈 팀호턴스.

당 주인은 동향에다 고교 선배 되는 사람이었다. 두 사람은 친형제만큼이나 가까워졌다. 외국에서는 쉽게 그렇게 된다. 양쪽 집을 오가며 가족들끼리도 자주 어울렸다.

어느 날 그 선배가 "식당을 인수하라"고 제안했다.

"나는 돈을 벌 만큼 벌었다. 지겨워서 더 이상 못하겠다. 네가 식당을 운영하고 싶어 하고, 우리 식당을 누구보다 잘 알고 있으니, 내 입장에서는 너 같은 인수 적임자도 찾기 어렵다."

이런 말도 당연히 덧붙였다.

"네가 인수를 하든 안 하든 식당을 팔 예정이다. 네가 서운해할까 봐 너한테 먼저 말하는 거다. 너라면 '매상체크'나 '트레이닝' 같은 번거로운 절차를 안 거쳐도 되니까 나한테도 좋고."

이쯤 되면 넘어가지 않을 사람이 거의 없다. 외국 땅에서 만나 친형제처럼 교류해온 이가 나를 속일 수도 있다고 생각한다면 오히려 그것이 이상할 지경이다. 선배라는 사람은 제안을 하나 더 했다.

"서로 잘 아는 처지이니 중간에 사람들(양쪽 변호사) 끼우지 말고 우리끼리 그냥 계약서 쓰자. 변호사 비용으로 술이나 먹자."

매매의 중간에 끼는 변호사들은 조건을 검토하고 계약서를 작성하는 사람들이다. 변호사 비용이 한국 돈으로 각각 100만 원 이상씩 되던 시절이었다.

가게 매매는 일사천리로 진행되었다. 권리금도 시세보다 몇 만 달러 깎아줬다. 가게를 인수하고 나서 몇 달 후에야 후배는 속았다는 사실을 알게 되었다. 그 식당은 프랜차이즈였는데, 본사가 그 지점을 폐쇄한다는 방침을 통보해왔다. 건물주와 임대차 (재)계약을 하는 주체는 가맹업주가 아니라 프랜차이즈 본사이다. 모두가 하는 대로 계약서를 쓰면서 변호사 도움을 받았더라면 그냥 넘어가지는 않을 '최악의 조건'이었다. 이런 사실을 알고도 가게를 인수할 사람은 없다. 사람의 말을 의심하지 않아서 생겨난 사달이었다. 속인 자가 나쁜 사람이기는 하지만 단죄할 방법은 없다.

이런 일들은 캐나다 자영업계뿐 아니라 어느 나라에서도 빈번하게 벌어질 것이다. 오답노트에 적을 일들이 많다 보니 "속는 사람이 바보다"라는 말까지 나올 정도이다. 한국의 자영업 세계도 다르지는 않았을 것이다.

이른바 '펜대나 굴리던 숙맥 같은 사람들'이 준비도 제대로 하지 않은 채 자영업을 하겠다며 의견을 물어오면 나는 웬만하면 하지 말라고 말린다. 더군다나 대자본 프랜차이즈가 대세인 환경이다 보니, 개인이 할 수 있는 업종도 별로 남아 있지 않다. 한국에서 오는 이민자도 많이 줄었지만 자영업에 종사하겠다는 한국 사람도 급격히 줄어들었다. 나와 가까운 후배들만 봐도, 기업이나 기관에 취업하여 직장생활을 하는 사람이 대부분이다.

2022년 01월 07일

'단골' 자처하는 손님치고
진짜 단골은 없다

사회관계망서비스(SNS)를 통해 만난 한 '친구'가 얼마 전 책을 냈다며 토론토로 보내왔다. 그이는 경기 성남시 분당구에서 남편과 함께 8년간 편의점을 운영해온 자영업자로, 평소 SNS에서 남다른 글솜씨를 보여주던 '준비된 작가'였다. 나로서는 그 '친구'가 조만간 책을 내겠거니 생각하던 터에 받아든 뜻깊은 선물이었다.

제목부터 눈길을 잡아끌었다. 〈싸가지 없는 점주로 남으리〉(박규옥 지음·몽스북). 평소 SNS에 쓰던 경쾌한 글과 잘 어울리는 제목이었다. 지은이는 중국에서 박사학위를 받고 중국 관련 일에 종사하다가, 남편이 시작한 편의점을 돕게 되면서 "유니폼 입고 바코드 찍는 일"에 "만족하고 즐거워할 수 있는 마음을 갖게" 되었다고 했다. 이후 자연스럽게 자영업자로 '전직'한 것을 두고 지은이는 자기 인생에서 일어난 '격변'이라고 표현했다.

나는 이 책의 첫 장을 열자마자 몇 시간 만에 후다닥 다 읽었다. 내용이 재미있고 술술 읽히는 장점을 지니기도 했거니와 무엇보다 같은 자영업자로서 공감할 수 있는 내용이 많았기 때문이다. 업종은 다르다 해도 한국에서나 캐나다에서나 자영업자가 겪는 일들은 비슷했다. 한국의 자영업자가 겪는 여러 일들을 책을 통해 처음 접하면서 내가 경험한 것들을 자연스럽게 떠올릴 수 있었다.

가장 먼저 공감한 것은 '격변'이라는 용어였다. 〈싸가지 없는 점주…〉의 지은이와 마찬가지로 나 또한 캐나다에서 '옷 장사'를 하게 되리라고는 상상도 하지 못했었다. 자영업자가 되었다는 것은 캐나다살이 못지않게 내 인생에서 일어난 일대 격변이었다. 박규옥씨는 가게 문을 열던 날 SNS에 이렇게 적었다고 했다.

"인문학을 전공한 40~50대는 치킨집, 피자집, 편의점 말고는 할 게 없다는, 시대의 대세를 거스르지 못하고 편의점을 하게 됐다."

그러고는 그냥 '장사를 시작했다'고 담백하게 알리지 못하고 마치 시대가 등을 떠밀어서 어쩔 수 없이 장사를 하게 됐다는 식으로 썼다는 사실에 대해 '자괴감을 숨기려는 허세가 내 안에 있었을 것'이라고 했다.

"늦게까지 공부해서 학위까지 받아놓고 '겨우 장사나 하려고 그랬느냐'는 주변 시선을 의식했을 것이다."

우리 가게에서 옷 사진을 찍는 단골 손님. 딸에게 사진을 보내고 의견을 구한다고 했다.

캐나다 와서 마음 편한 것 가운데 하나는 주변 시선을 의식할 일이 거의 없다는 사실이다. 박사 학위 소지자가 장사를 하든, 택시 운전을 하든 누구도 개의치 않는다. 캐나다의 문화가 그러하니, 이곳에 사는 한국 사람들도 당연히 그 문화에 젖어들 수밖에 없다.

지금은 캐나다도 대도시 자영업 환경이 크게 달라져서 그럴 일이 거의 없지만 30~40년 전만 해도 멀쩡한 직장을 그만두고 자영업에 뛰어드는 이민 선배들이 많았다. 그렇게 하는 것이 돈을 벌고 집을 사는 가장 빠르고 효과적인 방법이었기 때문이다. 요즘이야 대다수 한국 이민자들이 직장에 취직해 밥벌이를 하지만(주변 사람 90% 이상이 직장인이다), 예전에는 그 반대였다. 캐나다 드라마 〈김씨네 편의점〉이 토론토에서 괜히 만들어진 것이 아니다. 편의점을 운영하는 한국 사람들이 그만큼 많았기 때문이다.

지금은 예전과 많이 달라졌다. 내 경우를 보면, 자영업 외에는 할 수 있는 것이 없어서 이 일을 시작하게 되었다. 박규옥씨가 적은 대로라면 "인문학 전공자로서 등 떠밀려서" 장사를 시작한 셈이다. 만약 내가 이과 출신의 IT업계 종사자나 엔지니어였다면 토론토의 내 주변 친구들처럼 당연히 취업을 했을 것이다. 물론 그들이라고 취업을 쉽게 한 것은 아니지만, 나처럼 기술 없는 문과 출신들은 이력서를 쓸 기회조차 얻지 못한다. 대학에 들어가 다시 공부를 하지 않는 이상 번듯한 직장에 들어가 일하는 것이 불가능하다고 보면 된다.

〈싸가지 없는 점주…〉를 보면서, 사회환경이 다르고 업종이 다르다 해도 작은 가게에서 벌어지는 일들은 여러모로 비슷하다는 생각이 들었다. 책 내용 가운데 많은 부분은 가게에 드나드는 손님, 곧 사람에 관한 이야기이다. 가게를 운영하면서 가장 힘든 것은 뭐니 뭐니 해도 사람을 대하는 일이다. 육체노동도 어렵고 힘들지만 가장 큰 스트레스는 사람과의 관계에서 생겨난다. 물론 손님 대다수가 나에게는 '은인'과 다름없는 고마운 사람들이다. 문제는 그 좋은 사람들 가운데 드문드문 끼어 있는 말썽쟁이들이다. 다시는 오지 말았으면 하는 손님은 국적 불문하고 존재하는 모양이다.

내가 손님으로 다른 가게들을 드나들 때는 몰랐다가, 가게를 운영하면서 알게 된 사실이 하나 있다. 손님들은 거의 대부분 올 때마다 똑같이 행동한다. 본인은 모르지만 가게 주인은 안다. 물론 주인 마음에 쏙 들게 행동하는 사람이 있는가 하면, 가게에 들어올 적마다 눈살을 찌푸리게 하는 손님도 더러 있다. 우리 가게에는 들어올 때마다 "새로운 거 있어?"라고 묻는 사람이 있는가 하면 언제나 '엑스트라 스몰' 사이즈만 찾는 손님도 있다. 문제는 원하는 것을 보여줘도 정작 물건 자체에는 별 관심을 보이지 않는다는 사실이다.

박규옥씨의 책을 읽으면서 깊이 공감한 것 가운데 하나는 한국에서나 캐나다에서나 손님이라고 모두 왕은 아니라는 사실이다. 왕은 커녕 제발 오지 말았으면 하는 손님도 적잖게 있다. 한국과 달리 손님과 영어로만 대화하는 것이 쓸데없는 말을 줄이게 하는 데 도움이 되기도 하지만, 아무리 그래도 손님과의 충돌을 온전히 피해갈 수는 없다.

그 가운데 가장 견디기 어려운 것은 손님이 거짓말을 하면서 떼를 쓰는 경우이다. 옷을 여러 번 입은 흔적이 있고 가격표가 옷에 붙어 있지 않는데도 "한 번도 입은 적이 없다"며 환불하거나 바꿔달라고 요구하는 사례가 가장 일반적이다. 이런 대화가 길어지면 손님과의 충돌은 불가피하다.

때로는 잘못 사용한 영어 때문에 충돌이 커지기도 한다. 며칠 전에는 이런 일이 있었다. 아직 마스크를 벗을 때가 되지 않았는데(캐나다 온타리오주는 2022년 3월 21일 실내 마스크 착용 의무를 해제했다) 어떤 손님이 마스크를 쓰지 않은 채 가게에 들어왔다. 물건은 사지 않고 늘 귀찮게만 하는 손님이라 "마스크를 쓰라"고 하는 내 말에 다소 감정이 실렸을 것이다. 돌아온 답도 곱지 않았다. "다음 주에는 모두 벗는데 뭘"이라며 들은 척 만 척했다.

평소 좋은 손님이었다면 그냥 넘어갈 수 있었겠으나 그 반대의 사람이니 한두 마디를 더 나눈 후 내 말이 앞서가고 말았다. "가게에서 나가줄래?"라는 말 대신 "겟 아웃(꺼져)"이라는 말이 부지불식간에 튀어나왔다(평소 영화나 드라마에서 이 표현을 너무 자주 접한 탓이다). 그는 "어떻게 나 같은 단골 손님한테 그런 무례한 말을 할 수 있느냐"면서 욕을 하며 나가버렸다. 조금 미안하기는 했으나 아쉬울 것은 별로 없었다. 자기 입으로 '단골'이라고 말하는 손님치고 진짜 단골은 없다.

〈싸가지 없는 점주…〉에서 공감한 또 다른 대목은 좋은 손님에게는 최선을 다하지만 그 반대의 손님은 가게에서 빨리 나가도록 최선을 다해 유도한다는 사실. 말썽쟁이가 들어오면 어떻게든 가게에서 빨리 나가게 할 방법을 찾는다. 캐나다에서는 가게 주인이 이름을 기억하고 불러주면 손님들이 퍽 좋아한다. 이 때문에 가게 주인들은 단골손님 이름을 기억하려고 애들을 쓴다. 단골과 말썽쟁이 손님이 가게에 함께 있을 경우, 각별히 친한 척하며 아는 이름을 평소보다 더 크게 부른다. 말썽쟁이의 기를 죽이는 데 꽤 효과적인 방법이다.

가게에서 발생하는 최악의 상황은 도둑질이다. 훔친 물건을 적발했다 해도 "그거 계산하는 걸 잊었구나?" 하며 감정을 눌러가면서 최대한 부드럽게 이야기하려고 노력한다. 도둑 잡았다고 경찰을 부르는 것보다는 그냥 조용히 수습하는 것이 '남는 장사'다. 장사를 십수 년 하면서 자연스럽게 터득한 사실이다.

한국이나 캐나다나 장사 잘된다고 마냥 좋아할 일만은 아니다. 〈싸가지 없는 점주…〉도 건물주가 임차료를 감당할 수 없을 만큼 많이 올리는 바람에 성공적으로 운영한 첫 번째 가게의 문을 닫고 다른 장소로 옮겼다고 했다. 토론토의 경우, 임차료는 1년에 3% 이상 올리지 못하도록 법으로 규정해 놓았다. 그 대신, 일부 악덕 건물주나 프랜차이즈 본사는 다른 방법을 동원해 임차인을 견딜 수 없게 만들기도 한다.

가게를 시작할 때 임대차 계약 기간은 보통 '5년+5년'이다. 첫 5년 동안 공간을 빌려 쓴 다음, 나머지 5년은 조건을 달리

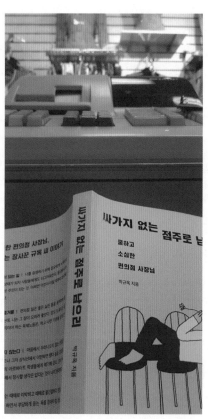

나는 이 책을 가게에서 불과 몇 시간만에 다 보았다.

해 계약을 갱신한다는 의미이다. 최악의 경우는 이런 것이다. 임차료를 크게 올릴 수 없으니 건물주는 "내가 지정한 업체를 통해 인테리어 공사를 하라"고 통보한다. 인테리어 업체는 시세보다 몇 배나 비싼 공사비(보통 수십만 달러에 달한다)를 요구하고 건물주에게는 리베이트를 준다. 5년마다 이런 큰돈을 지불해 가며 장사를 계속할 수 있는 자영업자는 거의 없다. 토론토에도 자영업을 하려는 이민자가 넘쳐나는 만큼 이런 식으로 임차인들을 골탕먹이는 악덕 건물주가 더러 있다. 계약서를 꼼꼼하게 따져보지 않은 채 급한 마음에 덜컥 가게를 시작했다가는 몇 년간 장사를 잘한다 해도 이런 낭패를 보기 십상이다.

자영업을 하면서 이런저런 불안감과 불편함이 있어도, 캐나다나 한국이나 '왕 같은 좋은 손님들'이 대부분이니 가게를 유지할 수 있다. 〈싸가지 없는 점주…〉도 여러 좋은 손님을 접하면서 "동네 사랑방까지는 아니더라도 (…) 손님들에게 받은 사랑을 조금이라도 되돌려주는 '편의시설'이 되었으면 하는 소망"을 가지고 있다.

지하철역 안에 있는 우리 가게 손님들 중에는 물건을 사고팔 때 잠깐 스치는 손끝 느낌만으로도 험한 일에 종사한다는 사실을 알게 하는 이들이 많다. 대개가 말없이 좋은 손님들이다. 토론토 자영업자인 나로서는 그런 손님들이 마음 편하게 쇼핑하고 좋은 물건을 싸게 구입할 수 있게 하는 가게를 만들었으면 소망을 늘 품고 있다.

2022년 03월 25일

밑지고 판다는 말은
참일까, 거짓일까?

토론토에서 자영업에 종사한 지 만 12년이 넘었다. 한국에서 첫 직장이었던 언론사 기자로 일을 한 것과 엇비슷한 시간이다. 직장인 시절 내 팔자가 이쪽 방면으로 풀려나갈 줄은 몰랐다. 하긴 내가 캐나다에서 살게 될 줄은 상상도 하지 못했었다.

새로운 직업, 그것도 외국에 살러 와서 장사라는 것으로 밥벌이를 하다보니 새삼스럽게 떠오르는 일들이 여럿 있었다. 무엇보다 자영업에 대해 잘못 생각한 것이 참 많았다.

첫째는 장사를 하면 돈을 잘 벌 것이라는 선입견. 월급쟁이 시절, 때만 되면 통장에 돈이 '따박따박' 들어오는 것을 보면서도 그런 생각을 했었다. 당시 자영업 종사자를 어쩌다 만나면 그들이 주로 밥값을 냈기 때문이다. 그들이 돈을 잘 벌어서 그런 줄로만 알았다. 많든 적든 주머니에 현금이 있어서 그랬다는 것은 내가 자영업자가 되고 나서야 알았다. 장사를 시작한 직후에는 하루 매상이 떨어지기라도 하면 '이러다 망하는 게 아닌가' 싶어 밤잠을 설쳤다. 내성이 생기기는 했으나 장사가 안되는 날이면 요즘도 기분이 별로 안 좋다.

둘째는 시간. 내 가게를 열어 장사를 하면 시간이 많을 줄 알았다. 조직에 매인 몸이 아니니 내 마음대로 시간을 조정할 수 있을 것이라 여겼다. 그러나 나는 12년 넘게 저녁 없는 삶은 물론 아침까지 없는 삶을 살아왔다. 내가 조정할 수 있는 시간이래야 자투리 시간일 뿐이다. 그래도 나는 일요일과 공휴일에 쉴 수 있으니 사정이 나은 편이다.

옷 가게를 하면서 힘들다는 생각이 들 때마다 나는 서울의 우리가 살던 아파트 옆 작은 슈퍼마켓 주인아저씨를 생각한다. 그이는 새벽 2시까지 매일 문을 열고 있었다. 그때는 그것이 당연한 걸로만 알았지 얼마나 힘든 것인 줄은 몰랐다. 토론토에도 연중 크리스마스 하루만 쉬는 자영업자들이 허다하다.

셋째는 장사꾼의 거짓말이다. 세상에 3대 거짓말이 있는데 그중 하나가 '장사꾼이 밑지고 판다'는 것이라고들 한다. 뭘 모르는 사람들이 지어낸 헛소리이다. 전에는 나도 그 말을 믿었었다. 막상 장사를 하고 보니 밑지고 팔 때도 있다. 옷이고 가방이고 원가로도 나가지 않으면 밑지고 팔아치울 수밖에 없다. 공간을 확보해야 돈 되는 것을 갖다 놓을 수 있기 때문이다. 팔리지도 않는 물건을 본전이라도 챙기겠다며 마냥 움켜쥐고 있는 것만큼 어리석은 일도 드물다.

장사꾼으로서 거짓말을 안 한다고 하면 그건 거짓말이다. 나도 때로 거짓말을 한다. 천연덕스럽게 입에 침도 안 바르고 하는 경우도 가끔은 있다. 이를테면 여자 손님이 옷을 입어보고 "어때?" 하고 물으면 무조건 "예쁘다"고 말한다. 내가 파는 물건은 모두 예뻐 보이니 그것은 거짓말이 아닐 수도 있겠다.

이런 경우도 있다. 손님이 옷이 좀 작아서 주저하는 기색이 보이면 "그거 두세 번 입으면 늘어난다"고 말한다. 반대의 경우라면 "그거 한

두 번 빨면 작아진다"고 말한다. 나도 놀랄 정도로 확신을 가지고 말한다. 무엇이 진실인지는 나도 잘 모른다. 물건을 뒤에서 가져오면서 이렇게 거짓말하는 경우도 있다.

"이거 단골손님이 요청해서 하나 빼놓은 건데, 너한테 그냥 먼저 줄게."

특별 대접을 받는다고 느끼면 손님은 기분좋게 믿어준다. 사실은 단골이 주문한 것이 아니라, 단골에게 권하면 살 것 같아서 따로 둔 물건이었다.

과거 월급쟁이 시절에는 장사가 쉽고 재미있어 보이기도 했다. 그런데 막상 이 업종에 종사하다 보니 그때는 보이지 않던 것들이 참 많이도 보인다. 장사꾼들에게 장사 잘되는 것만큼이나 중요한 것은 좋은 건물주를 만나는 일이다. 토론토에서 갑질이 심한 건물주는 '애니멀'이라 불린다. 터무니없이 구는 건물주는 호랑이만큼이나 무섭다. 그런 건물주를 만나면 속절없이 무너지는 것이 요즘 장사꾼들이다. 건물주가 갑질을 하면 잠 못 이룬다는 것은 절대 거짓말이 아니다. 그것은 한국이고 캐나다고 똑같다.

2018년 07월 01일

일상 이야기

이민 초기 베이커의 추억…
"폴리시 비어 굿"

맥주를 사러 갔다가 오랫동안 잊고 지냈던 폴란드 맥주를 만났다. 지비에츠. 나에게는 애틋한 사연이 있는 맥주다. 오랜만에 친구를 만난 것처럼 보자마자 손을 내밀어 몇 병을 집었다. 지비에츠는 인기가 있어서 그런지 판매대에서 가장 좋은 자리를 차지하고 있었다. 맥주 파는 가게를 자주 드나들었는데도 그동안 왜 눈에 띄지 않았는지 신기할 지경이었다.

내가 지비에츠를 처음 만난 것은 2003년 초반의 겨울이었다. 캐나다에 살러 온 지 7개월쯤 되었을 무렵 나는 빵집에서 빵 굽는 일을 했었다. 원래는 폴란드 사람이 주인이었는데 다른 곳에 가게를 내면서 한국 사람에게 넘긴 규모가 꽤 큰 빵집이었다. 지하에 있는 주방에서 일하는 사람만 6명이 넘었다.

주중에 일하는 베이커를 대신해 주말에만 나오는 베이커가 있었다. 그는 여러모로 특이한 인물이었다. 덩치가 큰 중동 사람이었다. 평소에는 큰 빌딩에서 경비로 일하다가 토요일 일요일만 나와서 일을 했다.

그는 빵을 반들반들 윤기가 나게 잘 구워내는 대단한 재주를 가지고 있었다. 문제는 동료 괴롭히기를 마치 취미생활하듯 한다는 사실이었다. 그는 일을 하는 중에 한 사람을 타깃으로 삼아 괴롭히고 또 괴롭혔다. 끊임없이 잔소리를 하고, 자기 말을 제대로 듣지 않으면 욕을 해대기 일쑤였다.

처음에는 나도 그에게 그렇게 시달렸다. 한 번 시작되면 한 달은 간다. 그렇게 당하면서 보니, 그는 그런 식으로 자기가 이만큼의 권력을 가졌노라고 과시하는 것 같았다. 빵집 사장도 그가 부리는 행패를 알고 있는 눈치였으나, 실력 있는 주말 베이커를 구하기가 어려워서 그런지 별다른 제재를 하지 않았다.

나는 그가 아무리 큰소리를 쳐도 별로 신경 쓰지 않았다. 속으로 '별 우스운 놈 다 있네' 하면서 마치 영어를 못 알아듣는 척하며 그냥 지나갔다. 일하는 것만으로도 힘에 부쳐서, 나에게 잔소리를 한다 한들 신경 쓸 여력도 없었다. 신참들을 돌아가며 괴롭히는 것으로는 성이 차지 않았던지, 그는 어느 날부터는 영어를 전혀 못 하는 폴란드 할머니들에게 잔소리를 퍼붓기 시작했다. 간단한 폴란드 전통음식을 만들고 수프를 끓이는 70대 두 할머니는 그 녀석이 눈을 부라리며 소리를 지르고 욕을 하면 아무 말도 못하고 몸을 떨었다.

하루는 제일 연장자인 마리아 할머니한테 하도 소리를 지르길래 "그만 좀 하라"고 내가 소리를 질렀다. 내 입에서 부지불식간에 나간 소리였다. 그 녀석은 처음에는 '어라?' 하는 표정으로 놀란 듯이 나를 쳐다보더니, 때릴 듯이 주먹을 치켜들고 욕을 해댔다. 나도 그 녀석의 욕을 그대로 받아 퍼부으면서 "그래, 이 ××야, 한 번 때려봐라" 하고 한국말로 욕을 해댔다. 이민 와서 처음 하는 욕이었다. 나도 스트레스가 많이 쌓였던 이민 초기여서, 한번 터지자 욕설이 거침없이 나왔다.

내가 얼굴 벌겋게 해서 더 크게 소리를 질렀더니 놀랍게도 그자는 입을 다물고 빵 굽는 데 열중했다. 그렇게 그날은 조용히 지나갔다. 그자가 바깥으로 담배 피러 간 사이에 마리아 할머니가 나한테 오더니 고맙다고 했다. 그리고는 의외로 나더러 "겁먹지 말라"고 했다. 할머니는 내 얼굴이 붉어진 걸 보고 내가 겁먹고 떤 것으로 보았던 모양이다.

주말 베이커가 나오지 않는 월요일. 마리아 할머니가 가방에서 "어제 고마웠다"며 맥주 한 병을 불쑥 꺼내주었다. 그리고는 "폴리시 비어 굿"이라고 말했다. 당시만 해도 나로서는 동유럽산 맥주는 처음보는 것이었다. 집에 가서 마셔보니 할머니 말대로 맛이 '굿'이었다.

그나저나 마리아 할머니가 끓인 수프가 진짜로 '굿'이었다. 할머니는 도마와 식칼을 사용하지 않았다. 몽당연필처럼 닳고 닳은 작은 칼로 당근 양파 감자를 눈으로 보지도 않고 뚝뚝 끊어 솥에 넣는 모양이 일품이었다. 거기에 소스를 넣어 매일 하얀색 수프를 끓여냈다. 말 그대로 할머니의 손맛으로 끓인 '홈메이드 수프'였다. 빵가게에서 가장 인기가 좋은 메뉴였다. 시큼하고 맛이 깊었다. 우리 고향 음식 '갱시기*'와 비슷한 맛이었다.

오랜만에 지비에츠를 마시며 마리아 할머니의 말을 다시금 확인한다. "폴리시 비어 굿"이다.

2017년 11월 13일

---

* 　갱시기: 식은밥과 떡, 김치, 콩나물, 멸치 등을 한꺼번에 넣고 끓여서 만드는 경상도 음식. 모양은 죽과 국밥의 중간쯤 된다.

캐나다도 한국처럼
시민들은 현명하다

캐나다에 살러 온 이민자들이 가장 먼저 하는 것은 영어를 배우는 일이다. ESL(English as a Second Language) 프로그램이 각급 학교에 있을 뿐만 아니라, 나 같은 성인들을 대상으로 하는 프로그램도 이곳저곳에 많이 설치되어 있다. 의사소통에 전혀 지장이 없는 사람이거나 오자마자 바로 취직을 하는 경우가 아니라면, 이민자들은 자기 지역에 있는 ESL을 찾아가서 공부를 하기 마련이다. 수업료가 무료여서 그런지는 몰라도 수업은 다소 느슨하게 진행되는 편이다.

공부를 좀 더 '빡세게' 하고 싶어하는 사람들이 선택하는 것은 두 가지. 대학에 개설된 ESL에 등록하거나 개인 교사를 찾아 배우는 것이다. 수업료 또한 천차만별이다. 토론토대학에 있는 ESL 프로그램은 대학 등록금 못지않게 비싸다.

나는 무료와 돈을 내는 대학 ESL 및 개인 교습을 두루 경험했다. 진득하게 영어 공부에 집중하지 못하고, 급한 마음에 일자리를 금방 잡는 바람에 세 프로그램 모두 맛보기에 그쳤으나 ESL에서 배운 것은 참 많았다. ESL에서 가르치는 것은 영어뿐만이 아니었다. 토론토 생활에서 꼭 필요한 아주 사소한 것들까지 알려주었는데, 이를테면 이런 내용들이다.

"외출할 때 동전 몇 개는 반드시 챙겨라. 전화를 하거나 버스나 지하철을 탈 때 필요하다."

"지갑에는 많이도 말고 40달러 정도만 넣고 다녀라."

어느 날 선생님이 'For here or to go?(여기서 먹을래, 가지고 나갈래?)'를 아느냐고 물었다. 많은 학생들이 모른다고 했다. 푸드코트에 있는 샌드위치숍에 일을 하러 갔더니 가장 많이 들리는 소리가 바로 그 소리였다.

내가 만난 영어교사 가운데 가장 인상적인 분은 개인 교습을 하는 테레사 선생님이었다. 학교 영어교사였던 테레사 선생님은 아르바이트로 돈을 벌려는 목적뿐만이 아니라 새로운 사람에 대해 호기심이 많고 대화하는 것을 퍽 즐겨 나 같은 학생 1~2명을 늘 가르치는 것

2021년 9월 20일 연방총선 투표소 앞에 줄을 선 유권자들. ⓒDanny Yoon

같았다. 수업은 일주일에 1시간이었으나 예정된 시간을 훌쩍 넘기기 일쑤였다. 그분은 정치적으로는 대단히 진보적이었다. 어느 날 당시 캐나다의 아프가니스탄 평화유지군 파병 결정을 두고 "캐나다 사람들은 착하고 평화를 사랑하니까"라고 웃으며 말했다. 살짝 비꼰다는 느낌이 들었다. 지금까지도 그 말이 액면 그대로의 뜻인지, 비꼬는 말이었는지 잘 모르겠다. 뉘앙스가 참 미묘했다.

그 선생님과 1년 가까이 만나 대화를 해서 그런지는 몰라도 나는 진보정당(NDP) 지지자가 되었다. 선거를 할 때마다 테레사 선생님이 자연스럽게 떠오른다. 진보정당을 지지한다고 하지만 때에 따라서는 보수당보다 이민정책에 적극적인 자유당(리버럴)에 전략 투표를 한다(NDP의 집권 가능성은 자유당보다 훨씬 낮다).

2021년 9월 20일 연방선거 투표를 할 적에는 다른 때와는 달리 고민이 작지 않았다. 2기 집권에 성공한 저스틴 트뤼도 연방총리는 정부 출범 2년 만에 하원을 해산하고 조기총선을 실시하겠다고 발표했다. 물론 집권여당이 취할 수 있는 조치이기는 하다. 현재 소수정부를 이끌고 있는 트뤼도로서는 코로나19 방역 성과로 얻은 인기를 '다수당 정부'로 잇고 싶었을 것이다. 당시 지지율 여론조사에서 집권여당이 제1야당인 보수당보다 10% 정도 앞서나갔기 때문이다. 코로나19 시국을 비교적 잘 헤쳐나간다는 것 외에는 이유를 찾기가 어려웠다. 트뤼도 정부도 지금 굳이 조기총선을 실시해야 하는 뚜렷한 이유를 밝히지 못했다.

보수당뿐만 아니라 진보정당인 NDP와 녹색당 등이 모두 반대하는데도 트뤼도는 조기총선을 밀어붙였다. 여론은 싸늘했다. 집권여당 지지도가 급락해 보수당에 뒤지는 여론조사가 나오기도 했다. "어려운 시기에 안 해도 되는 선거를 꼭 해야겠어?"라는 불평이 유권자들 사이에서 터져나오는 것은 당연했다. 특히 7억 달러에 달하는 천문학적인 선거비용을 왜 쓰려고 하느냐 하는 불만의 소리가 높았다. 내가 보기에도, 의석 과반수를 얻어 국정 운영을 수월하게 하려는 것 외에는 다른 이유가 없는 것 같았다. 트뤼도의 어머니와 형제가 연루된 부패 스캔들이 터져나왔던 터라 트뤼도로서는 다소 위험한 결정이기도 했다.

선거 결과는 '현상 유지'. 트뤼도가 이끄는 자유당은 연방하원 338석 중 158석을 차지해 3기 집권 연장에는 성공했으나 과반 의석 확보에는 실패했다. 의석 3석만 늘렸을 뿐이다. 결과를 놓고 보면 하나 마나 한 선거였다. 트뤼도는 퇴출을 면하고 재신임을 얻은 것에 만족해야 했다.

투표를 하면서 이번처럼 고민을 많이 한 적도 별로 없었다. 조기총선 발표를 했을 때만 해도 고민이 없었다. 당연히 진보정당이었다. 집권여당의 욕심이 보였기 때문이다. 이번에도 테레사 선생님 말이 생각났다.

"캐나다 사람들은 착하고 평화를 사랑하니까."

트뤼도 연방총리가 야당과 유권자들이 한목소리로 반대를 하는데도 조기총선을 계속 밀고나갈 수 있었던 가장 큰 원동력은 캐나다의 코로나19 방역이었다. 서방국가 중에서 캐나다는 코로나19 대처를 가장 잘한 나라로 꼽아도 손색이 없다. 피해를 입은 실업자와 자영업자에 대한 지원도 마찬가지이다. 인구 1500만의 온타리오주만 해도 하루 확진자 숫자가 여전히 800명 안팎으로 나왔지만 사망자는 극적으로 줄어들었다. 2차 백신 접종률이 80%에 달했기 때문이다.

2020년 3월 글로벌 팬데믹 선언 이후 캐나다는 속수무책이었다. 한국처럼 확진자 추적을 할 수 없었으니, 동원할 수 있는 방법이라고는 록다운밖에 없었다. 온타리오주는 세 차례에 걸쳐 록다운을 했는데 부분 록다운까지 합하면 모두 9개월이 넘는다. 기댈 수 있는 것이라고는 백신밖에 없었다. 위험을 무릅쓰고 백신 선구매에 매달렸고 결과는 성공이었다. 시민들은 일찌감치 백신을 접종했다. 나도 6월 초에 2차접종을 마쳤다.

테레사 선생님 말마따나 "캐나다 사람들이 착하고 평화를 사랑"해서 그런지는 몰라도, 다른 서방국가에 비하자면 시민들이 백신 접종을 잘 받는 편이다. 백신이 넘쳐나지만 접종 거부자들이 많아서 2차 접종률이 겨우 절반을 넘긴 미국과 비교해도 캐나다 사람들의 '착한 시민의식'을 쉽게 확인할 수 있다. 2021년 9월 말 현재 캐나다 전체 백신 접종률은 70%를 넘어섰다.

물론 이곳에도 안티백서들이 존재하고 병원 앞에서 접종 반대 시위를 벌이기도 하지만 그 기세는 유럽이나 미국에 비해 미미한 편이다. 반대로 많은 캐나다 사람들은 안티백서뿐 아니라 백신 미접종자한테까지 싸늘한 반응을 보인다. 2021년 8월에 실시한 어느 여론조사에서 80%에 가까운 캐나다 시민들은 "백신 접종을 거부하고 코로나19에 감염된 사람들에 대해서는 동정심조차 갖지 않는다"고 답했다. 나아가 시민 75%는 "백신 접종을 의무화해야 한다"고 답했다. 백신 접종을 비롯한 방역에 대해서는 보수적이고 엄격한 시민의식을 드러낸 것이다.

시민들의 이 같은 생각을 반영한 듯 실내에서는 어디가 되었든 마스크 착용이 의무사항이었다. 토론토 도심 한구석에서 반마스크 시위가 벌어진다는 소식도 가끔 들리지만, 그러거나 말거나 대다수 시민들은 마스크 착용에 거부감을 드러내지 않는다. 3차 록다운이 해제된 2021년 6월 말 이후 나는 우리 가게에 마스크를 쓰지 않고 들어오는 사람을 보지 못했다. 깜빡 잊고 들어온 사람한테는 "마스크를 쓰라"고 요청했다. 말을 안 듣는 사람은 없었다.

백신과 마스크에 대한 거부감이 거의 없고 접종과 착용을 반드시 해야 한다는 여론이 높다보니 백신 접종도 실내 마스크 착용처럼 아예 의무화하자는 분위기가 자연스럽게 만들어졌다. 교사와 의료진에 이어 시청 공무원이라면 모두 백신을 맞아야 하고, 항공사와 은행까지 여기에 가세했다. 개인적 소신 때문에 백신을 맞지 않는 사람들은 시간이 갈수록 더욱 더 피곤한 삶을 살게 생겼다. 의무까지는 아니라 해도, 백신 접종을 하지 않으면 일상생활을 불편하고 어렵게 만드는 조치들이 계속 나왔기 때문이다.

테레사 선생님이 "캐나다 사람들은 평화를 사랑한다"고 했던 말을 다시금 생각해보면 다양한 뉘앙스를 내포하고 있다. 캐나다 사람들이 방역에 적극적으로 협조하는 이유는, 물론 그냥 평화를 사랑해서 그렇기도 하겠지만 그보다는 평화를 사랑할 수밖에 없게끔 하는 정책이 있기 때문이라는 생각이 든다. 2020년 4월 이후 지금까지 한 번도 거르지 않고 계속 지급되고 있는 실업자와 자영업자에 대한 재난지원금(요즘은 2주에 540캐나다달러·약 50만 원)이 대표적인 경우이다.

나는 고민을 거듭하다가 '트뤼도를 지지하는 것은 이번이 정말 마지막이다'라는 심정으로 자유당을 찍었다. 트뤼도 정부의 적극적인 재난 지원 덕분에 자영업자인 내가 이렇게 살아남을 수 있었기 때문이다. 그렇기는 해도, 유권자들은 현명하고 냉정했다. 쓸데없이 선거를 하는 '미운 트뤼도'지만 코로나19 시국에 그를 내치지도 않았고 (이번에 졌으면 정계 은퇴) 그렇다고 그의 욕심도 채워주지 않았다.

2021년 09월 24일

점점 잦아지는
캐나다의 대형 재난

혹시 누가 내게 "캐나다는 어떤 나라냐?" "캐나다 하면 어떤 이미지가 가장 먼저 떠오르느냐" 하고 묻는다면 나는 잠시도 생각하지 않고 곧바로 이렇게 대답할 것 같다.

"사건·사고가 많지 않은 조용하고 평화로운 나라."

한국에 살 적에도 그랬고 캐나다에 살고 있는 지금도 캐나다에 대한 생각은 그다지 변하지 않았다. 캐나다의 이미지는 국경을 맞대고 있는 미국과도 많이 다르다. 개인의 총기 소지 허용 여부 하나만으로도 두 나라에 대한 이미지는 달라질 수밖에 없다.

물론 조용하고 평화롭다는 것을 활력이 없고 다소 지루하다는 의미로 받아들일 사람도 있을 수 있다. 십수 년 전 토론토를 방문한 뉴욕 사는 10대 조카는 우리 동네를 보고 "와, 여긴 완전 시골 같아요"라고 했다. 너무 조용하다는 의미였다. 내가 뉴욕에 가면 촌사람이 서울에 간 느낌을 갖게 되니, 조카의 입에서 그런 소리가 나오는 것은 어쩌면 당연한 일일 수도 있다.

가장 큰 도시인 토론토가 그러하니, 캐나다의 다른 지역은 말할 것도 없다. 자동차를 몰고 토론토 외곽으로 조금만 나가도 광활한 벌판이 펼쳐진다. 토론토도 빌딩 숲이 있는 도심만 대도시다운 느낌을 줄

뿐, 도심을 조금만 벗어나면 이곳이 대도시가 맞나 싶을 정도로 깊은 숲과 물 많은 개울을 만날 수 있다.

이렇게 조용하고, 뉴욕이나 서울 사람들 눈에는 한가하게 보일 수도 있지만 이곳도 사람 사는 세상이라 나름 대형 사고가 심심찮게 발생한다. 자연재해든 인재든 올해 들어서만 벌써 두 번이나 경험했으니 큰 사고가 점점 더 잦아지는 것 아닌가 하는 느낌마저 든다.

물론 100명 넘는 사람이 죽고 다친 열차 탈선 사고라거나 최근 몇 년간 벌어진 사건 가운데 가장 비극적인 것으로 꼽히는 이른바 '밴어택'(2018년 한인들이 많이 사는 지역에서 벌어진 '묻지마 차량 돌진 사건'. 인도로 뛰어든 승합차에 치여 한국계 3명을 포함해 10명이 사망하고 16명이 부상을 입었다) 같은 참사는 아주 드물게 일어나는 편이다. 많은 인명 피해를 내는 그런 큰 사고는 아니라고 해도, 캐나다 전역 혹은 내가 사는 동쪽 전체가 피해를 입는 대형 사고는 조용하고 평화로운 이미지를 갖고 있는 나라에서도 요즘 들어 적잖게 발생하는 편이다. 지난 20년 동안 캐나다에 살면서 나는 '대란'이라 불릴 만한 큰 사건·사고를 몇 차례나 경험했다.

캐나다 전역을 강타했다고 표현해도 지나치지 않을 가장 최근의 대형 사고는 2022년 7월 8일 금요일에 발생했다. 캐나다 최대 통신 회사인 로저스사의 유·무선 모든 서비스가 그날 새벽부터 24시간 가까이 마비되어버렸다. 그것은 곧 케이블·인터넷·휴대전화 서비스가 동시에 중단된 것을 의미한다.

캐나다 통신 시장은 로저스·벨·텔러스 3사가 유·무선을 독점하고 있는 구조이다. 통신망을 임대해 인터넷이나 전화 서비스를 제공하는 군소 회사들이 있기는 하지만 대형 3사의 자회사거나 '리셀러 (Reseller)'일 뿐이다. 캐나다 통신 시장은 3개사의 이름을 조합한 '로벨러스(Robellus)'라는 조어가 생겨날 정도로 '3대 공룡'이 완전히 장악하고 있다고 보면 된다.

독점은 폐해를 낳게 마련이다. 여론과 언론이 이번 통신 대란의 첫번째 원인으로 지목한 것도 캐나다 통신 시장의 무경쟁 독점 구조였다. 이번에 대형 사고를 낸 로저스사는 통신 3사 중에서도 가장 큰 규모를 자랑한다. 로저스 통신 가입자만 1100만 명이 훌쩍 넘는다. 캐나다 인구는 3800만 명. 캐나다 사람 4명 가운데 1명 이상이 이 회사의 고객인 셈이다.

로저스의 불통으로 직접 타격을 입은 사람들은 로저스 가입자였지만, 가입자든 아니든 그 피해에서 자유로운 사람은 없었다. 케이블·인터넷·휴대전화 모두 로저스를 사용하지 않는 우리 집이나 가게만

2022년 5월 토론토에 갑자기 불어닥친 강풍 때문에 큰 나무가 뿌리째 뽑히는 '대형 사고'가 있었다. 주택가에서는 대부분 치워졌으나, 골프장 같은 곳에서는 저렇게 방치되어 있다.

해도 적지 않은 피해를 입었다. 우리 집은 로저스 케이블을 빌려 쓰는 군소 회사의 인터넷을 사용하는데, 로저스 케이블 서비스가 중단되는 바람에 우리 집 인터넷도 당연히 끊겼다. 재택근무를 하는 큰아이는 통신망이 복구되기를 기다리는 것 외에는 온종일 아무 일도 할 수 없었다.

로저스의 불통으로 일을 하지 못하면 그 불똥은 다른 2개사 통신 서비스를 이용하는 직원들에게 튀게 마련. 역시 재택근무를 하는 어느 후배는 7월 8일 하루 동안 정신을 차릴 수 없을 정도로 바빴다고 했다. 로저스가 아닌 다른 회사 인터넷 서비스를 이용하는 그 후배에게 회사 일이 고스란히 몰렸기 때문이다.

집 바깥으로 나가도 사정은 마찬가지. 유·무선 모두 먹통이 되어버린 로저스 때문에 병원이나 은행, 공항 같은 곳에서는 당연히 문제가 생겨났고, 일반 가게들도 장사를 제대로 하지 못해 아우성이었다. 로저스 통신을 이용하는 가게들은 말할 것도 없고, 우리 가게처럼 다른 회사를 통해 카드단말기를 사용한다 해도 불편하기는 마찬가지였다. 카드단말기가 작동한다 한들 은행이 제대로 돌아가지 않으니 직불카드는 무용지물이었다. 손님들은 불안해서 그런지 신용카드도 사용하기를 주저했다. 주유소나 일반 가게들은 "현금만 받는다"는 사인을 가게 바깥에 내걸었으나, ATM 기계마저 작동하지 않아서 그렇게 한다 한들 별 소용이 없었다.

로저스사는 사건 발생 이틀 후에 자기 회사 가입자들에게 "이틀치 통신비를 돌려주겠다"고 했으나, 하루 장사를 망쳐버린 소상공인들에게는 별 도움이 되지 않는다. 게다가 로저스 가입자도 아닌 나 같은 사람은 그런 작은 보상마저도 받을 길이 없다.

　또 하나의 문제는 24시간 가까이 가장 광범위한 국가 통신망이 마비되는 초대형 사건이 터졌는데도 사람들이 쉽게 이해할 만한 정확한 원인을 밝히지 못하고 있다는 사실이다. 로저스사는 "시스템 점검

"인터넷 불통으로 현금만 받는다"는 안내문이 붙은 가게(위)와 로저스 아닌 다른 통신사의 와이파이를 이용하려고 커피점 주변에 모인 사람들.

작업 중에 라우터 기능이 마비된 탓"이라고 했지만 그 말을 제대로 이해하거나 믿는 사람을 내 주변에서 보지 못했다. 반면 '로저스가 해킹을 당했다'는 소문은 수그러들지 않는다. 그렇지 않아도 독점으로 인한 고비용 저효율 통신 서비스에 불만이 많았던 소비자들 사이에서는 더 이상 참을 수 없다는 목소리가 터져 나온다. 정치권에 대책을 세우라고 요구하는가 하면, 연방총리가 나서서 무슨 대책이든 내놓아야 한다고 말하는 시민도 많다.

캐나다에 20년째 살면서 이번 통신 대란과 비슷한 규모의 큰 사건을 몇 차례 경험했었다. 비교적 조용하고 평화롭고 안전하다는 나라에서 겪은 뜻밖의 대형 사건이었다. 가장 대표적인 것이 2003년 8월에 발생한 북미 북동부의 정전 사태. 캐나다의 온타리오주와 퀘벡주는 미국에서 일어난 사고 때문에 사흘이나 전기 없이 살아야 했다. 나로서는 초등학교 1학년 때 시골집에 처음 전기가 들어온 이후, 선진국이라는 캐나다에 살러 와서 가장 오랜 기간을 전기 없이 지내는 색다른 경험을 했다.

정전이 되었으니 지하철 같은 대중교통은 당연히 멈춰 섰다. 주유소도 영업을 하지 못해 자동차를 몰고 다니기가 불안했다. 아파트 20층을 걸어서 오르내리며 가족이 먹을 식품을 구해와야 했다. 사회가 마비된다는 것이 바로 이런 상황이로구나 하는 사실을 처음 알게 되었다.

이 와중에 신기하고 감동적인 장면도 접할 수 있었다. 전기 없이 살았던 그 사흘은 찌는 듯이 무더운 나날들이었다. 그 더위를 무릅쓰고 큰 도로 사거리마다 수신호 서비스를 하는 젊은 시민들이 있었다. 그들은 땀을 뻘뻘 흘려가며 뙤약볕 아래 도로 한가운데 서서 교통정리를 했다. 누가 시킨 일이 아니었는데도 큰 사거리마다 그런 사람들이 있었다. 지나가던 운전자들이 그들에게 던져준 물병이 도로 한가운데 수북이 쌓여 있는 것도 대단히 인상적인 모습이었다.

그래도 2003년에 겪은 사흘 동안의 정전은 여름이어서 그나마 괜찮은 편이었다. 2013년 12월 20일 토론토에서 또 대규모 정전 사태가 발생했다. 캐나다 동부에는 겨울철에 얼음비가 가끔씩 내린다. 영하의 날씨에 비가 내리면 빗물은 땅에 닿자마자 바로 얼어붙는다. 도로는 말 그대로 빙판으로 변한다. 빗물은 나뭇가지에도 얼음꽃 모양을 만들며 얼어붙는다. 그해 겨울에는 나뭇가지에 주렁주렁 매달린 얼음의 무게를 이기지 못해 키 크고 굵은 나무들이 뿌리째 뽑히며 쓰러지는 일이 토론토 전역에서 생겨났다. 나무가 쓰러지면서 전깃줄을 치는 바람에 토론토는 10년 만에 다시금 암흑천지로 변하고 말았다. 전봇대가 서 있는 토론토의 오래된 동네는 거의 예외가 없었다.

정전사태는 지역에 따라 사흘에서 2주일 가까이 이어졌다. 우리 동네는 비교적 빨리 수습되는 바람에 닷새 정도만 고생을 했다. 영하의 기온 때문에 집 안에 남아 있던 온기는 하루 만에 급속도로 사라졌다. 우리 집 네 식구는 거실 가스난로 앞에 옹기종기 모여 있을 수밖에 없었다. 캠핑 때 사용하는 오리털 침낭에 들어가도 추위는 가시지 않았다. 음식을 만들기 어려워서 라면과 빵을 먹을 수밖에 없었다. 우리 가게로서는 연중 최대 대목인 크리스마스 시즌을 고스란히 날려버렸다. 자연재해이다 보니 어디 화를 낼 데도, 하소연할 데도 없었다.

인상적인 장면은 전기가 들어온 순간이었다. 냉장고 같은 가전제품이 "웅~" 하고 돌아가는 소리가 들리고 전깃불이 켜지자마자 거실에 모여 있던 식구들은 각자 자기 방으로 순식간에 흩어졌다. 전기 스위치를 올렸을 때 바퀴벌레가 사방으로 확 퍼지는 모습이 연상되었다.

캐나다 서부에서 큰 산불이 나고 대홍수가 발생했다는 뉴스가 거의 해마다 들려오지만 산이 없는 동부에서는 산불도 홍수도 없었다. 그래도 크고 작은 자연재해는 가끔씩 생겨난다. 2022년 5월만 해도 느닷없이 강풍이 불어서 큰 나무가 뿌리째 뽑히고 나뭇가지가 꺾이는가 하면, 쓰러지는 나무에 사람이 치여 사망하는 사건이 발생하기도 했다. 역시 쓰러지는 나무가 전깃줄을 치는 바람에 정전 사태가 일주일 넘게 지속된 지역도 생겨났다.

조용하고 평화롭고 안정된 나라라는 이미지와는 달리, 캐나다에서도 자연재해나 인재로 인한 '대란'이 이렇게 심심치 않게 발생한다. 문제는 시간이 지날수록 이런 일들이 점점 더 잦아지는 느낌이 든다는 사실이다.

2022년 07월 15일

웬만하면 바꾸지 않고
오래 쓰는 문화

2020년 12월 텔레비전을 새로 샀다. 큰아이가 가족에게 준 크리스마스 선물이었다. 캐나다살이 18년 만에 세 번째로 구입한 텔레비전이다. 맨 처음에는 배불뚝이 모양의 브라운관형을 샀고, 6년쯤 지나 아이들이 원해서 평면 텔레비전으로 바꾸었다. 요즘 들어 텔레비전이 컴퓨터 모니터로 주로 쓰이는 바람에, 이번에는 인터넷에 바로 연결되는 스마트 텔레비전을 새로 구입했다.

우리 집에서 고장이 나지 않았는데도 새로 산 물건이라고는 텔레비전과 컴퓨터, 휴대폰밖에 없다. 사용 환경이 빨리 변해서 기계가 멀쩡해도 거기에 맞출 수밖에 없었다. 이외에는 고쳐 쓸 수 없을 정도로 고장이 나지 않는 한 바꾸지 않았다. 마음이 늘 불안(나 같은 이민1세는 평생 떨치기 어려울 것이다)한 이민자이다 보니 돈을 아끼려는 습성이 거의 병처럼 몸에 배어 그럴 수도 있겠고, 물건을 쉽게 바꾸거나 버리지 않는 이곳의 문화 또한 적잖게 작용했을 것이다.

텔레비전을 새로 들여오면서, 우리 집에 있는 다른 가전제품들을 살펴보았다. 한국과는 달리 냉장고와 세탁기는 이사 갈 때 가져가는 것이 아니라 집에 딸려 있는 물건이다. 지금 사는 집에 이사 온 지 15년이 되었으니, 냉장고는 아무리 못해도 15년은 더 된 것이다. 한국에서 쓰다 가져온 김치냉장고도 20년 넘게 사용 중이다. 냉동고도 올해로 17년이 넘은 것이다.

이 집에 살면서 바꾼 가전제품이라고는 세탁기와 식기세척기, 부엌의 전기스토브가 전부이다. 세 가지 모두 더이상 고쳐 쓸 수도 없게 고장이 나서 새로 구입했다. 그러고 보면 가전제품 치고 수명이 다하지 않을 때까지 쓰지 않는 것은 없다. 텔레비전도 사용 환경이 바뀌는 바람에 교체한 거니까.

주위를 둘러보면, 물건을 웬만하면 바꾸지 않고 오래 사용하는 것이 이 사회의 문화가 아닐까 하는 생각이 든다. 유행에 크게 휩쓸리지 않는 사회이기도 하거니와, 특히나 가전제품 같은 물건에는 유행이라는 것이 거의 없다.

그런 문화를 확인할 수 있었던 것은 아이러니하게도 팔거나 버리는 중고 물건을 통해서였다. 수십 년 사용하다가 용도 폐기되어 내놓는 물건들을 어렵지 않게 만날 수 있는 것이다. '빈티지'라 부를 만한 물건들이다. 자기 물건을 오래 쓰는 문화가 있다 보니, 남이 내놓은 중고품에 대한 거부감도 덜한 편이다. 그런 물건들을 접할 수 있는 경로는 서너 가지쯤 된다.

첫 번째는 주택가이다. 더이상 사용하지 않는 멀쩡하지만 오래된 물건들을 집 앞에 내놓는 경우가 많은데, 필요로 하는 사람이 들고 가기도 하고 쓰레기에 가까운 고물이면 시청에서 수거해간다. 이민 초창기에는 사람들이 오래된 물건들을 집 앞에 내놓는 것이 신기해 보였다. 조립식으로 판매하는 요즘 가구점에서는 절대 찾을 수 없는 구형 원목 책상이나 책꽂이도 만날 수 있었다. 쓸 만큼 쓰고 더 이상 필요가 없어서 버리는 것 같았다.

초기 이민자 중에는 그런 물건을 만나려고 주말 아침에 주택가를 일부러 운전하며 돌아다니는 이들도 있었다. 궁상맞아 보일 수도 있겠으나 신규 이민자에게는 여러모로 도움이 되었다. 가구나 전등, 액자처럼 자기가 필요로 하는 물건을 발견하면 무엇보다 돈을 아낄 수 있었다. 낯선 동네를 구경하는 재미도 있고, 이곳의 버리기 혹은 나눔 문화를 경험할 수도 있었다. 오래되어 오히려 낯선 물건을 사용하는 재미도 만만치 않다.

일부러 찾아다니든, 우연히 발견하든 간에 '고급 고물'을 만나는 행운도 종종 누릴 수 있다. 물건이 너무 좋아서 집어가기 꺼릴까 봐 "마음 편히 가져가세요"라는 메모까지 붙여놓는 친절한 주인도 있다.

내가 만난 가장 좋은 고물은 스피커 한 쌍. 어느 집 앞에 놓여 있었는데, 먼지가 묻어 있었으나 원목으로 된 통만 봐도 범상치가 않았다. 혼자서는 들기도 어려울 만큼 무거웠다. 집에 와서 앰프에 연결해

집앞에 내놓은 '고물' 가재도구들. 필요한 사람들이 가져가거나 쓰레기차가 수거해간다.

보니 잡음이 났다. 인터넷을 검색해 고치는 방법을 알아냈다. 찢어진 '에지'를 벗겨내고 새로 주문해 받은 것을 '우퍼'에 붙였다. 나로서는 처음 해보는 스피커 수리였다. 찾아보니 중저음이 좋다는 평가를 받는 스피커였다. 들어보니 과연 그랬다.

이런 행운을 공짜로 만나는 경우는 흔치 않다. 관심을 가지고 발품을 팔다보면 좋은 물건을 저렴한 가격에 살 수는 있다. 그렇게 살 수 있는 경로 또한 여러 가지인데, 가장 대표적인 것이 일반 가정에서 하는 주말 '개라지(차고) 세일'. 주인이 자기가 쓰던 물건을 내놓고 값을 매겨 판매한다. 온갖 잡동사니가 다 나온다. 물건을 필요로 하거나, 중고 물건에 관심이 있거나, 그냥 재미삼아 찾아다니는 사람들이 많아서 아침 일찍 가야 물건다운 물건을 구경할 수 있다.

나는 낯선 동네를 갔다가 뜻하지 않게 마주친 개라지세일에서 괘종시계를 10달러(약 9000원)에 구입했다. 어릴 적 시골집 마루 벽에 걸려 있던 시계가 생각났고 'Made in Korea(한국산)'라고 적힌 것에 혹했다. 개라지세일에서 내가 주로 구입한 것은 LP음반. 1960~1980년대에 나온 클래식과 팝송 음반이다. 20대 때 이른바 해적판('빽판'이라고도 했다)으로 음악을 들은 사람이라면 이런 '원반' 앞에서 조금 흥분하게 되어 있다. 게다가 가격이 장당 1달러면 앞뒤 안 가리고 구입하게 된다. 개라지세일에 나온 LP 전부를 산다는 조건으로 헐값에 구입할 수도 있다. 개라지세일에서는 흥정하는 재미도 있다.

주택 마당과 차고에서 이루어지는 개라지세일보다 좀 더 규모가 크고 내용이 좋은 것은 '콘텐츠세일'이라 불린다. 부모의 유품을 자식들이 정리해 파는 경우도 있고, 주택에 살다가 콘도(아파트) 또는 요양원으로 이사를 가는 노인들이 평생 사용해온 물건을 저런 방식으로 치우기도 한다. 콘텐츠세일은 주로 집 실내에서 이루어진다. 그곳에 들어가면 수십 년에 걸친 인생의 흔적을 물건을 통해 구경할 수 있다.

콘텐츠세일을 하면 아침 일찍부터 사람들이 몰려 줄을 서기도 한다. 몇 년 전부터는 전문 대행업자가 등장해 코로나19로 록다운을 한 지금도 온라인으로 콘텐츠세일을 한다. 그만큼 인기가 좋다는 얘기다.

개라지세일도, 콘텐츠세일도 돈벌이를 한다기보다는 쓸 만한 고물을 버리지 않고 남들한테 헐값에 넘겨주면서 정리를 한다는 의미가 크다.

이런 경로 말고도 '온라인 시장'에도 오래된 물건들이 종종 등장한다. 온라인 시장과 더불어 토론토에서 지난 십수 년간 급부상한 중고품 전문 매장이 있다. '밸류빌리지'라는 가게이다. 10여 년 전만 해도 성격이 비슷한 '굿윌'이 있었으나 지금은 밸류빌리지가 그 자리를 차

'없는 것이 없는' 중고 생활용품 백화점 밸류빌리지의 내부 모습.

지했다.

밸류빌리지는 1954년 미국 샌프란시스코에서 출범해 미국과 캐나다, 호주 등에서 성업 중인 중고 전문 가게. 중고 물건을 버리지 않고 다시 사용하게 함으로써 환경을 보호하는 데 일조하는 한편 지역 고용창출에도 도움을 주기 위해 설립된 가게이다. 주로 지역사회의 비영리단체와 손잡고 매장을 운영한다. 토론토에만 10개가 넘는다.

밸류빌리지에서 파는 물건은 모두 기부받은 것들이다. 사람들이 더이상 사용하지 않는 물건들을 집에서 가져오면, 직원들이 먼지를 털고 다듬고 고쳐서 매장에 내놓는다. 매장은 주로 넓은 주차장이 딸린 쇼핑몰에 위치해 있다. 널찍한 매장에는 가구, 전자제품, 주방용품, 옷, 신발, 책, 음반, 장난감, 액자에 이르기까지 없는 것이 없다. 중고 생활용품 백화점이다. 일반 가게들처럼 매일 문을 열고 물건을 교환해주기도 하고(물론 안 되는 것도 있다) 반값 세일을 하기도 한다.

나는 이 매장에 10년 넘게 드나든 단골이다. 그곳에 자주 가는 이유는 남들이 사용하다가 내놓은 오래된 물건을 구경하는 것이 재미있기 때문이다. 과거 서울의 황학동에도 자주 나갔던 터라, 나에게는 밸류빌리지만큼 재미있는 공간도 드물다. 집에서 사용하지 않는 물건이 생기면 기부센터에 갖다 준다. 밸류빌리지에서 돈을 주고 샀다가 기부센터에 그냥 되돌려준 물건도 많다.

이런 곳에 발을 들이기 시작하면 수업료를 치러야 하는 것은 기본이다. 처음에는 오래된 물건들이 신기해 보여서 앞뒤 가리지 않고 사들였다. 집에 갖다놓고 보면 공간만 잡아먹는 잡동사니인 경우가 많았다. 구입 품목을 커피기구와 LP음반, 책으로 한정하고 난 다음에야 실수를 줄일 수 있었다.

집에서 오래된 물건을 쓰는 데 익숙해 있으니, 남이 쓰던 고물을 구입해 사용하는 데는 거부감이 별로 없다. 오히려 평소 접하기 어려운 물건을 발견하고 사용하는 재미를 즐기는 편이다. 'Made in West Germany(서독산)'라고 적힌 브라운 커피그라인더나 슈바이처 박사의 오르간 실황 연주 LP(3장)를 발견했을 때의 기쁨은 작지 않았다.

그런 식으로 사 모은 커피기구가 넘쳐나서 요즘은 기회 닿을 때마다 주변 사람들에게 나눠주고 있다. 흥미로운 것은 고물을 좋아하는 사람들이 많다는 사실. 남들이 오래 쓰고 내놓은 고물에 탐닉해 나처럼 사 모으는 이들도 여럿 만났다. 그런 이들의 공통점은 남들한테 자랑을 많이 한다는 것. 밸류빌리지에서 자주 마주친 어느 70대 중국 사람은 앰프에 집중해서 지금 집에 있는 것만 해도 20대가 넘는다고 했다.

2021년 05월 14일

팬데믹 3년에
친절해진 미국 사람

캐나다 추수감사절은 한국의 추석과 비슷하다. 초겨울의 미국 추수감사절(11월 네 번째 목요일)과 달리, 가을 한복판에 있는 캐나다 추수감사절(10월 둘째 주 월요일)을 맞이할 때마다 나는 늘 우리의 추석을 떠올렸다. 캐나다 사람들이 가족끼리 모여 칠면조를 함께 굽는 날이 바로 이날이다. 가족이 모이는 휴일이어서 그런지는 몰라도, 나는 언제부터인가 추수감사절 때면 늘 뉴욕에 사는 누님 댁을 찾아갔었다.

캐나다에 살러 오기 전에, 정착할 도시를 정하면서 나는 남들처럼 '밴쿠버냐, 토론토냐'를 두고 고민할 필요가 없었다. 비록 나라는 다르지만 누님네와 가장 가까운 도시에서 살고 싶었다. 자주 만나지 못한다 해도, 가까운 곳에 내 형제가 살고 있다는 사실은 참 마음 든든한 일이었다. 그것은 캐나다살이를 시작할 때 마음의 지지대가 되어 주었다. 신기한 것은 시간이 지나도 그런 느낌에 변화가 없다는 사실이다.

토론토 우리 집에서 뉴욕 누님 댁까지 거리는 800km쯤 된다. 처음에 자동차를 몰고 뉴욕으로 갈 적에는 그런 장거리 운전을 해본 적이 없어서 거리 자체를 두려워했었다. 바짝 긴장해서 몇 차례 다녀오고 난 다음 운전과 지리에 어느 정도 익숙해지면서 뉴욕을 오가는 것은 별 대수롭지 않은 일이 되어버렸다. 처음 몇 번은 자동차를 몰고 뉴욕을 한 번 다녀오면 파김치가 되곤 했다. 그러나 지금은 하루 10시간을 운전해도 별 부담이 되지 않는다. 지금 이 원고도 오늘 오전 6시 뉴욕을 출발해 오후 4시 토론토에 도착한 직후에 쓰고 있다.

뉴욕을 오가는 운전이 익숙해진 다음에는 K팝 콘서트를 보러 뉴욕에 다녀오기도 했다. 한 번은 딸과 함께 가서 매디슨스퀘어가든에서 열린 〈SM타운 라이브 월드투어〉를 즐겼고, 또 한 번은 아내와 함께 '박정현·성시경 뉴욕 콘서트'를 보러 갔었다. 두 여행 모두 거의 충동적으로 이루어진 것이었다.

뉴욕을 가면서 비행기를 타지 않는 이유는 자동차 여행이 여러모

캐나다와 미국 국경을 잇는 '피스브리지'. 캐나다로 가는 길은 한산한 반면, 미국으로 입국하려는 차량은 길게 줄을 섰다. 미국 달러의 초강세로 캐나다로 놀러 왔다 돌아가는 미국 사람들이 많아서 그런 것 같았다.

로 편리하기 때문이다. 운행 시간을 보더라도 자동차가 비행기에 비해 딱히 오래 걸리는 것은 아니다. 비행기를 타고 뉴욕에 간 적도 물론 있었으나 입국 수속과 뉴욕에서 대중교통을 이용하는 과정 등이 성가시고 시간도 많이 걸렸다. 2~3시간 정도 덜 걸린다고 해도 비행기 여행은 자동차보다 피로도가 훨씬 높았다. 게다가 애팔래치아산맥의 풍경 감상 같은 여행하는 재미만 놓고 보아도 비행기는 자동차에 비할 바가 못 된다.

추수감사절 뉴욕행은 꼭 3년 만에 이루어졌다. 코로나19 팬데믹 이후 단 한 번도 캐나다·미국 국경을 넘은 적이 없었다. 작년 캐나다 추수감사절에는 뉴욕 누님 내외가 몬트리올로 넘어왔는데, 집이 아닌 바깥에서 만나는 것만으로도 감격스러웠다.

올 추수감사절에는 뉴욕에 반드시 가야겠다는 생각이 들었다. 캐나다나 미국이나 코로나19로 인한 규제를 모두 해제한 터라 지금은 두 나라 모두 팬데믹 이전 일상으로 되돌아온 것이나 다름없기 때문이다. 캐나다는 지난 10월 1일 코로나19와 관련한 입국 규제를 풀었다. 예전처럼 국경에서 여권만 제시하면 그만이었다.

규제가 풀리면서 미국을 오가는 것이 예전과 다를 바 없게 되었으니, 추수감사절에 뉴욕에 가지 않을 이유가 없었다. 이국에서 '피붙이'를 만나 시간을 함께 보낸다는 것은 상상 이상으로 뜻깊고 달콤한 이벤트이다. 자동차를 타고 오며 가며 바람을 쐬고, 뉴욕의 한국 식당에서 맛있는 음식을 먹을 수 있다는 것도 뉴욕에 자주 가는 이유이다.

뉴욕행에서 가장 큰 난관은 역시 국경을 넘는 일이다. 절차가 까다로워서가 아니라, 여행자가 많아서 입국 심사를 하는 데 시간이 오래

걸리기 때문이다. 국경에서는 병목현상이 생겨난다. 특히 추수감사절이나 부활절 연휴, 캐나다데이 같은 연휴 때는 한국 명절의 고속도로를 방불케 한다. 줄이 길어서 자동차 안에서 꼬박 4시간을 보낸 적도 있다. 다시는 겪고 싶지 않은 악몽 같은 일이었다. 그 이후 우리 가족은 사람들이 가장 적은 경로(토론토에서 뉴욕으로 갈 수 있는 큰 경로는 4개가 있다)를 찾아 새벽에 출발하는 방식으로 그런 혼잡을 피하려고 노력했다. 명절에 고향을 찾아가는 한국의 귀성객과 비슷했다.

입국 규제가 모두 사라지면서 이번 추수감사절 연휴에도 미국으로 여행 가는 사람들이 많겠거니 싶었다. 검색하니, 뜻밖에도 동쪽 도시 킹스턴에서 넘어가는 것이 가장 수월해 보였다. 예전에는 주로 서쪽 나이아가라의 3개 경로 가운데 하나를 골라 건너갔었다. 킹스턴 쪽이 아무리 수월하다 한들 입국 심사대에서 적어도 20~30분쯤은 기다릴 줄 알았다. 막상 국경에 도착하고 보니, 우리 앞에 서 있는 자동차는 2~3대에 불과했다. 국경을 넘는 데 5분도 채 걸리지 않았다. 20년 가까이 뉴욕을 드나든 이래 가장 한산한 모습이었다.

달라진 것은 또 있었다. 미국 입국 심사관이 예전과 달랐다. 딱딱한 표정과 말투로 방문 도시와 목적, 일정 등을 묻던 예전과 달리 이번에는 의외로 부드러웠다. 캐나다 여권에 적혀 있는 한국의 내 고향 도시를 보더니 웃으며 이런 말까지 했다.

"예전에 평택에서 근무한 적이 있다. 청주는 알겠는데 상주는 모르겠다. 상주는 어디 있나?"

우리가 잠깐 주고받은 대화 내용과 말투는 거의 농담에 가까웠다.

국경 근처의 미국 사람들도 달라진 모습을 보였다. 우리 같은 외지인에게 그들은 대체로 무뚝뚝하고 때로는 불친절하기까지 했었다. 그런데 이번에는 달랐다. 오랜만에 보는 '외국 사람'이라 그런지 웃는 얼굴로 손님을 맞았다. 어느 백인 아저씨는 나를 위해 출입문을 잡아주었다. 친절하기가 마치 캐나다 사람 같았다. 예전에는 미국 '촌동네' 하면 늘 딱딱하고 불친절하다는 인상이었는데, 3년 만에 왔더니 아주 달랐다. 물론 예전이나 지금이나 이것은 결코 일반화할 수는 없는, 나 혼자만의 느낌일 뿐이다.

자동차로 하는 뉴욕 여행의 이력이 쌓이다 보니, 휴게소에서 식사를 하는 우리 가족 나름의 방법도 생겼다. 고속도로 휴게소가 한국처럼 발달해 있다면야 고민할 필요가 없겠으나 캐나다나 미국의 새로생긴 휴게소조차도 한국 사람에게는 아쉬운 것 투성이다. 게다가 그런 휴게소를 갖춘 고속도로가 많지도 않다. 그저 화장실과 음료수 자판기가 놓여 있는 간이 휴게소만 드문드문 있을 뿐이다. 사정이 이렇다 보니, 고속도로를 빠져나와 패스트푸드점을 찾거나 간식을 준비해갈 수밖에 없다. 우리 식구는 늘 뜨거운 물이 담긴 보온병과 컵라면을 들고 갔다. 때로는 준비해간 전기 주전자로 물을 끓여서 커피를 내려 마시기도 한다.

라면도 먹고 커피도 마셔가며 놀며놀며 내려가다 보면 오후 4시쯤 뉴욕 남쪽 누님 댁에 도착한다. 우리가 뉴욕에 가면 빼놓지 않는 일들이 있다. 그 첫 번째가 뉴욕의 한국 식당에 가는 일이다. 한국 식당으로 말하자면, 토론토는 뉴욕에 비하면 변방 중의 변방이다. 식당 규모도 그렇거니와 맛도 비교할 수가 없다. 우리가 갔던 한국 식당은 3년 전과 같이 이번에도 손님들이 줄을 서서 기다리고 있었다. 모르긴 해도 뉴욕의 식당은 팬데믹 이전 모습을 회복한 것 아닌가 하는 느낌이 들었다. 이튿날 맨해튼에서 들른 외국 식당과 커피숍들도 마찬가지였다.

재즈 공연도 그랬다. 뉴욕 링컨센터가 운영하는 재즈 공연장에는 일요일 오후 4시부터 입장할 수 있었다. 하루 두 차례 하는 공연 중에서 우리는 오후 5시 첫 번째 것을 택했다. 입장료를 내고 들어가서 맥주나 와인을 마시고 식사도 하며 공연을 즐길 수 있는데, 빈자리가 하나도 보이지 않았다. 전석 매진이었다. 마이크를 잡은 연주자가 객석을 향해 물었다.

"어디서 왔어요?"

청중들은 멀리서 온 것을 자랑이라도 하듯 경쟁적으로 소리를 질러댔다.

"사우스아프리카."

"폴란드."

캐나다는 명함도 내밀 수 없었다. 별 수 없이 "코리아"를 외쳤더니 연주자가 다시 물었다.

"사우스? 노스?"

이상하게도 이 질문을 듣고 사람들이 와, 하고 웃었다. '뻔히 알면서 왜 물어?'라고 하는 것 같았다.

캐나다 추수감사절인 월요일 아침 일찍 토론토를 향해 출발했다. 마침 미국도 콜럼버스데이 휴일이어서 도로가 붐비지 않았다. 올라올 때는 단풍을 구경하려고 다른 경로를 택했다. 고속도로를 타다가 국경 도시 버펄로가 가까워지면 한국의 국도 같은 2차선 도로로 이어지는 경로였다. 단풍이 아름답기는 했으나 속도에 신경 쓰느라 즐길 겨를이 없었다. 단속 경찰차들이 도처에 있었다. 숨어 있는 경찰차도 몇 대나 보았고, 경광등을 켜고 티켓을 발부하는 경찰차도 수시로 보였다. 자칫 방심했다가는 수백 달러짜리 티켓을 끊기기 십상이다. 캐나다도 그렇지만 미국에서도 연휴는 고속도로 단속 경찰한테 대목인 것 같았다.

미국 국경에 이르기까지 도로 정체는 없었다. 주유소에서 두 번 멈췄고, 간이 휴게소에서 두 번을 쉬었다. 나는 캐나다로 넘어오기 전에 반드시 면세점에 들른다. 맥주 가격이 캐나다의 절반에도 미치지 못하기 때문이다. 면세점은 한산했다. 이렇게 한가한 면세점 풍경도 처음 보았다.

면세점 바깥에서도 예전에는 보기 어려운 광경이 펼쳐졌다. 캐나다 입국 심사대로 향하는 도로는 한산한 반면, 미국으로 넘어가는 차량은

자동차에서 본 미국 북부의 단풍. 이보다 훨씬 멋진 풍경이 많았으나 제대로 즐기지 못했다. 과속을 단속하는 경찰들이 많아서 운전에 신경을 써야 했기 때문이다.

몇 *km*나 길게 줄을 서 있었다. 캐나다에서 놀다 가는 미국 사람들이다. 연휴 마지막 날 미국으로 넘어가는 차량이 그렇게 많은 것은 처음 보았다. 미국 달러가 초강세를 보이면 캐나다는 미국 사람들에게 '놀이동산'으로 변한다. 추수감사절 연휴인데도 캐나다로 돌아오는 여행자가 적은 것도 환율 탓일 가능성이 크다. 나만 해도 미국 여행 중에 자동차 가스와 면세점 맥주를 산 것 외에 쓴 돈이 거의 없었다.

코로나19 팬데믹 이후 뉴욕행 '로드 트립'을 처음 하고 보니 일상 회복에 성큼 다가섰다는 느낌이 든다. 특히 뉴욕 풍경만 놓고 보면 팬데믹은 끝난 것 같았다. 맨해튼은 그동안의 위축을 보상받기라도 하듯 활기에 넘쳤다. 지난 3년 동안 못 갔으니, 우리 가족의 뉴욕행도 앞으로는 예전보다 더 잦아질 것 같다.

2022년 10월 14일

캐나다와 미국 국경에 있는 미국 면세점. 국경을 넘기 전 캐나다 사람들이 들르는 곳인데, 연휴 마지막 날에 이렇게 한산한 모습도 처음 보았다.

캐나다 크리스마스는
'가족·파티·선물'이 필수

    토론토에 살러 오니 이곳의 12월은 한국과 여러모로 달라 보였다. 한국에서 직장생활을 하던 시절, 나는 해마다 연말이면 각종 송년 모임에 참석하느라 늘 정신없이 지냈던 것 같다. 회사에서는 부서별로 송년회를 열었고, 연말을 핑계 삼아 이런저런 사람들을 찾아서 술자리를 만들곤 했다. 12월에는 평소 보기 어려운 친구들 만나기도 좋았다. 해 넘기기 전에 얼굴 한번 보자는 말에는 모두가 잘 움직였다. 12월 한 달 동안은 그렇게 바깥으로 나돌며 술자리를 갖느라 언제나 바빴다. 1990년대 직장인으로서 그랬다는 얘기다.

    나로서는 처음 접했던 캐나다의 12월 분위기는 한국과 달랐고, 캐나다의 다른 달과 비교해도 뭔가 특별했다. 먼저 한국과 비교하자면 캐나다에서는 '크리스마스'라는 날을 다른 개념으로 받아들이는 것 같았다. 한국에서야 성탄절이 특정 종교인이 아닌 일반 사람들에게 연말과 이어지는 조금 더 특별한 '휴일'이겠으나, 이곳에서는 한국의 설이나 추석 '명절' 같은 느낌을 주는 날이다.

    12월 들어 한국의 송년회처럼 크리스마스 파티가 열리는 것은 비슷하지만, 선물 문화라든가 크리스마스를 반드시 가족과 함께 보내는 것은 특이해 보였다. 선물 없이는 '명절'을 맞이할 수 없다는 듯 이곳 사람들은 모두들 열심히 선물을 준비한다. 그것은 기독교인이나 비기독교인이나 마찬가지이다. 최근 들어 "메리 크리스마스" 못지않게 "해피 홀리데이"라는 인사말이 많이 사용되는 것을 보면, 이곳의 크리스마스도 한국처럼 종교 색채가 많이 흐릿해진 것 같기도 하다.

12월이 되면 분위기는 다른 달과 확연하게 달라진다. 한국도 그렇겠지만 관공서나 은행, 학교, 쇼핑몰 같은 공공장소에는 크리스마스 장식이 어김없이 등장한다. 일반 사람들도 크리스마스 분위기를 적극적으로 띄우는 것은 마찬가지. 11월 중순쯤 되면 우리 동네에서도 집 앞의 큰 나무나 지붕에 사다리를 걸치고 작업을 하는 사람들을 심심치 않게 볼 수 있다. 크리스마스 장식을 하는 사람들이다. 해마다 그들은 그것을 월동 준비하듯 한다. 어떤 집은 전구로 집 전체를 덮게 꾸며서 밤에 사람들이 구경을 하러 가기도 한다. 동네 분위기가 그러면 나처럼 그런 장식에 별 관심이 없던 사람들도 무심결에 따라 하게 되어 있다. 어느 해부터인가 우리 집도 문 앞에 크리스마스 리스(wreath, 화환)를 걸기 시작했다.

12월에는 다른 음악은 음악도 아니라는 듯 어디를 가든 캐럴만 들린다. 라디오도 마찬가지이다. 옷을 파는 우리 가게에서도 캐럴만 틀어놓는다. 그냥 남들이 하니 따라 하게 됐는데, 시간이 지나면서 보니 가게 분위기를 띄우는 데 캐럴만한 것도 없었다. 손님들로 하여금 크리스마스 선물을 사도록 부추기는 분위기 말이다.

크리스마스 장식이나 음악 말고도 12월이면 특별히 부각되는 것이 또 하나 있다. 빨강과 초록, 진노랑 같은 12월의 색깔들이다. 캐나다가 단풍나라인 까닭에 사람들이 빨간색을 선호하기는 하지만 12

월에 들어서면 빨간색이 유난히 눈에 많이 띈다. 빨간색이 검은색(사시사철 가장 인기 있는 색깔이다)과 같은 지위에 오르는 시기가 이즈음이다. 초록과 진노랑이 사람들의 관심을 끄는 것도 12월이 유일하다.

크리스마스와 연말 휴가가 있는 12월이 되면 아무래도 사람들 마음이 들뜨게 마련. 우리 가게에 오는 손님들을 보면 12월에 대한 기대와 설렘부터 즐긴다. 즐겨도 아주 열광적으로 즐긴다. 파티를 준비하며 물건을 사는 모습들을 보면 알 수 있다. 사람들이 기대하는 첫 번째 이벤트는 주로 12월 초·중순에 열리는 크리스마스 파티. 사람들은 어떤 식으로든 크리스마스 파티에 참여한다. 파티 문화라고는 모르고 살았던 나도 어느새 자연스럽게 파티를 즐기게 되었으니까.

파티는 그 성격도 그렇고 규모도 다양하다. 직장에서, 동호인이나 친목 모임에서, 그리고 가족끼리 하는 크고 작은 파티가 있다. 돌이켜보니, 캐나다에 건너온 해부터 나는 한 해도 거르지 않고 12월 파티에 참여해왔다. 파티의 종류도 다양했다. 규모가

우리 동네 어느 집의 크리스마스 장식.

제법 큰 학교 동창회 파티, 가까운 친구들끼리 여는 작은 파티, 그리고 가족 파티. 때로는 비즈니스와 관련한 파티에 초대받기도 했다.

처음에는 이런 파티 문화가 참 낯설었다. '파티'라고 이름 붙이고 어른들이 모여 노는 대규모 행사는 토론토에 와서 처음 경험했다. 학교 동창회에서 주최한 파티이다. 토론토에서 일반 친목 모임은 한국 식당 같은 곳에서 조촐하게 열기 마련이지만 이상하게도 내가 나온 학교의 동창회 모임은 늘 참가자가 많아서(200명 가까이 나온다) 연회장(Banquet Hall) 말고는 그 인원을 수용할 장소가 없다.

이민을 온 첫해에 동창회의 크리스마스 파티에 갔다가 나는 일종의 문화충격을 받았다. 토론토 한인들이 참여하는 송년 파티는 한국에서 내가 한 번도 접하지 못한 것이었다. 일반적인 술자리가 아니었다. 모든 것이 낯설었다. 부부동반도, 드레스코드도 그랬다. 파티복이 없으면 정장 차림이라도 해야 한다. 경조사를 제외하고 1년에 딱 한 번 넥타이를 매는 날이 바로 12월 학교 동창회의 크리스마스 파티이다. 친목 모임의 송년회이니 한국의 술자리와 비슷하리라 여기고 혼자 가거나 드레스코드를 무시했다가는 나 홀로 '뻘쭘'해지기 십상이다. 파티를 열 때마다 이런 사람들이 한두 명은 꼭 등장한다. 주로 이민 신참자들이다.

참가비 또한 적지 않다. 코로나19 때문에 최근 몇 년 동안 열리지 못했으나, 그 직전에는 1인당 100달러쯤 했다. 부부가 참석하면 만만치 않은 비용이다. 이민 첫해에 그런 부담을 무릅쓰고 그 파티에 간 까닭은 생소한 문화를 접하고 익히고 싶었기 때문이다. 그런 문화를 익혀야 사람들과 더 친해질 수 있을 것 같았다.

막상 나가보니 파티라는 용어도 낯설었지만 그 안에서 벌어지는 일들은 더 낯설었다. 테이블에 부부 네 쌍이 앉아서 식사하고 이야기를 나누는 것까지는 그리 특별할 것이 없었다. 식사 뒤에 본격적인 파티가 이어지자 나는 갑자기 이방인이 된 기분이 들었다. DJ(였는지 '밴드'였는지 기억이 분명치 않다. 첫해가 DJ였다면 이듬해는 밴드였을 것이다)가 등장해 음악(주로 한국의 댄스음악)을 내보내기 시작하자 연회장 한가운데 있는 마룻바닥 위에서 댄스파티가 벌어졌다.

경이로웠다. 30대에서 70대까지의 사람들이 함께 어울리며 춤을 추는 광경을 나는 처음 보았다. 어색해하는 사람은 나 같은 신참들뿐이었다. 사람들은 아무 거리낌 없이 분위기를 즐겼다. 파티복을 입고 춤을 추는 모습이 특히 좋아 보였다. 왜 드레스코드를 강조했는지 바로 이해할 수 있었다.

나는 춤을 추는 것이 어색하고 불편하여 플로어에 나갈 엄두를 내지 못했다. 그 문화에 젖어들어야 비싼 돈을 내고 참가한 보람이 있을 터인데, 그래야 사람들과 좀 더 친해질 수 있을 터인데, 좀체 그러기가 어려울 것 같다는 생각이 들었다. 그것은 기우였다. 여러 해 접하다 보니, 어색함이 사라지고 나도 어느새 자연스럽게 동화되었다. 플로어에 나가 춤을 추는 것도 즐길 수 있고, 연로한 선배님들과 라인댄스를 추며 어울리는 것도 퍽 재미있었다.

파티만큼은 아니지만 이곳의 12월 문화 가운데 생소하고 놀라운 것은 또 있었다. 바로 선물 문화이다. 선물을 주고받는 문화가 한국과 많이 달랐다. 사람들은 12월만 다가오면 말 그대로 '미친 듯이' 선물을 준비한다. 우리 가게의 12월이 연중 최고의 대목이 되는 것도 사람들이 선물을 사기 때문이다. 우리 가게에는 12월 중에서도 24일 오후에 손님이 가장 많이 몰린다. 선물을 미처 준비하지 못한 사람들이 이른바 '라스트 미닛 쇼핑'을 하러 헐레벌떡 뛰어오기 때문이다.

이민을 온 첫해, 아이의 학교 담임 선생님에게 선물을 해야 한다는 이야기를 주변 사람들에게 전해 들었다. 선생님에게 주는 선물을 다소 예민하게 여기는 분위기에서 살다 온 한국 이민자로서는 고민을 하게 마련이다. 사람들은 쉽고 간단하게 말했다.

"20달러 정도 하는 선물을 사면 돼."

선물을 준비하고 감사 카드를 써서 아이를 통해 보내면 선생님은 감사 카드를 아이를 통해 보내왔다. 어려운 일이 아니었다.

돌이켜보니, 이곳의 이런 선물 문화에도 나도 모르는 사이에 동화한 느낌이 든다. 12월에 모임을 갖게 되면 서로 작은 선물을 주고받는 것이 자연스러운 일이 되었다. 평소 존경하고 따르는 어른들께 감사 카드와 선물을 준비해 인사를 드리는 것도 바로 12월 크리스마스 직전이다.

우리 가족들끼리도 어느 해부터인가 선물을 주고받기 시작했다. 산타클로스의 실체를 알고 난 다음에는 아이들에게 우리가 선물을 그냥 사주었으나, 아이들이 크면서부터 가족들이 서로에게 주는 선물을 마련해 크리스마스트리 아래에 놓기 시작했다. 가족 중에 누가 하자고 한 것도 아닌데 크리스마스 선물들이 그렇게 놓였고 12월 24일 밤 가족이 그 앞에 모여 함께 풀어본다. 연중 가장 귀하고 행복한 시간이다. 이런 특별한 가족 이벤트 때문에 12월 24일 밤에는 가족 외의 다른 사람을 만나지 않는다.

캐나다의 12월이 또 특이한 것은 12월 25일 성탄절에 분위기가 절정에 이른 뒤 연말 분위기가 푹 가라앉는다는 사실이다. 직장인 대부분은 연말까지 휴가에 들어가고 학교는 짧은 방학을 맞는다. 우리 같은 자영업자들은 12월 24일이면 한 해 장사가 끝났다고 여긴다. 가게를 열기는 해도 1월 1일까지는 개점휴업이나 마찬가지이다(미국의 블랙프라이데이와 비슷한 12월 26일 캐나다 박싱데이에는 대형 쇼핑몰만 붐빈다. 요즘은 캐나다에서도 블랙프라이데이가 박싱데이보다 점점 더 비중이 커지는 추세이다).

2021년 12월만 해도 오미크론 변이가 등장해 크리스마스 시즌이 꽁꽁 얼어붙었었다. 지금도 다시금 코로나19가 기승이고 어린이 열감기 환자가 급증해 병원이 비상이기는 하지만 그래도 올해는 '캐나다의 12월'이 되살아난 느낌이 든다. 12월 초부터 선물을 준비하는 가게 손님이 많아졌고 "파티에 간다"며 자랑하는 손님도 여럿 보았다. 아직 완벽하지는 않지만 일상이 회복된 것처럼, 토론토의 12월도 그런대로 되돌아왔다.

2022년 12월 09일

담배 끊은 건
뉴욕 화가들 덕분

　내가 담배를 끊기로 결심할 수 있었던 것은 1997년 뉴욕에서 만난 한국인 화가들 덕분이었다. 그때까지만 해도 예술가라고 하면 규칙적인 생활과 거리가 좀 멀고, 술과 담배를 가까이 하는 사람들인 줄 알았다. 예술가적 기질 때문에 다소 이상한 행동을 하거나 객기를 부려도 좋은 예술을 위해 그런 것이려니 생각하기도 했었다.

　그런데 뉴욕에서 만난 몇몇 잘 나가는 화가들은 나의 그런 통념을 보기 좋게 깨버렸다. 그들은 당시 뉴욕 화랑가인 소호와 첼시의 갤러리에 소속되거나 소속되기 직전에 있던 일류들이었다. 뉴욕 일류면 세계 일류라고 해도 무방하다. 뉴욕은 전 세계에서 예술가들이 몰려들어 경쟁을 하는 세계 예술의 수도라고 보면 된다.

　내가 만났던 화가들은 마치 회사원처럼 일을 했다. 어떤 사람은 주 5일 동안 오전 9시부터 5시까지만 작업했다. 말 그대로 '나인 투 파이브'였다. 일반 회사원과 다를 바 없었다. 평소에는 술을 마시지 않았고 주말에나 어쩌다가 술자리에서 어울리는 정도였다. 담배는 끊었다고 했다.

　작업실에서 먹고 자고 했으나 아침이면 출근을 하듯이 깨끗하게 면도를 하고 옷과 신발도 갈아신었다. 그리고 작업을 시작했다. 다른 점이라면 스튜디오 바깥으로 나가지 않는다는 것뿐이었다.

궁금해서 그러는 이유를 물었더니 뉴욕에서 살아남으려면 그렇게 할 수밖에 없다고 했다. 작업 효율을 높이는 가장 좋은 방법은 일반 직장인처럼 출근해서 정해진 시간 안에 집중적으로 작업하는 것이라는 결론을 얻었노라고 했다. 담배를 끊은 이유는 단순했다. 몸에 좋지 않기 때문이다. 몸이 안 좋으면 정신 건강이 나빠지고, 정신이 흐려지면 당연히 작업에 지장을 받게 마련이다.

화가로서 살아남으려면 작업에 방해되는 모든 요소들을 제거해야 한다고 했다. 언제부터 뭘 보고 그랬는지 모르겠으나 자기 몸을 자학에 가깝게 함부로 굴려야 좋은 작품이 나올 거라 은연중에 믿었던 나는, 뉴욕 화가들의 저런 모습을 보고 적잖게 놀랐다. 기자가 담배 없이 기사 쓴다는 것을 상상도 할 수 없던 시절이었다. 저녁이면 주중에도 술을 마시는 날이 많았다. 나는 예술가들이 기자보다 더 할 줄 알았다.

뉴욕에서 '문화충격'을 받고 나도 그들을 따라해보았다. 담배를 끊겠다는 생각을 한 번도 한 적이 없으니, 그냥 시험 삼아 해보았다. 금단 증상으로 몹시 괴롭기는 했으나 사탕과 물을 먹어가며 버틸 만했다. 그렇게 버티면서 보니, 글쓰기와 담배는 아무런 관련이 없었다. 그저 습관에 불과했다. 담배 없이도 기사를 쓸 수 있었고 기사의 질이 나빠진 것도 아니었다. 몸이 덜 힘들어서 오히려 좋았다. 나는 시험 삼아 해보다가 담배를 얼떨결에 끊었다. 담배 끊은 사람들은 곧잘 이런 말을 한다.

"내 인생에서 가장 잘한 일 가운데 하나가 담배 끊은 것이다."

그 이후, 나는 예술가니까 방만한 생활을 한다, 어쩐다 하는 말을 잘 믿지 않는다. 예술가들 중에 술 담배를 안하는 것을 넘어 회사원처럼 매일 규칙적으로 일하는 사람들도 많다. 모범적인 생활인으로 반듯하게 살면서도 좋은 작품을 생산하는 일류 작가가 많았다. 물론 그들은 매너도 좋다.

나는 아무리 훌륭한 예술이라 해도 사람보다 더 소중한 것은 없다고 생각한다. 예술을 한다는 이유로 바로 그 사람을 괴롭히고 희생시켜가며 얻는 성취가 무슨 의미가 있겠나 싶다. 예술이 주변 사람들에게 평생 씻을 수 없는 상처를 안겨주면서 나올 수밖에 없는 거라면, 나는 그런 예술은 더이상 즐기고 싶지 않다. 물론 다른 사람들이 좋아하는 취향이야 존중하겠지만.

2018년 02월 08일

캐나다 주택 오래 살면
맥가이버가 된다

언젠가 아내와 이런 이야기를 나눈 적이 있다.

"서울에는 있으나 토론토에는 없는 것 중에서 가장 아쉬운 것은?"

아내는 '이마트' 같은 종합쇼핑센터라고 했다. 토론토에도 대형 쇼핑몰과 식품점, 한국식품점이 있지만 서울에서 누리던 '종합적인 편의성'에 비할 바가 못 된다.

나 또한 한 가지를 쉽게 꼽을 수 있었다. 서울 살 적에 경험했던 아파트 '영선반'의 서비스이다. 우리 아파트 관리사무소의 영선반은 여러모로 놀라웠다. 사소한 문제라도 연락만 하면 금방 와주었다. 한나절을 넘긴 적이 없었던 것 같다. 직원들은 손재주가 좋았다. 빨리 고치고 수리비도 거의 받지 않았던 것으로 기억한다. 나는 그들을 볼 때마다 '맥가이버'(1980년대 미국 드라마 주인공)를 떠올렸다.

내 집 마련을 한다고 하면 서울에서는 아파트를 먼저 떠올리지만, 토론토에서는 주로 '주택'을 의미한다. 물론 이곳에도 아파트(개인이 소유한 아파트를 '콘도'라고 부른다)가 있으나 특별한 이유가 없는 한 내 집을 마련하려는 사람 대다수는 주택을 선택한다. 집값 상승률만 따져도 주택이 콘도에 비해 여러모로 유리하다.

서울에서 집을 처음 살 적에 아파트를 선택한 것처럼, 나도 토론토에서는 별 고민 없이 주택을 구입했다. 그런데 내가 주인이 되어 주택에 처음 살고 보니, 예상치 못한 문제들이 곳곳에 도사리고 있었다. 서울의 아파트에서 영선반 서비스를 받고 살던 나에게는 크고 복잡하고 골치 아픈 것들이었다. 더 큰 문제는 주택에 사는 한 그런 일들이 끊임없이 발생하고, 꼭 해야 할 일들도 많다는 사실이다. 이를테면 이런 것들이다.

얼마 전에 나는 열흘에 걸쳐 지하 화장실의 막힌 하수구와 말 그대로 씨름을 했다. 화장실 변기의 물을 내리면 바로 옆에 있는 배수구를 통해 오물이 역류해 올라왔다. 변기 물은 잘 빠지니 변기 고장은 아니었다. 하수구 관이 막혔다고 생각할 수밖에 없었다. 부엌 싱크대나 화장실 세면대에서 물이 잘 내려가지 않을 경우 자주 사용하는 방법이 있다. 베이킹파우더와 식초를 섞어 만든 거품을 들이붓고, 이어서 뜨거운 물을 쏟아부으면 잘 뚫린다.

이번에도 그렇게 했더니 처음에는 뚫린 듯하다가 다음날이면 똑같은 문제가 반복되었다. 토론토에서 내가 속한 '지인 카톡방'에서 조언을 구했다. 어느 친구가 "드레인스네이크를 살살 돌려서 넣어보라"고 했다. 드레인스네이크? 나로서는 이름조차 생소한 도구였다. 하수구의 막힌 곳을 뚫는 뱀처럼 생긴 긴 스프링 줄이다.

친구에게 그것을 빌려서 '드레인스네이킹'을 했다. 몇 시간 동안 작업했으나 유튜브에서 본 것과는 달리 스프링 줄에 딸려 나오는 것이 없었다. 관이 막혔다는 느낌도 들지 않았다. 그런데도 문제는 해결되지 않았다.

한국에서라면 영선반이나 전문가를 불러 신속하게 해결했을 문제를 열흘씩이나 붙들고 끙끙거린 이유가 있다. 사람을 부르면 일단 비용이 많이 들기 때문이다. 문제 해결이 아니라 진단하는 것만으로 적잖은 비용을 지불해야 하는 경우도 있다. 겁나는 것은 비용뿐만이 아니다. 사람을 잘못 만나면 돈만 들고 문제는 해결하지 못하는 불상사가 생겨날 수도 있다. 토론토 이민자라면 이런 유의 문제로 한두 번씩은 마음고생을 했을 것이다.

결국 내 손으로 해결할 수가 없으니, 이번에는 전문가를 수소문해야 했다. 평판이 중요하고, 누구의 소개를 받았다는 '레퍼런스'도 꼭 필요하다. 두 가지가 충족되면 마음고생 확률은 크게 줄어든다. 지인 한 사람이 말했다.

"어떤 회사에 의뢰했다가 낭패를 당한 적이 있다. 돈을 많이 들였는데, 1년 만에 같은 문제가 또 생겨났다."

그이는 다시 만난 다른 전문가 연락처를 주었다. "나한테 소개받았다고 하라"는 말도 덧붙였다.

연락했더니 전문가는 사흘 뒤에나 올 수 있다고 했다. 그 정도면 빠른 편이다. 약속한 날짜에 건장한 백인 청년이 왔다. 전문가는 전문가였다. 그는 내가 예상치도 못한 곳에서 문제를 발견하고 30분 만에 작업을 끝냈다. 일 처리 하나만큼은 서울의 영선반 같았다. 비용은 350캐나다달러(약 36만3000원)였다. 비용도 비교적 적게 들었지만 그보다 문제를 단번에 말끔하게 해결할 수 있어서 만족스러웠다.

토론토의 주택에 살다 보면 서울 아파트에서는 상상도 못했던 문제에 맞닥뜨리는 경우가 꽤 많다. 사람을 부르기가 여러모로 어려우니, 집주인이라면 누구나 맥가이버 흉내라도 내게 되어 있다. 물론 수리뿐만 아니라 집을 꾸미고 관리하는 재주꾼들도 더러 있기는 하다(창고 같은 지하실을 직접 생활공간으로 만들고 뒷마당에 덱과 수영장을 만든 사람도 보았다). 그러나 나 같은 평범한 사람들은 문제를 해결하는 것만으로도 벅차다.

16년 넘게 주택에 사는 동안 시행착오를 통해 배우고 익혀가며 내가 직접 해결한 일도 적지 않다. 화장실 변기 고장쯤은 이제 문제 축에도 끼지 못한다. 몇 년 전에는 지붕 위에 올라간 적도 있다. 지붕에 구멍이 뚫려 집안으로 빗물이 떨어져 내렸다. 한국 돈으로 500만 원쯤 들여 지붕을 교체한 지 채 몇 년이 지나지 않아서 벌어진 일이었다. 지붕 공사를 했던 업자를 불렀더니 "라쿤이 지붕을 뜯어내는 바람에 생긴 문제여서 우리 책임이 아니다"라고 했다. 별수 없이 그에게 수리를 맡겼다. 또 300달러가 들었다. 그것도 저렴하게 해준 것이라며 생색을 냈다.

6개월쯤 지나서 같은 문제가 또 생겨났다. 지난번에 업자가 수리하는 것을 눈여겨본 터라 나도 할 수 있을 것 같았다. 일단 라쿤이 지붕으로 올라가는 길부터 차단했다. 사다리를 대고 높이 올라가 지붕 곁에 있는 나뭇가지를 모두 잘라냈다. 그러고는 지붕을 때우는 재료를 사다가 라쿤이 뜯어낸 곳을 찾아 봉합했다. 들인 비용이라고는 재료비 30달러가 전부였다. 지난번 업자에게 지불했던 것의 딱 10분의 1이었다. 처음 지붕에 올라갈 때는 다리가 후들거리고 현기증이 나는 것 같았다. 이후에는 지붕 상태도 살피고 홈통에 쌓인 낙엽을 걷어내느라 1년에 한두 번씩은 지붕에 올라간다. 지붕 올라가는 일도 이제는 요령이 생겨서 제법 익숙해졌다.

이런 문제를 해결하는 것 말고도, 나 같은 사람이 주택에 살면서 겪는 괴로움은 부지기수이다. 어릴 적부터 집수리와 관리하는 방법을 아버지한테서 배우며 자랐거나 이런 일을 취미로 여기는 사람들이야 괜찮겠지만, 두 가지 모두에 해당하지 않는 나로서는 주택을 관리하며 사는 일이 고역에 가깝다.

재작년에는 이런 일도 있었다. 뒷마당 나무들이 크게 자라는 바람에 문제가 생겨났다. 무엇보다 가을이면 낙엽이 너무 많았다. 나무뿌리가 하수도를 뚫을 수도 있다고 했다. 나무들이 더 자라기 전에 잘라내야 했다(지름이 30cm가 넘으면 자를 때 시청의 허가를 받아야 한다). 사람을 부르면 감당하기 어려운 큰돈이 들었다. 톱질이라고는 모르고 살던 내가 전동 톱을 구입하고 뒷마당의 나무를 두 그루만 남기고 모두 잘랐다. 잘라낸 나무는 모두 여섯 그루였다. 마침 토론토는 코로나19로 인해 록다운 중이어서 시간이 많았다.

토론토의 주택에 살기 시작하면서 나로서는 처음으로 했던 일은 이 밖에도 많다. 물이 새는 난방기를 내 손으로 수리했고 고장 난 환풍기도 여럿 교체했다. 그래도 이런 일은 어쩌다 생겨나는 작은 일에 속한다. 주택에 살면서 하지 않으면 안 되는, 더 괴로운 일은 따로 있다. 물론 정원 가꾸기를 좋아하는 사람들에게는 취미활동이나 놀이가 될 수 있겠으나, 봄부터 가을까지 앞뒤 마당 잔디를 관리하는 일은 나 같은 사람에게 노동에 속한다. 1년에 두세 차례 비료를 뿌려야 하고, 물도 자주 줘야 한다. 잔디가 자라면 사람 이발하듯이 정기적으로 깎아줘야 한다. 민들레나 토끼풀 같은 질긴 잡초는 눈에 보이는 대로 뽑아야 한다. 두어 달만 관리하지 않으면 잔디 마당은 말 그대로 쑥대밭이 되어버린다. 이쯤 되면 이웃의 눈총을 받기 십상이다. 눈총을 넘어서면 시청에 민원을 넣는 일이 생겨날 수도 있다.

늦가을이 되면 가장 어렵고 힘겨운 일이 기다리고 있다. 낙엽을 치우는 일이다. 눈이 오기 전에 낙엽을 쓸어 대형 종이봉투에 담아 버리는 일을 적어도 두 번 이상은 해야 한다. 낙엽을 치우고, 자동차 타이어를 겨울용으로 바꾸는 것은 토론토살이를 하면서 반드시 해야 하는 월동준비이다. 월동준비를 단단히 한다고 해서 겨울이 아무 일 없이 넘어가는 것도 아니다. 토론토는 겨울이 길고 눈이 많이 온다. 마당에 쌓인 눈을 자주 치워야 하는데, 이 또한 중노동이다. 눈 치우는 일은 낙엽 치우기와 더불어 가장 고되고 힘든 일에 속한다. 눈과 낙엽을 치우는 일만큼은 온 가족이 달라붙어야 한다. 혼자 했다가는 앓아눕기 십상이다. 돈을 들여 업자에게 맡기는 경우도 있으나, 힘이 빠진 다음에야 생각해볼 일이다.

늦가을 마당에 쌓인 낙엽들. 눈이 내리기 전에 두 번 이상은 치워야 한다.

주택에 직접 살아보기 전에는 주택에 사는 삶이 참 근사해 보였다. 여름이면 뒷마당에서 고기를 굽고 맥주잔을 기울이는 것이 가장 부러운 풍경이었다. 주택에 살기 전에는 누구나 한 번쯤 그런 꿈을 꾸게 마련이다.

그런데 막상 주택에 살아보니, 괴로운 일이 한두 가지가 아니다. 주택에서 해야 할 일들이 힘에 부치기 시작하면 콘도로 이사를 하는 사람도 많다. 사정이 이러하니, 토론토에 살면서 서울 아파트의 영선반이 가장 아쉽다는 말이 자연스럽게 나올 수밖에 없다. 이런 서비스로 말하자면, 서울은 토론토에 비해 천국이다. 그런 신속·저렴·정확한 서비스가 여전히 살아 있다면 말이다. 캐나다살이는 나 같은 한국 남자를 억지춘향 맥가이버로 만든다.

2022년 11월 11일

김장할 때
무 썰기를 자청한 내력

　김장철이다. 이상하게도 우리 집에서 김장만 하려고 하면 날이 갑자기 추워진다. 11월 들어서도 영상 7~8도를 유지하던 토론토 기온이 중순에 접어든 오늘 밤에는 영하 9도까지 떨어진다고 한다.

　게다가 눈 소식까지 들린다.

　이번 주에 김장을 하기로 하고 월요일 한국식품점에 절인 배추 두 박스를 주문했다. 그것을 금요일에 찾아 한 번 더 씻어서 양념을 넣게 되는데, 일정을 맞추려면 월요일부터 준비에 들어가야 한다.

　목요일인 오늘 내가 할 일은 무 썰기. 벌써 십수 년째 내가 맡아서 해온 일이라 손에 익은 줄 알았더니 해마다 느끼는 것이지만 쉬운 일이 아니다. 숫돌에 칼이 닳도록 갈아도 마찬가지.

　캐나다에 살러 와서 다른 건 잘 못 해도 김장은 거르지 않았다. 눈 와서 얼어붙기 전에 낙엽 치우고, 자동차에 겨울 타이어를 끼우고 김장김치를 냉장고에 채워넣어야 비로소 월동준비를 마친 느낌이 든다. 힘들면 김장김치는 빼먹을 법도 한데 거의 한 해도 거르지 않았다.

　김치를 많이 먹는 것도 아니고 김치 없으면 밥을 못 먹을 정도도 아닌데, 어느새 그게 관습 혹은 습관이 되어버렸다. 한국에 살 적에는

어머니나 장모님이 만들어놓으시면 가져다 먹었다. 우리 손으로 김
장을 하지는 않았었다.

김장을 하면서 내가 맡은 부분은 주문한 배추를 찾아오고 무 썰기
정도이다. 썰기 중에서도 가장 중요한 것이 무 채 썰기와 깍둑 썰기.

썰기는 처음부터 내가 자원했다. 캐나다에 살러 와서 처음으로 했
던 일이 샌드위치숍의 주방 뒷일이었다. 뒷일 가운데 중요한 것 하나
가 까고 벗기고 썰고 하는 것이었다. 양파 당근 감자 무를 그렇게 했
다. 오후 2시부터 2시간 동안은 날이면 날마다 그 일만 했다. 그 일을
6개월 정도 하고 나니 썰기에는 일가견이 생겼다.

물론 안 보고도 일정하게 썰 수 있는 수준에는 미치지 못하지만
'피를 봐가며' 배운 기술인 만큼 웬만한 사람보다는 잘 썬다.

썰기를 비롯해 주방일을 하는 데 거부감이 없을 뿐만 아니라 썰 때
나는 사각사각하는 소리에 쾌감까지 갖게 되었으니 썰기를 즐기는
정도에 이르렀다. 손목 스냅을 이용할 줄도 안다.

수요일에는 양파와 파를 까고 정리해 모두 썰었다. 목요일에는 무
반 박스를 채 썰기와 깍둑 썰기로 정리했다. 금요일에는 갓을 마지막
으로 썬다.

이번 주말이면 김장김치에 푹 삶은 돼지고기를 싸서 먹을 수 있다.
술은 소주가 비싸니(한국보다 5배 이상) 차가운 맥주로 대신한다.

2017년 11월 10일

한국 환자가 캐나다 의사
치료해준 이야기

10여 년 전부터 자주 만나온 두 의사가 있다. 평소라면 1년에 한 번씩 정기 검진을 받으려고 페밀리닥터(가정의)를 만나는 것이 전부이지만, 당시에는 간 수치가 높다고 하여 두 의사를 만나면서 몇 년 동안 집중적으로 '관리'를 했었다.

그때 3~4개월에 한 번씩 보던 닥터 유는 가정의였다. 다른 한 사람인 닥터 티엔은 정기적으로 만나던 닥터 유가 나를 '트랜스퍼'했던 전문의. 처음에는 닥터 티엔을 3개월 한 번씩, 6개월에 한 번씩 만나다가 '정상'을 되찾으면서 이후에는 1년에 한 번씩 만나 검진을 받고 있다.

두 의사 모두 친절하고 사소한 것까지 자세하게 이야기를 해주니 만나러 갈 때마다 기분이 좋다. 지금 이야기하려는 것은 그들이 환자를 어떤 태도로 대하느냐 하는 것이 아니라, 그들의 체중 줄이기에 관한 것이다. 나는 그들 덕분에 건강을 되찾았지만 그들 또한 나를 만나서 건강해졌다.

내가 그들을 처음 만날 즈음 40대 중반인 두 사람은 몸이 비대했다. 한눈에 봐도 건강해 보이지 않았다. 얼굴은 늘 피곤에 절어 있었다. 과체중의 원인은 피로와 스트레스인 것 같았다. 저렇게 피곤해 보이는 사람들이 어떻게 늘 웃는 얼굴로 환자들을 대하는지 신기할 정도였다.

닥터 티엔을 처음 만났을 때 그는 나에 관한 자료를 보더니 나더러 몸무게 3kg을 줄이고, 3개월 후에 보자고 했다. 간 수치가 높으니 일단 몸무게부터 줄여보자고 했다. 나는 겁이 많이 나서 5kg을 빼고 갔다. 그랬더니 그는 "수치가 많이 떨어졌다"면서 3개월 후에 다시 보자고 했다. 물론 의사를 만나기 전에는 늘 피검사를 했다.

다시 5kg을 줄이고 갔다. 그는 내 몸과 얼굴을 보더니 조금 놀라는 눈치였다. "간 수치가 정상에 근접했다"면서 다시 3개월 후에 보자고 했다. 살을 빼라는 얘기는 하지 않았으나 나는 다시 5kg을 빼고 갔다. 그만큼 나도 과체중이었다.

닥터 티엔은 수치가 정상이 되었으니 6개월 후에 만나자고 했다. 그리고는 내게 물었다.

"살 어떻게 뺐어요?"

나는 음식 조절이며 운동에 대해 자세하게 이야기해 주었다.

1년 후 정기검진을 하러갔더니 닥터 유도 놀라워 했다.

"어디 아픈 거 아니지요?"

닥터 티엔이 살 빼라고 해서 뺐다고 했더니 그는 다시 물었다.

"어떻게 뺐는데요?"

나는 닥터 유에게도 그들이 나에게 해준 만큼 친절하고 자세하게 이야기해 주었다.

그로부터 다시 1년 후 닥터 유를 오랜만에 보러 갔더니 몸매가 호리호리했다. 이런 건 꼭 물어봐 줘야 예의다. 그는 지난 1년 동안 자기가 어떻게 살았는지 신나게 이야기했다. 다른 환자가 기다리는데도 이야기를 멈출 생각을 안했다. 다른 환자가 우리 가족이어서 그랬을지도 모르겠다.

내가 뛴다는 이야기를 듣고 닥터 유도 달리기를 시작했다고 했다. 1년 만에 그는 마라토너가 되어 있었다. 풀코스를 벌써 두 번이나 뛰었다. 토요일 하루만 쉬고 매일 거리를 조정해가며 뛴다. 일요일에는 새벽 3시에 일어나 3시간을 달린다고 했다. 이쯤 되면 달리기에 중독되었다고 해도 무방하다. 건강한 중독이다. 그 또한 스스로를 미쳤다고 생각하지만 재미가 있어서 끊을 수가 없다고 했다.

1년 만에 만난 닥터 티엔도 몸과 얼굴이 반쪽이 되어 있었다. 건강해 보였다. 그도 "열심히 뛰고 있다"고 했다. 내 뒤로 환자가 여럿 밀려 있어서 자세히 물어보지는 못했다.

그러니까, 두 의사가 높은 간 수치를 발견하고 나를 치료해 주었다면 환자인 나는 두 의사의 비만이라는 '병'을 치료해 준 셈이다.

다른 점이라면, 나는 여전히 동네만 뱅뱅 돌고 있는 반면 그들(닥터 티엔도 틀림없이 그럴 것이다)은 마라토너가 되었다는 사실.

2022년 11월 04일

대중문화 이야기

멀쩡한 모국 LP 보면
왜 마음이 짠해질까?

토론토에서 거리를 지나가다가 눈에 띄면 그냥 지나치지 못하는 곳들이 있다. 개라지세일이나 고물(혹은 앤틱)을 파는 가게들이다. 토론토 차이나타운에 갔다가 새로 문을 연 LP가게를 발견했다. 일단 들어가서 그냥 물어보았다.

"한국 거 있어요?"

주인은 나를 안쪽으로 데려갔다. 한국 중국 일본 음반이 꽂혀 있는 곳이었다. 혹시나 하고 넘기며 찾았더니 30여 장 중에서 절반은 중국, 절반은 일본 음반이다. 맨 뒤에 한국 음반이 딱 한 장 있었는데 놀랍게도 〈동백아가씨〉 영화 주제가'이다. 나는 노래로만 알고 있었다. 그 자리에서 검색해보니 1964년에 개봉된 신성일 엄앵란이 주인공으로 나온 영화였다. 가수 이미자가 부른 영화 주제가 〈동백아가씨〉는 자신의 대표곡이다. 이미자의 대표곡이니 한국 트로트 대표곡이라 해도 무방하겠다.

이미자의 〈동백아가씨〉는 박정희 시대에 금지곡이 된 적이 있었다. 표면적으로는 '왜색' 때문이라고 알려져 있으나 '한일국교정상화'와 관련한 배경이 있었다고들 했다. 전국민의 애창곡인데다 금지를 시킨 박정희도 즐겨불렀다고 한다.

토론토 차이나타운에 있는 LP가게(맨 아래)에서 구입한 <동백아가씨> 음반.

가수 이미자가 이야기하는 것을 직접 들은 적이 있다. 월남전 위문 공연을 갔는데 장병들이 〈동백아가씨〉를 불러달라고 요청했다. 노래를 하지 않으면 무대에서 내려오기가 불가능할 정도로 요청이 뜨거웠다. 이미자는 목숨을 걸고 전쟁터에서 싸우는 사람들이 요청하는 건데 금지곡이 대수냐 하는 마음으로 불렀다고 했다. 무대에 선 이미자도 울면서 부르고, 무대 아래의 장병들도 박수를 치며 함께 울면서 불렀다는 바로 그 노래가 〈동백아가씨〉이다.

서울도 아닌 토론토에서 이 음반을 발견했다면 어떤 가격을 치르더라도 환호성을 지르며 바로 집어와야 마땅하다. 그런데도 나는 음반 자체뿐만 아니라 재킷마저 멀쩡한 〈동백아가씨〉를 몇 번이나 들었다 놨다 하다가 그냥 두고 나왔다. 예전에 서울 황학동에서 구한 똑같은 판이 집에 있었기 때문이다. 게다가 그 음반은 토론토에 공연을 왔던 이미자씨에게 사인까지 받아놓은 귀한 것이었다.

집에 와서도 차이나타운에서 본 음반 생각이 자꾸 났다. 한 장을 이미 가지고 있다 해도 이 귀한 음반을 그냥 두기가 너무 아까웠다. 다음날 바로 찾아갔다. 차이나타운에 새로 문을 연 LP가게를 아는 한국 사람은 드물지 싶어서, 또한 LP를 모으는 한국 사람도 보지 못해서 서울에서처럼 하루 만에 사라질 일은 없을 것 같았다. 예상대로 어제 있던 바로 그 자리에 〈동백아가씨〉는 있었다.

가격으로 15달러가 붙어 있었다. 당시 한국돈으로 1만5천 원쯤이었다. 한국에서라면 수십만 원은 될 터인데, 〈동백아가씨〉의 가치를 몰라보는 것이 틀림없었다. 돈을 다 주고 나올까 하다가 흥정을 해보았다.

"얼마에 줄래?"

"12달러."

"10달러."

"딜."

만 원밖에 안 되는 돈이다.

〈동백아가씨〉〈황포돛대〉〈서울 가시나〉 등 11곡을 수록한 음반이다. 가수도 이미자 손인호 한명숙 현미 최무룡 이상만 등으로 다양하다. 젊은 이미자의 목소리는 싱싱하다. 이 음반은 누가 언제 샀으며, 어떤 연유로 태평양을 건넜고, 또 차이나타운 고물 음반가게에까지 흘러들어왔을까.

외국에 살러 오면서 모국 음악을 듣겠다며 들고 나왔겠으나, 제대로 듣지를 못해서(살기에 바빠 들을 시간이 없어서) 음반 상태가 깨끗한 것이 아닌가 하는 상상을 하게 된다. 오래된 LP음반이 으레 그렇듯이 많이 긁히고 먼지가 쌓여 있었다면 짠한 마음이 덜 했을 것이다. 주인은 연로해서 요양원에 들어갔거나 작고해서, 〈동백아가씨〉를 모르는 자식들이 버렸을 가능성이 높다. 나는 오래된 물건(혹은 고물)을 접할 때마다 이런 생각을 하곤 한다. 오래된 물건에 관심을 갖는 이유는 바로 상상하는 이런 재미를 얻을 수 있기 때문이다.

〈동백아가씨〉 음반 정도면 토론토에서 발견한 '보물'이나 다름없다. 대학시절 부석사에 다녀오는 여행 중에 경북 영주에서 김민기 음반을 발견했을 때도 비슷한 기분이었다. 물론 나도 김민기 음반을 캐나다에까지 가지고 왔다.

2017년 11월 05일

캐나다에서 실감한
K컬처의 초압축 성장

2002년 5월 내가 캐나다로 살러 간다는 말을 전해들은 어느 지인이 연락을 해왔다. "토론토에 동생이 살고 있는데, 만나보면 도움이될 것"이라며 내 손에 무엇을 들려주었다. 한국 영화가 담긴 비디오테이프 3개였다. 동생이 늘 바쁘다고 하니, 물건을 전한다는 핑계를대며 한번 만나보라고 했다. 토론토에 아는 사람이 거의 없던 터라 나로서는 반갑고 고마운 일이었다. 토론토에 도착하자마자 전화를 했더니 지인의 동생 부부가 우리 동네까지 차를 몰고 왔다.

나는 궁금한 것들을 물었고 그이도 내게 질문을 했다.

"서울에서 기자로 일했다고 들었다. 여기서는 어떻게 살 계획을 가지고 있나?"

나는 막연하게 생각하던 바를 그대로 이야기했다.

"일단 다운타운에 있는 커피숍이나 샌드위치숍에 가서 헬퍼(한국식으로 말하자면 최저 시급 '알바')로 일하며 분위기부터 익히고 싶다."

그이는 한마디로 잘라 말했다.

"이민생활을 그렇게 시작한다면 걱정 안 해도 되겠다. 금방 자리잡을 수 있다."

나에게는 큰 힘이 되는 말이었다. 토론토의 유명 쇼핑몰에서 자기

가게를 성공적으로 운영하는 사람이 하는 말이니 당연히 그랬다. "자리 잡을 수 있겠다"는 그이의 말은 4년 후에 실현되었다. 그의 말이 맞아떨어진 것이 퍽 신기했다. 그 이후 한국 영화나 드라마 비디오테이프가 눈에 띌 때마다 반가웠다. 다름 아닌 비디오테이프를 전하는 심부름 덕분에 나로서는 초기 이민자로서의 불안감을 다소 덜 수 있었기 때문이다.

비디오테이프를 접하면 반갑기는 했어도, 선뜻 보게 되지는 않았다. 당시만 해도 한국식품점에 가면 한국 방송을 녹화한 비디오테이프를 빌릴 수 있었고, DVD가 나온 데 이어 한국 드라마를 늦게나마 방영하는 채널도 생겨났으나 일부러 멀리할 수밖에 없었다. 초기 이민자라면 누구나 그랬다. 한국 방송을 보면 볼수록 캐나다 적응이 그만큼 늦어질 것이라고 생각했다. 초기 몇 년 동안은 오로지 캐나다 방송만 봤다. 스포츠 채널 외에는 한결같이 밋밋하고 재미가 없었다.

주말 아침이면 한국 주말 드라마를 보면서 늘 이렇게 아침을 먹는다. 한국 대중문화 즐기기로 말하자면, 나 같은 한국 이민자는 지금 전례 없는 복을 누리는 중이다.

어느 때부터인가 둑이 무너지는 느낌이 들었다. 그 시점은 한국식 품점에서 비디오테이프가 사라질 무렵이었을 것이다. 내가 한국 드라마를 안 보려 한다 해도 그러기가 어려운 환경이 만들어지기 시작했다. 내 가게를 열고 운영하면서 초기 이민자 처지에서 어느 정도 벗어나기도 했거니와, 내가 일부러 찾지 않아도 한국 영화와 드라마가 나에게 자연스럽게 다가온다는 느낌이 들었다.

그즈음 한국 드라마가 재미있다며 적극 권유한 사람은 중국인이었다. 외국인이 한국 사람에게 한국 드라마를 소개한 셈이다. 그이는 우리 가게에서 팔 물건을 구하려고 일주일에 한두 번씩 들르는 의류 도매회사 사장이었다. 그는 내가 문을 열고 들어설 적마다 "앵꺼라"라고 했다. 처음에는 무슨 말인지 알아듣지 못했다. 나중에 알고 보니 드라마 〈주몽〉에 자주 나오는 "앉거라"라는 대사였다. 누가 방에 들어오기만 하면 "앉거라"라는 말을 가장 먼저 하니, 중국 사람은 그것

캐나다 넷플릭스에 올라 있는 한국 드라마들. 한국 드라마를 외국에서 이렇게 쉽고 다양하게 시청할 수 있다.

이 한국식 인사인 줄 알고 있었다. 그가 내게 〈겨울연가〉 DVD를 보라며 빌려주었다.

그 무렵 '한류'라는 용어가 캐나다에도 등장했다. 캐나다 신문은 'Hallyu'라고 적었다. 한국 대중문화는 내가 보지 않으려고 일부러 피해도 이렇게 슬금슬금 다가왔다. 매체는 DVD와 인터넷이었다. 나에게 다가온 것이 전부가 아니었다. 내 눈에 보이지 않게 퍼지는 것은 따로 있었다. 바로 나 같은 어른들 모르게 온라인을 통해 캐나다 젊은 층에 은밀하게 스며드는 한국 대중문화가 있었다. 물론 그 첨병은 한국 대중음악, 곧 K팝이었다.

나는 한국 대중음악이 캐나다를 포함한 북미에서 어떻게 퍼지게 되었는가를 우리 둘째아이를 통해 구체적으로 확인할 수 있었다. 세살 때 캐나다로 건너온 딸아이는 유치원에 들어가자마자 한국말을 금세 잊어버렸다. 한글학교에 보냈으나 가르치는 방식이 맞지 않았

외국 드라마도 이렇게 한글 자막으로 볼 수가 있다. 영어 자막과는 비교할 수 없이 '달콤'해서 끊기가 어렵다.

는지 한글학교 가는 것을 한사코 마다했다. 서너 살 때만 해도 우리말을 곧잘 하던 아이였으나 초등학교에 들어가자 집에서도 영어만 사용했다.

나중에 한국에 보내서 우리말을 배우게 해야겠다고 여기던 차에 신기한 일이 생겨났다. 아이가 중학교에 들어가면서부터 우리말과 글에 부쩍 관심을 보였다. 우리가 잘 모르는 경로를 통해 한국 대중음악을 접하고 푹 빠져들었기 때문이다. 한국의 아이돌 그룹 '슈퍼주니어'와 '소녀시대'가 부르는 노래의 가사를 받아적기 시작했다. 자발적인 한글 공부였다. 한국말을 하고 한글을 쓸 줄 안다는 것은 또래 팬들 사이에서는 부러움을 사는 일이었다.

우리는 딸아이에게 K팝과 관련된 것이라면 무엇이든 지원하겠다고 약속했다. 아이 덕분에 나는 슈퍼주니어와 소녀시대 멤버들의 이름까지 다 외웠다. 아이와 우리말로 대화하는 데 그만큼 좋은 소재도 없었다. 서울에서 누가 오기라도 하면 한국 아이돌 그룹 CD를 사다달라고 부탁했다. 한글을 스스로 배우고 익히는 게 신통해서 선뜻 약속한 것이지만 그것을 지키기가 쉽지만은 않았다.

K팝의 양상은 마치 땅속에서 개미굴이 퍼져나가는 것 같았다. 나같은 어른들의 눈에 보이지 않는, 전례가 없는 K팝의 세계가 급속도로 건설된다는 느낌이 들었다. 한국의 보이그룹 B.A.P가 신인이었을 당시 토론토에는 이미 팬클럽이 만들어져 있었다. 언론도 모르고 어른들도 몰랐다. 당시 중학생이었던 아이는 가사를 영어로 번역할 줄 안다는 이유로 팬클럽 임원진에 소속되어 주로 대학생인 언니들과 토론토의 커뮤니티센터에서 각종 행사를 수시로 만들어냈다. 음악과

영상을 틀어놓고 자기들끼리 즐기는 일종의 콘서트였다. B.A.P 멤버들과도 영상으로 만났다. B.A.P가 토론토에 공연을 오면 반드시 콘서트장을 찾았다. 모임이나 행사가 있을 적마다 아이를 차로 실어날라야 했다. 고단한 일이었다.

K팝을 매개로 한 온라인 만남을 통해 아이는 캐나다를 넘어 세계 각국 친구들을 다양하게 사귀었다. 물리적 거리는 문제가 되지 않았다. 미국, 영국, 오스트리아, 호주, 싱가포르 등에서 온라인으로 만난 친구들과는 지금도 교류하고 서로 오가면서 직접 만나기도 있다.

딸아이를 태우고 왕복 2000km 가까이 운전을 한 적도 있다. 2011년 10월 23일 뉴욕 매디슨스퀘어가든에서 열린 〈SM타운 라이브 월드투어〉를 보기 위해서였다. 10시간을 운전해서 갔으나 그 정도로는 고생했다고 내세울 바가 아니었다. 미국 조지아주 애틀랜타에서 15시간, 일리노이주 스프링필드에서 24시간 동안 버스를 타고 온 미국인 여학생 팬들을 만날 수 있었다.

보아, 동방신기, 슈퍼주니어, 소녀시대, 샤이니, 에프엑스 등 SM엔터테인먼트 소속 아이돌 그룹이 한꺼번에 출연한 종합선물세트 같은 그런 공연은 그것이 마지막이었다. 얼마 지나지 않아 한국 아이돌 그룹이 단독 콘서트를 열어도 표 구하기 전쟁이 벌어졌다. BTS 공연 티켓을 구하는 것은 인터넷 속도와 자판 빨리 누르기 능력에 달렸다고들 하는데, 그것은 10년 전 빅뱅이나 투애니원의 북미 공연에서부터 시작된 일이었다.

20세기 중후반 한국이 압축 성장을 했다면 21세기 들어서는 초압축 성장을 한 것으로 보인다. 캐나다에 살면서 한국 경제나 사회에 대해서는 잘 알지 못해도, 대중문화의 초압축 성장과 발전은 말 그대로 몸으로 느낄 수 있었다. 한마디로 표현하자면 빅뱅(대폭발)이었다. 내가 보기에, BTS나 영화 〈기생충〉, 드라마 〈오징어게임〉처럼 연이어 터져나오는 초대형 히트작보다 무서운 것은 따로 있다. 이것 역시 나 같은 기성세대는 잘 모르는 개미소굴 같은 것이다.

딸아이는 대학을 졸업하고 직장인이 되었으나 K팝에 대한 관심은 계속 이어가고 있다. 이제는 K팝이라고 따로 구별하는 게 아니라 그냥 음악으로 듣고 보고 즐기기에 이르렀다. K팝을 필두로 한 한국 대중문화가 (물론 좋은 의미로) '무섭다'는 것은 캐나다 젊은 층에 요란하지 않고 조용하게 스며들어서, 이제는 주류의 한 갈래로 자리를 잡은 듯한 느낌이 들기 때문이다.

그런 현상의 가장 유력한 사례는 한국 뮤지션들의 북미 순회공연이다. 2011년 미국 로스앤젤레스와 뉴욕에서 열린 〈SM타운 라이브 월드투어〉 공연 이후 아이돌이나 밴드 그룹의 북미 순회공연은 이제 특별한 일도 아니다. 토론토에서 자주 열리는 한국 뮤지션들의 1000석 규모 공연장 표는 거의 대부분 매진된다. 딸아이가 가장 최근에 보고 온 공연은 2022년 3월 26일 '새소년' 콘서트였다. 아이가 고교시절부터 토론토 다운타운에서 열린 K팝 콘서트장을 찾아다녔으니, K팝의 '북미투어' 역사도 이제 10년 가까이 되었다.

K팝을 필두로 한 한국 대중문화의 북미 확산세는 눈부심을 넘어 이제는 현기증이 날 정도이다. 토론토의 극장에서 한국 영화를 상영한 지도 벌써 10년이 지났다. 처음에는 토론토 개봉관에서 한국 영화를 관람하는 것이 신기해서 〈광해〉 〈역린〉 〈베를린〉 〈도둑들〉 〈국제

시장〉〈명량〉 같은 영화를 일부러 찾아가서 보기도 했으나 지금은 한국 영화의 극장 상영이 나 같은 사람에게도 뉴스거리가 되지 않는다. 당연하고 평범한 일일 따름이다. 한국 영화 비디오테이프를 전해준다는 핑계로 낯선 사람을 만난 것이 불과 20년 전 일이다. 한국 대중문화 즐기기에 관한 한 경천동지할 정도로 세상이 바뀌었다고 보면 된다.

최근 몇 년 사이에 이루어진 가장 큰 변화는 이른바 '안방극장'이다. 화질 나쁜 녹화 테이프를 빌려다가 한국 드라마를 보던 환경이 이제는 한국과 같은 시간에, 똑같은 화질로 볼 수 있는 것으로 바뀌었다. 넷플릭스를 비롯해 한국 영화와 드라마를 볼 수 있는 경로도 다양하다. 지금은 토론토에서 외국 영화와 드라마를 한글 자막으로 보는 데까지 이르렀다.

한국 대중문화 즐기기로 말하자면, 나 같은 한국 이민자는 지금 전례 없는 복을 누리고 있다. 주말 아침이면 우리 부부는 베이글과 커피로 식사를 하면서 한국의 토·일 저녁 드라마를 시청한다. 몇 년째 지속되어 온 주말 아침의 일상이다. 한국 드라마 덕분에 우리의 주말 아침은 늘 느긋하고 행복하다.

2022년 05월 20일

딸에게 모국어를
가르쳐준 한류*

　내가 '원(原) 〈시사저널〉'(1989~2007년까지의 옛 〈시사저널〉. 지금은 〈시사IN〉이 그 명맥을 잇고 있다) 문화부 기자로서 중국에 건너가 '한류'를 취재한 것은 우리 딸아이가 태어난 이듬해인 2000년이었다. 1992년 서태지와아이들의 등장이 K팝의 출발점이었다면, 2000년 2월 H.O.T.의 중국 베이징 공연은 한류가 세계를 향해 물꼬를 튼 사건이었다. 타이완과 홍콩에서 일기 시작한 한국 대중음악 바람은 그 공연을 기점으로 중국 대륙 전체로 열풍이 되어 퍼져 나갔다.

　그해 9월 내가 베이징과 선양에서 취재할 당시만 해도 중국의 10대가 한국 대중음악에 환호하는 것 자체가 신기해 보였다. 그들은 가수 클론, H.O.T., NRG, 이정현과 탤런트 안재욱(드라마 〈별은 내 가슴에〉로 인기를 모았다) 등에 열광하는 것으로 새로운 세대의 정체성을 드러냈다. 마치 중국대륙에 불이 붙은 것 같았다.

　딸아이가 세 살이던 2002년 우리 가족은 캐나다 토론토로 이민을 왔다. 한국 대중음악과 드라마가 한류라는 이름으로 중국을 중심으

＊　이 글은 BTS가 세계적으로 유명해지기 전인 2017년 10월 23일자 〈시사IN〉 창간 10주년 기념호에 실린 것이다. K팝을 중심으로 한 한류는 BTS로 인해 새로운 국면을 맞이했다. BTS는 정점이자 분기점이다.

로 한 동아시아에서 각광받았으나 북미에는 소개조차 되지 않은 시절이었다. 이곳 교민들은 여전히 한국식품점에서 녹화 비디오를 빌려다가 한국 드라마를 보았다. 한두 해 지나자 중국인들 사이에서도 〈대장금〉이나 〈겨울연가〉 같은 드라마의 불법 복제 DVD가 나돌았으나, K팝은 물론 한류라는 용어조차 여전히 생소했다.

그즈음 한국 가수가 뉴욕에서 공연하는 방식은 단순했다. 포스터는 맨해튼 32가 한인타운(요즘은 'K타운'이라 불린다) 주변에 붙였다. 포스터나 신문 광고를 보고 공연장을 찾는 청중 대다수는 한국과 중국 사람이었다. 한국 언론이 '월드스타'라고 치켜세운 가수도 마찬가지였다. 그는 포스터 붙이기와 같은 전통 방식으로 홍보한 마지막 가수로 기록될 것이다. 한류의 진정한 '월드'는 그 직후에 나타났다.

캐나다에 정착한 지 7~8년 지나자 한국 대중문화의 유통 및 소비 양상이 돌변했다. 순전히 인터넷 때문이었다. 급기야 동아시아를 강타한 한류 열풍이 북미 대륙으로 넘어오기 시작했다. 초등학생이던 우리 딸아이도 서서히 관심을 드러냈다.

유치원과 초등학교에 다니면서 딸아이는 집에서도 한국말 쓰는 것을 어려워했다. 한글학교에도 가려 하지 않았다. 구태의연한 한글 교재를 보고 난 뒤 딸아이의 마음을 이해할 수 있었다. 그러던 아이가 우리말과 글 배우기에 부쩍 관심을 보였다. 아이돌 그룹 슈퍼주니어를 발견한 다음부터였다. 아이는 노래 가사를 받아 적으면서 한글 공부를 스스로 해나갔다.

북미 대중음악의 변방에 있던 한류는 딸아이가 중학생이 될 무렵인 2011년께부터 중앙으로 밀려들었다. 유통되는 방식이 예전과는 판이했다. 과거 텔레비전이 하던 일은 유튜브가 대신했다. 언론은 인터넷 커뮤니티로 대체되었다. 그러니까, 일부러 찾아보지 않으면 한류가 어떤 내용으로, 어디로, 어떻게 흐르고 있는지 기성세대는 알 수 없었다.

나는 딸아이가 우리 문화를 접하는 것이 좋아서(게다가 우리말과 글까지 저절로 익히게 되니) 한류를 즐기는 일이라면 무엇이든 지원해주겠다고 약속했다. 그런데 만만치가 않았다. 차를 태워주는 것만 해도 쉽지 않은 일이었다. 북미 젊은 대중은 K팝을 수용하고 즐기는 방식이 적극적이었다. 음악을 듣고 동영상을 찾아보는 것을 넘어, 공연에 대한 갈증까지 자기들 스스로 풀어냈다.

보이그룹 B.A.P가 신인일 때 토론토에는 벌써 팬클럽이 만들어졌다. B.A.P는 한국보다 외국에서 먼저 스타가 되었다. 팬클럽을 이끄는 주류는 10대 후반~20대 초반. 그들은 평소 온라인으로 모임을 갖더니 1년에 몇 번이나 파티 형식의 공연을 만들어냈다. 팬클럽 임원진이 미리 모임을 가진 후 커뮤니티센터를 빌려 영상 콘서트를 개최했다. 그곳에는 수백 명이 모였으나 한국인 팬은 거의 보이지 않았다. 대형 프로젝트에 영상이 뜨고 스피커에서는 음악이 흘러나왔다. B.A.P 멤버들이 직접 참가하지만 않았을 뿐 진짜 콘서트나 다름없었다. 토론토 팬들에게 보내는 '소년들'의 영상 편지가 나올 때 콘서트는 절정에 이르렀다. 이런 모임에 참가하고 콘서트를 만들면서 딸아이는 친구들을 많이 사귀었다. 서너 살 많은 언니들이 대부분이었다.

직접 만날 수 없는 팬들과의 교류도 활발했다. 온라인에서 자주 만난 친구들은 미국 디트로이트, 오스트레일리아 시드니, 오스트리아 빈, 싱가포르에 사는 언니들이었다. 미국 친구는 토론토로 몇 번 놀러 왔다. 오스트레일리아에 사는 의대생 언니는 B.A.P가 보고 싶어서 가끔씩 운다고 했다. 두 살 많은 싱가포르 언니는 딸아이와 인터넷 전화 '스카이프'로 거의 매일 만났다. 스카이프로 수학 공부까지 도와주던 그 언니는 이번 학기에 뉴욕으로 유학을 왔다. 딸아이는 내가 운전하는 차를 타고 뉴욕으로 바로 달려갔다. 몇 년을 사귀며 속 깊은 이야기를 나누었으나 두 사람이 직접 만난 것은 이번이 처음이었다. 한류, 곧 K팝은 평생 만날 일 없던 세계의 젊은이들이 이렇게 관계를 맺게 하는 매개체가 되어주기도 했다.

한류가 아시아를 넘어 북미 대륙에 퍼지는 속도 또한 현기증이 날 지경이었다. 분기점은 2011년 미국 동·서부에서 열린 대형 공연 〈SM타운 라이브 월드투어〉. 슈퍼주니어·소녀시대·샤이니·에프엑스 등이 한 무대에 오른 '종합선물세트' 같은 공연이었다. 이 공연을 시작으로 한국 가수의 길거리 포스터는 사라졌다. SM 홈페이지에 공연 소식을 올리면 충분했다. 그 소식은 순식간에 전 세계로 퍼져 나갔다. 전에는 관심조차 보이지 않던 주류 언론들이 공연의 폭발력을 보고 난 다음 인터뷰를 요청해왔다.

요즘도 빅뱅 같은 K팝 슈퍼스타가 공연을 하면 팬들은 두 가지 전쟁을 치러야 한다. 첫 번째는 티켓 구하기. 집에서는 인터넷 속도가 느려서 표를 구하지 못하는 경우도 있었다. 티켓은 몇 분 만에 매진되었다. 한 번 실패를 맛본 뒤 딸아이는 피시방에 가거나 뉴욕 친구에게 부탁을 해서 표를 구한다.

두 번째 전쟁은 공연장 찾아가기. 2011년 10월 23일 〈SM타운 라이브 월드투어 인 뉴욕〉을 보려고 나와 딸아이는 새벽에 일어나 1000 *km* 가까이 운전해서 갔다. 10시간 운전은 내세울 거리도 못 된다. 조지아주 애틀랜타에서 15시간, 일리노이주 스프링필드에서 24시간 동안 버스를 타고 온 여학생들도 있었다.

북미 지역의 SM 라이브 투어 이후 팔다리와 몸이 모두 길쭉한 어린 소년 소녀들이 K팝을 주도하기 시작했다면, 팔다리와 몸이 모두 짧은 나이 많은 싸이가 아이러니하게도 K팝의 정점을 찍었다. '강남 스타일'이 지닌 가장 큰 의미는 K팝을 생활 속으로 스며들게 했다는 것. '강남 스타일'은 1990년대 '마카레나'처럼 파티의 군무곡으로 여전히 애용되고 있다.

일사불란한 군무, 윙크와 눈웃음·손짓 같은 특유의 애교를 끼워 넣은 춤동작, 섹스·음주·클러빙 같은 내용이 없는 노래, 철저한 관리를 통한 아이돌 스타의 산뜻한 이미지 등이 K팝이 지닌 장점. 그러나 바로 그 장점이 K팝의 단점으로 지적되기도 한다. '공장 시스템'으로 만들어지고 관리되는 아이돌 스타들은 반짝 성공은 할 수 있을지 몰라도 싸이와 같은 폭발력을 보인다거나 롱런하는 경우는 드물기 때문이다.

미국 주간지 〈뉴요커〉는 'SM 군단'이 미 대륙에 상륙할 당시 K팝 분석 기사를 '팩토리 걸스-문화 기술과 K팝 만들기'라는 제목으로 9쪽에 걸쳐 상세하게 게재했다(2012년 10월 8일자). 이 기사를 작성한 존 시브룩은 "나는 다른 사람이 뭐라고 해도, K팝 소년 그룹이 미국에서 성공할 가능성은 없다고 말하겠다"라고 단언했다.

그러나 살아서 꿈틀대는 문화는 늘 예기치 않는 방향으로 흘러가는 법. K팝을 필두로 한 한류가 전 세계로 퍼져나가는 것을 그 누구도 예측하지 못했듯이, 앞으로의 성공 혹은 실패를 섣불리 단정하는 것 또한 우스운 일이다. 〈뉴요커〉의 예상 또한 보기 좋게 빗나갔다.

'강남 스타일'처럼 단기간에 큰 인기를 모은 쓰나미 같은 곡은 없으나, 여러 회의론에도 불구하고 K팝은 세계 대중음악의 한 장르로 그 생명력을 여전히 유지해나가고 있다. 내가 보기에, 최근 한류는 바람직한 방향으로 흘러가고 있다. 청중 1만 명을 모으는 큰 공연 하나가 아니라, 1000명이 모이는 작은 공연 열 개가 북미 대도시에서 수시로 열린다. 몇 해 전까지만 해도 토론토에서 K팝 스타가 공연하면 뉴스거리가 되었으나, 지금은 토론토 개봉관에서 한국 영화를 상영하는 것만큼이나 흔한 일이 되어버렸다.

2017년 혁오밴드 토론토 콘서트. 딸아이가 고교시절 친구와 함께 가서 찍은 공연 장면이다. 북미에서는 한국 밴드나 아이돌 그룹의 크고 작은 공연이 끊임없이 열린다. 얼마 전에는 '새소년'이 다녀갔다. ⓒJac Viner.

딸아이가 최근에 본 콘서트는 지난해 9월 8일의 '혁오밴드' 토론토 공연이었다. 요즘은 자동차를 함께 탔다 하면 딸아이는 아이유의 〈꽃갈피〉를 틀어놓는다. 엄마 아빠의 취향을 배려한 선곡이다. 1999년에 태어난 딸아이도, 그즈음에 움트기 시작한 한류도 이제는 모두 성년이 되었다.

2017년 10월 23일

한국이 대단한 줄을
한국 사람만 모른다

미국 드라마 〈베터 콜 사울〉의 제작진 중에서 한국인 성을 발견하고 '국뽕' '교뽕(교포뽕)'이 차오른다는 어느 재미교포의 말을 들은 적이 있다. 한국이 20세기 후반에 압축 성장을 했다면 21세기에는 초압축 성장을 했다. 이건 지표로도 확인되지만 그보다 북미에 살면서 갖게 되는 느낌이 더 정확할 것이다. 'BTS의 빌보드 장악' 딱 하나만 봐도 두 말이 필요 없다. 예전과 다른 점을 꼽으라면 정경화 같은 천재처럼 하늘에서 뚝 떨어진 재능이 아니라, 요즘은 한국의 문화 역량이라는 사실이다.

10년쯤 전의 일이다. 다람쥐 쳇바퀴 돌 듯하는 외국살이가 하도 심심하고 답답하여, 한 달에 한 번씩 뉴욕에 가서 한국인 젊은 화가들을 만나 인터뷰하고 작업 관련 이야기들을 〈월간미술〉에 기고한 적이 있다. 만나는 대상은 40세 이하로 잡았다. 뉴욕은 미술판에서 세계 최고의 무대이자 격전지. 한국 들어가면 대학교수 등으로 대접받을 젊은 작가들이 험한 '알바'로 버텨가며 작업을 한다.

그들이 생존하는 방법 가운데 하나는 레지던시 프로그램. 무료로 작업실을 제공하는 것이니, 박 터지는 경쟁이 벌어진다. 젊은 예술가들의 처지는 너나 할 것 없이 곤궁, 절박하니까. 전 세계에서 몰려온

내로라 하는 젊은 예술가들이 응모를 하는 것이니 올림픽 메달 경쟁보다 더 어려울 수 있다.

그런데 그 대단한 경쟁자들 가운데 가장 '핫'한 그룹이 있었으니, 바로 한국 작가들이었다. 결승 진출자가 10명이면 그중 절반 이상이 한국 출신들이었다. 이게 무슨 일인가 싶겠으나, 한국은 잘 사는 나라(미국 유학을 그렇게도 많이 왔으니)이고, 예술적 역량이 뛰어나고, 무엇보다 끝장을 보고야 말겠다는 근성이 끝내준다. 스타가 되어도 예전처럼 호들갑 같은 것도 안 떨고 심드렁했다.

그즈음 첼시(뉴욕의 갤러리가 모여 있는 지역)에서 우연히 '하이라인'을 발견했다. 예전의 철길을 재활용한 트레일이자 공원으로 허드슨강과 맨해튼 풍경을 보며 웨스트사이드를 오르내리는 길. 만들자마자 명품이 되었는데, 이 길에 대한 글을 〈시사IN〉에 기고하면서 '길 디자이너'를 확인해 보았다. 그랬더니 놀랍게도 한국 이름이 등장했다. 전 세계 수많은 회사들이 입찰에 참가해 최종적으로 그걸 따낸 미국 회사의 주력 디자이너들이 한국 사람들이었다. 수석 디자이너를 비롯해 한국인 이름을 여럿 보았다.

이후, 나는 영화에서든 어디서든 한국인 성을 발견해도 그다지 놀라지 않는다. 캐나다 공영방송인 CBC에 시트콤 드라마 〈김씨네 편의점〉이 등장해 히트를 쳐도 별로 신기해하지 않는다. '당연한 거 아님?' 하는 느낌이 드는 거다. 놀랍지도 않고, 이제는 놀라워하지 않는 나를 보면서 되려 놀란다.

자, 이런 것들이 반도체 잘 만들고 수출만 잘해서 이루어졌느냐 하는 것이다. 어느 대통령선거 후보가 인문학을 그저 공학이나 자연과학 공부하면서 병행해도 되는 곁다리 취급하는 걸 보고 우스워서 하는 말이다. 인문학이나 문화에 대한 생각이 저런 수준밖에 안 되는 후보가 대통령 선거의 선두권에 있다니 그 또한 놀라운 일이다.

한국이라는 나라와 문화가 저렇게 초압축 발전을 하는 동안, 권력기관과 정치권이라는 구석은 도대체 뭘 하고 있었길래, 저렇게 후진가? 오로지 저곳만. 나로서는 이게 정말 놀랍고 불가사의한 일이다.

2021년 09월 15일

동포사회와 모국을 이어주는
한국 대중문화

캐나다로 살러 오기 직전 잠깐 이런 생각을 한 적이 있다. '이발은 어디 가서 하지? 미용사가 외국인일 텐데, 어떻게 깎아달라고 제대로 말이나 할 수 있을까?' 별로 중요하지 않은 일인데도 덜컥 겁이 났다. 내 나라가 아닌 곳에서 살아야 한다는 막연한 두려움이 그런 엉뚱한 생각으로 표출되었을 것이다.

캐나다에 막상 오니까 외국인 미용사를 찾아갈 일은 없었다. 한국 사람들이 많이 사는 외국 도시들이 다 그렇듯이 토론토에도 한인사회가 있었다. 웬만한 것들은 그곳에서 모두 해결할 수 있었다. 한인이 운영하는 식품점이나 음식점, 미용실에 드나든다고 해서 한국과 가까워진다는 느낌은 들지 않았다. 한인사회가 '작은 한국'이기는 해도 한국과 단절된, 캐나다 속의 섬 같은 한국이었다.

그런데 요즘 들어 새롭게 느끼는 것은 캐나다에 살면 살수록 한국과 멀어지기는커녕 점점 더 가까워진다는 사실이다. 그것을 가능하게 한 것은 물론 인터넷이다. 어떨 때는 '여기가 외국이 맞나' 하는 의구심마저 든다. 물론 평소 친하게 지내는 이들 모두가 한국 사람들이고, 한국 음식을 주로 먹고, 일할 때 빼고는 한국말을 쓴다. 그렇지 않아도 한국식으로 사는 이민 1세들인데, 나날이 빨라지는 인터넷은 나

같은 사람들을 한국과 가깝게 하는 것을 넘어 아예 찰싹 달라붙게 해 버렸다. 접착제가 된 것은 인터넷을 통해 보는 드라마·영화·대중음악 같은 한국 대중문화이다. 몇 년 전부터는 사회관계망서비스(SNS)까지 가세해 밀착도는 훨씬 높아졌다. 이제는 한국 사는 가족·친구들과 영상통화까지 쉽게 할 수 있어서, 모국에 대한 그리움이니 향수병이니 하는 말들은 자취를 감추었다.

여기에 더해 한국 대중문화가 눈부시게 발전해 전 세계 사람들을 즐겁게 해줄 정도이니, 외국 사는 나 같은 한국 사람들에게 한국 문화는 이제 일상적으로 접하고 즐기는 것이 되어버렸다. 이곳 한국 사람들은 텔레비전을 켜듯이 인터넷에 접속한다. 인터넷 속에 한국 텔레비전이 있기 때문이다.

이민 초기에만 해도 당연히 캐나다 방송과 신문만 봐야 한다고 생각했었다. 한국 뉴스나 드라마를 즐기는 것은 낯선 땅에 정착하는 데 방해가 된다고 여겼다. 맞는 말이기도 했다. 학교에 가는 아이들이야 우리말을 너무 빨리 잊어버릴까 봐 걱정되었지만, 어른들은 한국 문화에서 빨리 벗어나지 못하는 것이 걱정스러운 일이었다.

한국 문화를 기피하는 것은 어렵지 않았다. 한국 신문이나 방송은 안 보면 그만이었다. 2000년대 초만 해도 드라마·쇼·뉴스·다큐멘터리 등 한국 텔레비전 프로그램을 녹화한 비디오테이프가 한국식품점 벽면 하나를 가득 채웠으나 빌리고 싶은 마음은 들지 않았다. 비디오 화질도 조악했거니와 한국 대중문화가 일부러 찾아봐야 할 만큼 매력적이지도 않았다.

'한국 사람들이 많은 동네에서 살지 않겠다'고 하면서도 한국 사람들의 도움을 받게 되듯이, 한국 문화와는 담쌓고 지내겠다고 아무리 굳게 결심을 해도 결국 한국 문화의 자장 안으로 슬금슬금 들어갈 수밖에 없었다. 들어갔다기보다는 한국 대중문화의 강력한 힘에 나도 모르게 빨려 들어갔다고 보는 것이 좀 더 정확할 것이다.

내가 피하면서 보지 않았던 불과 몇 년 사이에 한국 문화는 눈부시게 변화하고 성장해 있었다. 한국 문화를 다시 접한 것은 드라마를 통해서였다. 계기가 재미있었다. 이민 온 지 5년쯤 지난 뒤였다. 우리 가게 거래처의 중국인 사장이 "정말 재미있는 한국 드라마가 있는데, 봤느냐?"고 물었다. 〈겨울연가〉라고 했다. "보지 않았다"고 했더니 그는 "정말이냐?"며 놀라워했다. "볼 생각도 없다"고 했더니 그는 안타깝다는 표정을 지었다.

다음에 만났을 때 그는 〈겨울연가〉 DVD를 불쑥 내밀었다.

"이거 가져가서 꼭 봐라."

외국인인 중국 사람이 한국 사람에게 한국 드라마를 소개하고, 시청을 거의 강요하다시피 하는 재미있는 상황이었다.

보고 싶다기보다는 도대체 어떤 드라마길래 저 사람이 저렇게 '오버'를 하나 궁금해서 〈겨울연가〉를 보기 시작했다. 금요일 밤이었다. 드라마는 달콤했다. 내용도 그렇지만 우리말 대사가 귀에 쏙쏙 들어오는 것이 신기할 지경이었다. 그 달콤함에 빠져서 한 편, 두 편 보다 보니 날이 훤히 밝아왔다. 그 주말에 〈겨울연가〉 20편을 모두 보았다.

소개가 이어졌다. 누가 〈파리의 연인〉이 재미있다며 DVD를 빌려주었다. 이 드라마 역시 한자리에서 끝을 볼 때까지 빠져나오기가 불가능했다. 또 주말 밤을 꼬박 새웠다. '드라마 폐인'이란 게 바로 이런 것이구나 싶었다. 폐인처럼 몰아치기로 두 편을 보고 나자 한국 드라마를 보는 것은 이제 거역할 수 없는 일이 되어버렸다. 낯선 땅에 빨리 정착하고 말고는 뒷전이었다. 재미가 먼저였다.

알고 보니 DVD로 보는 것도 유행에 한참 뒤처지는 일이었다. 드라마를 소장하고 싶은 이들이나 DVD로 가지고 있을 뿐 사람들은 모두 인터넷으로 한국 드라마를 즐기고 있었다. 나만 모르고 있었다. 마침 한국 영화가 전성기를 구가하던 무렵이었다. 드라마에 대한 관심은 영화로 곧 옮겨갔다. 어느덧 '영화를 본다'고 하면 '한국 영화를 본다'는 것을 의미했다.

한국에 나가서 이런 이야기를 하면 친구들은 모두 놀라워했다. 외국살이를 하면서 한국 드라마와 영화를 어떻게 그리 잘 아느냐며 신기해했다. 토론토에 사는 한국인 중년 남자가 한국 드라마와 영화에 빠져 있으니 신기해 보일 법도 했다. 한국에 살 적에도 이러지는 않았었다.

한국 문화에 빠져들면서 재미있는 일들이 여럿 생겨났다. 한국에서 들으면 웃을 수도 있겠지만 요즘 무슨 드라마가 재미있다고 알려주면 토론토에 사는 내 주변 사람들은 많이 고마워한다. 월드컵 같은 스포츠중계도 인터넷을 통해 한국 방송을 실시간으로 본다. 스포츠중계도 한국 방송이 재미있게 한다.

우리 집에서는 주말마다 베이글과 커피로 아침식사를 하며 한국 방송을 시청한 지가 10년이 넘었다. 김수현 드라마를 할 때는 주말 아침 시간이 기다려지기도 했다. 토요일 저녁에는 아이들이 합류해 치킨을 먹으며 〈무한도전〉을 보았다. 〈무한도전〉 마니아인 큰아이는

DVD로 소장하고 있다. 한국 방송 덕분에 이렇게 행복한 시간이 만들어졌다.

코로나19로 인한 록다운으로 100일 동안 '집콕생활'을 할 때는 MBC 〈뉴스데스크〉를 보면서 늘 아침 식사를 했다. 저녁마다 캐나다 공영방송 CBC 뉴스를 보았지만 뉴스마저도 한국 방송이 캐나다보다 훨씬 재미있다.

음악 프로그램을 보면서 좋아하는 가수도 새로 생기게 마련이다. 아내는 성시경, 나는 박정현의 팬이 되었다. 몇 년 전 공교롭게도 두 가수가 뉴욕에서 콘서트를 함께 열었다. 우리는 그 공연을 보려고 차를 몰고 뉴욕에 다녀왔다. 뉴욕에 사는 누님 집에 들른다는 다른 이유도 있었다.

2010년대 중반 이후 토론토에서 한국 대중문화를 즐기는 환경은 또 한 번 크게 바뀌었다. 토론토 대형 극장에서 한국 영화를 상영하기 시작했기 때문이다(개봉 시점은 한국보다 1~2주가량 늦다). 대형 스크린으로 보니까 한국 영화가 또 다르게 다가왔다. 〈광해〉를 시작으로 〈기생충〉에 이르기까지 한국 영화가 들어오면 거의 빠지지 않고 가서 보았다. 한국에 살았더라도 이렇게까지 찾아보지는 못했을 것이다.

어른들이 그러는 사이에, 아이들은 다른 방식으로 한국 대중문화에 빠져들었다. 올해 대학 4학년이 된 딸아이는 초등학생 때 슈퍼주니어를 접하면서부터 K팝에 매료되었다. 한글학교에 가는 것을 그렇게 싫어하던 아이가 K팝을 만나고 난 뒤 우리말과 글 공부를 자발적으로 하기 시작했다. 딸아이 또한 중학생 시절 뉴욕에서 하는 대형 K팝 콘서트에 다녀왔다. 지금은 '혁오밴드'를 좋아해서 그 밴드가 토론토에 올 때마다 공연장을 찾아간다.

　어른은 어른대로, 아이는 아이대로 대중문화를 즐기는 것으로 보자면 우리가 외국에 산다는 게 무색할 지경이다. 최근 들어서는 넷플릭스가 한국 드라마를 한국의 방송 매체와 동시에 방영하고 있어서 대중문화를 즐기는 환경은 놀랍게도 한국과 거의 비슷해졌다. 어디 대중문화뿐인가. 인터넷과 SNS의 발달로 각종 소셜미디어에 글을 쓰면서 한국을 비롯해 해외 곳곳에 사는 한국 사람들과 소통하는 것은 이제 일상이 되었다.

　토론토에는 '리틀이탈리아' '리틀포르투갈'이라 불리는 지역들이 있다. 그 나라 사람들이 모여 살면서 자기네 문화 색채를 유지하고 드러내는 동네들이다. 그런데 한국 사람들은 지금, 그런 지역을 넘어 새

2013년 토론토 개봉관에서 상영된 영화 <광해>와 <도둑들> 영어 포스터.

로운 개념의 '리틀코리아'를 만들어가고 있다. 인터넷 접속이 가능한 지역에 한국 사람이 산다면 어디가 되었든, 몇 명이 살든 이제는 '리틀코리아'라고 봐도 무방하다. 인터넷은 한국으로 통하는 빠르고 넓은 고속도로가 되었다.

내 경험으로 보자면, 외국 사는 한국 사람이 한국 문화에 한 번 포섭되면 거기서 헤어나오는 것은 거의 불가능하다. 한국은 2000년대 들어 크게 성장한 나라이기도 하지만 문화적 영토를 가장 크게 넓힌 나라가 아닐까 싶다. 멀리하기로 작정을 했던 나 같은 사람도 거기에 빠져들게 만들었으니 말이다. 문화는 이렇게 힘이 세다. 특히 한국 대중문화는.

2020년 08월 21일

BTS로 뉴욕에서 나눈
정담(情談)

　조카 결혼식에 참석하려고 추석 즈음 뉴욕 둘째 누나 집에서 형제들이 모였다. 뉴욕에서 모두가 만나는 건 처음이었다. 예식이 끝나고 우리는 누나 집 거실에서 오랜만에 얼굴을 마주했다. 예전과 달리 한국 정치 이야기는 하지 않았다. 그즈음 평양에서 열린 남북정상회담이 잠깐 언급되었으나 그것은 내가 꺼낸 다른 화제에 바로 밀렸다.

　"BTS(방탄소년단)가 유엔에서 연설하러 뉴욕에 온대요. SNS 보니까 그날 맨해튼에 차 갖고 나가지 말라던데요. 걔들이 가는 곳곳에 아미가 진을 칠 거라서 길이 더 막힌다고."

　아미가 BTS 팬클럽이라는 것은 굳이 말하지 않았다. "아미가 뭐야?"라고 묻는 사람도 없었다. 결혼식장이며 식당을 오가는 자동차 안에서 BTS의 북미 인기에 대해 여러 번 이야기하던 중에 아미를 이미 설명했기 때문이다. 캐나다에서는 토론토 옆 도시 해밀턴에서 세 차례 공연하며 암표가 수천 달러에 거래됐다. 다소 침체된 도시 해밀턴에서는 BTS 공연으로 "도시 경제가 반짝 살아났다"며 즐거워한다는 이야기를 전하자 서울에서 온 사람들이 놀라워했었다.

　미국에 산 지 28년 된 둘째 자형은 BTS 소식에 밝았다.

　"요즘 BTS 노래가 이곳 라디오에 자주 나오는데, 왜 그런지 알아?

'강남스타일'이 한창 인기 있을 때도 그렇지 않았거든."

자형은 ROTC 장교 출신이어서 그런지 '아미'에 특히 관심이 많았다.

"아미가 진짜 군대처럼 편제되어 있대. 미국 소도시마다 소대가 만들어져 있는 셈이지. 그 소대원들이 자기 지역 라디오 방송국을 맡아서, BTS 음악을 틀어달라고 계속 공략한다는 거야. 그 때문에 요즘 라디오에서 BTS 노래를 자주 들을 수 있는 거고."

토론토에서도 마찬가지였다. BTS 노래가 라디오에서 심심찮게 들리는 것에 대한 궁금증은 그렇게 풀렸다. 싸이만 해도 그 정도는 아니었다.

북미 어느 도시건 간에 BTS 공연장 앞에서 팬들이 하루 이틀 노숙을 하며 공연을 기다린다는 이야기가 이어지자 60년대 학번 큰 자형이 말했다.

"예전 비틀스가 미국에 처음 들어올 때 하고 똑같네."

BTS 이야기는 뜻밖에도 대학생인 우리 아이들이나 30대 조카들에게는 큰 관심사가 아니었다. 아미의 주축 세력은 '강남스타일'이 크게 넓힌 북미 K팝 영토에 새로 진입한 어린 팬들이어서, 기존 K팝 팬들과는 성격이 조금 다르다고 했다. 2010~11년 로스앤젤레스와 뉴욕에서 열린 〈SM타운 라이브 월드투어〉로 북미에 본격 상륙한 K팝은 주로 'SM' 'YG' 'JYP' 3대 기획사 계보로 이어졌다. 팬들도 그 계보를 충실히 따라갔다. 미국과 캐나다에 사는 조카나 우리 아이들은 바로 그 팬층에 속해 있다. 그 전통 팬들이 보기에, BTS의 주력 팬들은 자기들과는 다른 '신세대' 혹은 '신인류'이다. 그들은 아미가 "조금 극성맞다"고 평한다.

조카 한 명이 집안 어른들한테 남자친구를 인사시키겠다며 백인 청년을 누나 집에 오게 했다. 그에게 내 형이 질문을 했다.

"두 유 노 방탄소년단?"

진짜 궁금해서 그랬는지, 질문거리가 없어서 그랬는지, 아니면 몇 년 전 미국 고위 관리와의 기자회견장에서 난데없이 "두 유 노 싸이?"라고 했다는 한국 특파원을 패러디한 것인지, 본인 외에는 그 질문의 의도를 알지 못한다. 내 형의 질문은 그 자리에 모인 젊은 세대에게 빈축을 샀다.

"그런 질문을 왜 해요?"

그런 질문인데도 인사하러 온 청년은 성실하게 답했다.

"압니다."

그러고는 묻지도 않았는데 한 마디 더 했다.

"좋아하지는 않습니다."

우리 형제들이 모처럼 모인 자리에서 최대 이슈는 BTS였다. 마침 북미 투어 중인 데다 유엔 연설이 예정되어 있던 뉴욕이어서 더 그랬을 것이다. 북미에서의 BTS 인기는 한국에서 상상하는 것 이상이다. 우리 가족이 뉴욕에서 만나 나눈 대화 내용만 보아도 쉽게 짐작할 수 있을 것이다. '국위 선양'이라는 측면에서 보자면 이들을 능가하는 한국인은 단군 이래 없었지 싶다.

2018년 09월 30일

난 〈미나리〉가
불편하다

요즘 한국에서도 개봉되어 화제가 되고 있는 영화 〈미나리〉를 며칠 간격을 두고 두 번 보았다. 토론토에 사는 내 선배는 이 영화를 보고 나서 "이게 무슨 영화냐, 다큐멘터리지"라고 했다. 짜증이 담긴 목소리였다. 그 정도까지는 아니었으나 나 또한 처음 볼 때는 많이 불편했다. 시대와 장소, 구체적인 내용은 다르지만 '미나리 가족'의 미국 정착기는 우리 가족이 캐나다에 살러 와서 겪은 것과 비슷한 이야기이기 때문이다.

영화를 보는 내내 이민 초기의 신산함·외로움·고통·갈등 등 내가 경험한 현실이 생생하게 펼쳐지는 것 같았다. 뭔가 드라마틱하고 심금을 울리는 신파조의 내용을 기대했다가 날벼락을 맞은 기분이니 "저게 다큐멘터리지 영화냐"라고 불평하는 것도 무리는 아니다. 달리 말하자면 현실을 실제 현실보다 더 밀도 있게 그려낸 영화라는 얘기다. 나 같은 이민 1세들은 지금도 여전히 낯선 문화에 적응 중이다. 그런 사람들이 이민 초기의 스트레스를 떠올리게 하는 이런 영화를 보면서 힘들어하는 것은 어쩌면 당연한 일이다.

영화를 다시 볼 때도 마음이 불편한 것은 마찬가지였다. 다른 점이라면 처음에는 잘 보이지 않던 '디테일'이 눈에 쏙쏙 들어왔다는 사실. 낯선 땅에 정착하는 과정에서 한국 사람이라면 보편적으로 갖게 되는 생각과 감정과 경험, 이방인으로서 겪고 치러야 할 통과의례나 수업료 같은 것들이었다. 그 가운데 몇몇을 꼽으면 다음과 같다.

#아메리칸드림

남편이자 아버지인 제이콥(스티븐 연)은 아칸소 농장에서 농사지을 준비를 하면서 아내와 함께 병아리 부화장에 나가 암수 감별 '아르바이트'를 한다. 그곳에서 만난 다른 한국인은 말한다. "감별을 빨리 해서 (캘리포니아에서) 돈 많이 벌었겠는데?" 캘리포니아에서든, 아칸소에서든 부부가 병아리 감별이라는 단순노동에 종사해도 먹고살 수는 있을 것이다. 더군다나 제이콥은 "돈을 많이 벌" 정도의 감별 능력자이고 아내 모니카(한예리)는 집에서 개인 훈련까지 하는 노력파이기도 하니까. 그러나 한국인 이민자들은 이 같은 단순노동을 직업으로

영화 〈미나리〉 스틸 사진. 얼굴에 수심이 가득한 남편 제이콥(스티븐 연)과 웃고 있어도 슬퍼 보이는 아내 모니카(한예리). 두 사람의 표정은 영화의 내용을 압축해 잘 보여주고 있다. ⓒ판씨네마

여기지 않는 경향들이 있다. 한국 이민자 중에는 어제와 내일의 상황이 별로 다르지 않은 단순노동을 꿈의 실현을 위한 중간 과정쯤으로 여기는 이들이 많다. 제이콥이 50에이커 농장에서 농사를 지어 "(아내가) 3년 후에는 부화장에 나갈 필요가 없는" 목표를 가졌듯이 한국 이민자들은 대체로 더 나은 삶을 살려는 꿈을 늘 꾸고 있다.

"한국 사람은 머리를 써."

다른 일에 관한 것이지만 제이콥이 아들에게 하는 이 말은 보통의 한국 이민자들이 가진 생각을 잘 드러낸다. 머리를 쓰는 한국 사람들은 머리를 쓰지 않아도 되는 단순노동에 만족하지 않는다. 머리를 써서 준비하고 노력하면 더 나은 삶을 살 수 있다고, 또 그렇게 해야 한다고 믿고 있다. '성공한 농장주'라는 목표를 세우지 않았더라면 제이콥은 병아리 부화장의 사장이 되고자 했을 것이다. 한국 사람들에게는 '잘살아보세'라는 DNA가 있으니, 하루 벌어 하루 먹고사는 현실에 만족하지 않는다. 그래서 갈등이 생기고 괴롭다.

#아플 겨를도 없다

제이콥이 농사를 짓는 모습도 인상적이다. 아칸소로 오기 전 그가 농사일을 했다는 이야기는 없다. 땅을 갈아엎어 밭을 일구고 작물을 생산할 정도라면 중노동도 그런 중노동이 없다. 숙련된 농사 경험자가 아니라면 금방 몸져눕게 할 만한 일이다. 그런데 영화에서는 '팔이 올라가지 않을 정도'의 아픔만을 묘사한다. 몸이 아픈 것도 여유가 있을 때의 이야기다. 내 경우도 그랬다. 이민 초기에는 극도로 긴장을 해서 그런지 몸이 파김치가 되어도 아파서 드러누운 적은 없다. 처음

하는 육체노동이라 허리를 다쳤으나 복대를 차고 일을 했다. 긴장을 많이 하면 감기몸살도 피해간다는 느낌이 들 정도였다. 아플 겨를도 없고, 몸이 아파서는 절대 안 되는 것이다.

#한국말과 영어 이름

미나리 가족의 두 자녀는 미국 태생. 그러나 아이들은 한국에서 온 할머니와 소통하는 데 어려움이 없을 정도로 한국말을 잘 알아듣는다. 한국이 가난하던 시절에 이민 온 부모들은 자녀들의 한국어 교육에 별 관심이 없었다. 심지어 자녀들로 하여금 한국어를 잊고 빨리 영어를 배우게 했다는 부모도 있었다. 그들은 나중에 크게 후회했다.

시간이 지날수록 부모들은 자녀들의 한국어 교육을 중요시했다. 영화 속의 두 어린아이가 한국말로 어른들과 저렇게 소통할 정도라면 부모가 꽤 신경썼다는 것을 의미한다. 부부가 잘살아보려고 그렇게 버둥거리는 와중에도 아이들 한국어 교육은 놓치지 않았다. 한국인 부모다운 모습이다.

한편 어른도, 아이도 영어 이름으로 불린다. 낯선 곳에 빨리 적응하려는 방편 가운데 하나이다. 한국 이름은 할머니 순자(윤여정)뿐이다. 순자는 손자를 "데이빗아"라고 부른다. 요즘 말로 디테일의 '끝판왕'이다. 한국에서 온 어른들은 영어 이름을 가진 이곳 손주들을 모두 저렇게 부른다.

#고춧가루와 멸치, 할머니

우리 어머니가 토론토를 방문하실 적에도 그랬다. 큰 여행가방에 고춧가루와 멸치, 된장, 새우젓, 김, 만두 등을 잔뜩 넣어오셨다. 토론토 한국식품점에서 살 수 있다고 해도 그 무거운 것들을 한국에서 굳이 들고 오셨다. 가방을 풀면서 순자의 딸 모니카는 기뻐한다. 우리도 그랬다.

토론토에서 우리가 본격적으로 일을 시작했을 때 아이들 돌보는 것이 큰 문제였다. 우리도 영화에서처럼 한국에서 어머니를 오시게 했다. '데이케어'를 찾을 수도 있었으나 처음에는 엄두를 내지 못했다. 할머니는 유치원에 들어가기 직전의 손녀에게 한글을 가르치셨다. 순자처럼 화투도 가르치셨다면 더 좋았을 것이다.

#한국인의 밥상

일을 마치고 돌아온 제이콥이 저녁을 먹는 장면. 식탁에 차려진 것은 밥과 김치, 김 등이다. 전형적인 한국 밥상이다. 초기 이민자 시절, 우리가 일터에서 돌아오면 아이들을 돌보던 어머니가 저녁상을 차려주셨다. 아침과 점심을 빵으로 간단하게 때운 우리는 저녁을 허겁지겁 먹었다. 밥을 그렇게 많이, 맛있게 먹었던 적은 없었다. 어머니는 "너희들이 머슴밥을 먹는구나"라고 하셨다. 그 말씀을 하실 때의 내 어머니 표정은 순자가 딸 모니카를 바라볼 때와 똑같았다.

#초기 이민자의 궁핍과 궁상

영화를 보면서 두 장면이 눈을 찌르듯 들어왔다. 캘리포니아와 시애틀에서 10년을 살았다고 하지만 제이콥 가족은 아칸소의 낯선 촌동네로 다시 이사를 온 만큼 신규 이민자나 다름없다. 약간의 정착자금은 가족의 생명줄이다. 그 돈은 농사 지을 땅에 투자해야 한다. 그들이 살게 된 트레일러 집은 낯설지만 고물 승용차의 금이 간 앞유리는 보기 드문 것이 아니다. 운행하는 데 지장이 없으면 금이 간 유리든 뭐든 교체하지 않는다. 꼭 필요한 것이 아니라면, 돈이 있어도 쉽게 쓰지 못한다. 불안해서 그렇다. 아는 사람 하나 없는 곳에서 믿을 것이라고는 돈과 건강한 몸밖에 없다.

영화 막바지에 가족이 한국식품점에 들르는 장면이 나온다. 아이들은 "와, 김밥이다" 하며 집어들려 하지만 엄마는 "물건에 손대지 마"라고 단호하게 말한다. 아이들은 먹고 싶다는 의사를 표시(조르지 않고 간접적으로. 아이들도 눈치가 있다)했으나 엄마는 김밥 몇 줄에도 손이 가지 않는다. 비슷한 경험이 있는 나로서는 가장 마음 아픈 장면이었다.

#현실적인 아내와 말 안 듣는 남편

이민을 오면 부부가 함께 있는 시간이 많아진다. 힘든 상황이 지속되면 서로 예민해져서 의견 충돌이 생기고 다툼도 잦게 마련이다. 영화 속에서 제이콥과 모니카가 살아가는(돈을 버는) 방식을 두고 자꾸 싸우는 것 또한 초기 이민자들 사이에서 그리 낯선 풍경이 아니다. 내 경험으로 보자면, 영화에 나오듯 여성이 남성보다 좀 더 현실적이고 섬세하다. 심장병이 있는 아이에게 "데이빗, 뛰지 마"라고 입버릇처럼 말하면서도 남편은 집(농장)이 병원에서 멀어도 별로 개의치 않는다. 그러나 아내는 "(그 동네로 가면) 병원도 있고, 좋은 학교도 있고"라며 남편을 설득하려 한다. 남편은 아내 말을 듣지 않는다.

이민사회에서 남편들이 주로 돌진형이라면, 아내들은 현실을 두루 잘 살피는 실사구시형이다. 병아리 감별에 남다른 능력이 있으면서도 남편 제이콥은 "죽을 때까지 그걸 하란 말이야?"라며 자꾸 다른 일에 눈을 돌리는 반면, 아내 모니카는 집에서도 병아리 감별 연습을 한다. 여성은 현실적이고 남성은 현실을 도외시하는 성향이 있다. 자기 만족과 허세이다. 제이콥은 말한다.

"아이들도 아빠가 뭘 하나 해내는 걸 봐야 할 거 아냐?"

남편의 이런 모습 때문에 가장 힘들어하는 사람은 물론 아내이다.

병원이나 학교 같은 곳에서 의사·교사와 대화를 하는 사람도 주로 아내이다. 외국인 교회에 가서도 외국 사람들과 한두 마디라도 나누려는 사람은 주로 아내 쪽이다. 내가 아는 한 그렇다. 남편은 새로운 문화에 적응하는 데 늦는 대신 한국말로 소리 지르는 건 잘한다. 〈미나리〉에서도 그렇다.

이렇듯 〈미나리〉는 외국에 사는 한국 사람들이 섬뜩해 할 정도로 이민 초기의 현실을 생생하고 정밀하게 잘 그려낸다. 나 같은 이민자로서는 다시는 경험하고 싶지 않은 괴로운 이야기들이다. 이민자가 아닌 보통 관객들이 감동을 받는다면, 낯선 땅에 뿌리를 내려가는 평범한 한국 가족의 모습을 감정 꾹꾹 눌러가며 냉정하고 담담하게 그려냈기 때문일 것이다. 엄마 아빠가 싸우자 큰아이는 "싸우지 마세요"라고 쓴 종이비행기를 날린다. 가족 사이의 갈등은 그렇게 지나간다.

한국에서 〈미나리〉를 본다면 앞으로 이런 말은 쉽게 하지 못할 것이다.

"이민이나 가야겠다."

〈미나리〉는 한국에서라면 상상하기 어려운 낯선 곳에서의 '다른 삶'을 날것 그대로 고스란히 드러내기 때문이다.

2021년 03월 12일

윤여정의
뼈 있는 수상 소감

방금 배우 윤여정씨의 아카데미 여우조연상 수상 발표가 있었다. 다른 많은 이들처럼 나도 그걸 직접 보려고 기다렸다. 상을 받지 않으면 오히려 이상할 분위기가 될 지경이었으니 윤여정의 수상에 대해서는 당연하다는 생각을 하고 있었다.

정작 내가 기다리며 기대했던 것은 수상 발표보다는 수상 소감이었다. 윤여정이 이번에는 무슨 이야기를 할까도 물론이지만 내가 기대했던 것은 그것을 '어떻게' 이야기할까 하는 것이었다. 그동안 그이는 인터뷰에서든 수상소감에서든 늘 독특했다. 한국 배우, 그것도 한국의 나이 든 배우로서 대단히 특별했다는 것이다.

윤여정의 말을 특별하게 만든 것은 바로 유머 코드. 윤씨는 어느 인터뷰에서든, 특히 외국인과의 영어 인터뷰에서 말을 늘 재미있게 했다. 유머를 한두 개씩 반드시 끼워넣었다는 얘기다. 압권은 2021 영국영화티브이예술아카데미(BAFTA)의 여주조연상 수상 소감.

"'고상한 척한다(snobbish)'고 알려진 영국인들에게 인정받아서 더 기쁘고 영광이네요."

그이의 이같은 유머에 대해 "재치 있다"는 정도로 평가한 것이 일반적이었지만 나는 서양의 보편적 문화에 대한 배우의 이해가 높다,

준비를 철저하게 했다는 것으로 받아들였다. 이해도가 높다는 것은 서양의 콧대높은 사람들에게 할 말은 다 하되 그 말을 재미있게 듣도록 하는 방법을 제대로 안다는 얘기다.

사실 연설이나 소감만큼 지루한 것도 없다. 그 지루함을 없애고 연설이나 소감의 메시지를 가장 확실하게 전달할 수 있게 하는 무기는 유머 코드이다. 유머가 없다면 어떤 명연설이나 수상 소감도 재미가 떨어진다. 재미가 없으면 메시지의 전달력은 떨어지게 마련이다.

연설과 수상 소감의 메시지를 극대화해주는 것이 바로 유머인데, 내가 경험한 서구의 문화는 공식적인 연설을 할 때 유머에 아주 목숨을 건다. 심지어 장례식장에서 상주가 세상을 떠난 부모를 회상하는 추모사를 하면서도 사람들을 웃긴다. 그것도 제대로 웃긴다.

2021년 4월 25일 '아카데미 여우조연상' 수상 소감을 말하는 윤여정씨.

초등학교 졸업식 졸업생 대표 연설부터 그러하니, 서양 사람들은 연설의 내용 못지 않게, 아니 내용보다 더 심혈을 기울여 유머를 준비한다. 준비를 하면서, 사람들이 웃지 않으면 어떻게 하나 전전긍긍하기도 한다. 순간적으로 휙 지나가는 촌철살인의 말 한 마디로 사람들을 웃게 만드는 가운데, 내가 전하려는 메시지를 지루하지 않게 각인하는 능력. 이것이야말로 연설과 소감의 백미이다.

윤여정은 무엇보다 바로 그런 문화를 제대로 알고 준비했다. 어디에서고 마찬가지였다. 영국 사람들에게는 "고상한 척하는 네들한테 인정받아서 더 기쁘다"는 명쾌한 말을 했다. 영국 사람들을 묘하게 치켜세우고 자기도 그만큼 올려서 말하면서도 은근하게 야유하기도 하는 센스가 대단했다.

아카데미 시상식. 첫 마디가 "유러피언들이 내 이름을 잘못 불러도 여러분을 용서해줄게"였다(유러피언이라고 했지만 뒤에 여러분이라고 한 걸로 봐서는 서양사람들로 보는 게 맞다). '고상한 척하는 영국인'에 이어 이건 한 발짝 더 나아간 소감으로 들린다.

코로나19 시대에 접어들면서 북미에서는 날이면 날마다 아시아인 혐오 폭행이 터져나왔다. 토론토 한인들도 폭행을 당한다. 나 같은 사람도 바깥에 나가면 은근히 신경이 쓰일 정도이다. 그런 분위기 속에서 보자면 윤여정의 아카데미 수상 소감이 예사롭지 않다. 혐오와 폭행 위협을 날마다 피부로 느끼는 이곳의 나 같은 사람에게는 각별한 의미로 다가온다.

"네들은 나 같은 아시아 사람 이름도 정확하게 못 부르지? 그만큼 네들이 아시아 사람들을 우습게 보는 건 아니니? 사실 나는 그게 불만이었는데 오늘은 상을 줬으니까 용서해줄게."

사람들을 웃게 만들었지만 그의 이같은 유머에는 이런 뼈가 들어 있다.

물론 배우가 이 정도의 내용까지 염두에 두고 말을 했는지는 모르겠다. 그러나 수상 소감을 준비하면서 수없이 많은 내용과 말들을 고르고 골랐을 터인데, '네들은 내 이름 하나도 정확하게 못 부른다. 그러나 용서해준다'는 내용을 맨처음에 유머러스하게 이야기한 것은 예사롭지 않다. 영국의 아카데미상을 받으면서 했던 유머와 비교해서도 그렇고, 게다가 아카데미 시상식 전에 봉준호 윤여정 정이삭 등이 북미의 아시아인 혐오 문제에 대해 깊은 우려를 표명한 것과도 연결된다.

두 번째 주목되는 유머 코드는 "두 아들에게 감사한다. 걔들이 내가 일을 하라고 등을 떠밀었다"는 내용. 나처럼 '나이 많은' '여성' 배우도 이렇게 확실하게 밀어주는 사람이 있으니 이런 자리에까지 올 수 있다는 얘기로 들린다. 무겁고 진지한 메시지를 이렇게 유머에 담아 전하는 기술과 능력, 유머에 담지 않으면 썰렁해질 수 있는 내용을 사람들을 웃겨가면서까지 분명하게 전하는 노련함. 저것은 치밀하게 계산하지 않으면 나오지 않을 큰 이야기들이다.

수상 소감을 얼마나 전략적으로 준비했는가 하는 것은 맨 마지막에 김기영 감독을 언급한 사실만으로도 알 수 있다. 아카데미상 수상자를 발굴한 명감독인 그분, 지금은 세상을 떠난 그 존재에 대해서도 가장 큰 영화 시상식 무대에 서서 전 세계를 향해 이렇게 효과적으로 알렸다. 윤여정은 연기에서도 최고였지만 수상 소감에서도 정말 최

고이다. 한국 배우로는 처음으로 아카데미상을 수상했다는 것 못지
않게 그의 수상 소감 또한 이렇게 빛난다.

2021년 4월 25일

고교생 딸의
영화 〈택시운전사〉 관람기

  9월 학교의 개학(캐나다의 학년 시작은 9월이다)을 앞두고 토론토 극장들은 학생 관객을 끌어들이려고 반값 세일을 한다. 대학생이 되기 전, 여름 내내 신나게 시간을 보내던 딸아이가 할인 티켓을 사서 심야 영화를 보고 왔다. 〈택시운전사〉. 〈택시운전사〉를 본 이유는 한국 영화라서가 아니고 리뷰가 좋았기 때문. 웃고 울며 재미있게 보았다고 했다.

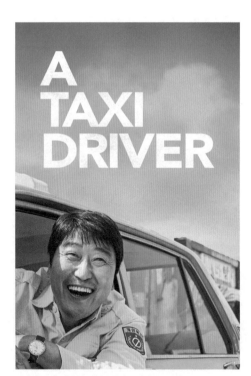

캐나다에서 개봉된 영화 〈택시운전사〉 포스터.

#소감1

  "지난번에 아빠가 촛불혁명이 대단하다고 했잖아요. 사람이 죽거나 다치지 않고, 체포도 안 당하고 혁명을 성공시켜서 자랑스럽다고. 그게 무슨 의미인지 이 영화 보고 알았어요." 〈택시운전사〉를 보면서 나도 생각하지 못했던 점을 아이는 짚어냈다.

#소감2

"박정희 대통령은 알고 있었는데 전두환은 몰랐고 광주에서 그런 일이 있었던 것도 몰랐어요. 너무 끔찍했어요."

박정희는 조세희 소설 〈난장이가 쏘아올린 작은 공〉을 읽어서 알고 있다고 했다. 물론 영역본을 읽었다. 한국 소설에 관심이 많은 어느 선생님이 소개해줬다는데, 이해할 수 없는 내용이 많아서 '저널'을 몇 개 찾아서 읽었다고 했다. 내용에 대해 물었더니, 아이는 이렇게 답했다.

"독재자가 미래의 행복을 위해 오늘 힘든 거 참으라면서 사람들을 고통스럽게 했다. 심지어 사람들이 고통스러워 하다가 죽기도 했다."

말이 나온 김에 나는 박정희에서부터 문재인에 이르기까지 한국 대통령의 이름과 선출 과정을 처음으로 이야기해주었다. 아이 또한 한국 현대사에 대해 처음으로 귀기울여 들었다.

#소감3

"불과 37년 전에 저런 끔찍한 일이 있었다는 것도 놀랍고, 그걸 지금 영화로 만들 수 있다는 것도 놀라워요."

그러니까 37년 전이라면 오래 전도 아닌데, 어떻게 저런 끔찍하고 야만적인 일이 일어날 수 있었는지 아이로서는 상상할 수 없다는 것이었다. 저런 내용을 불과 37년 만에 영화로 만들 수 있는 것도 놀랍다고 했다. 아이는 또 이런 말도 했다.

"한국에서는 테크놀로지가 앞서 가는 속도를 사회 문화가 잘 따라 가지 못하는 것 같아요."

사회적으로 따라갔으니 저런 영화가 나오는 거 아니냐고 했더니, 그것은 좀 다른 의미라며 다음에 이야기해보자고 한다.

영화를 함께 본 딸아이 친구들은 두 사람 모두 중국 출신인데, 그들은 영화를 보면서 중국 천안문사태를 떠올렸다고 했다. 그 아이들도 〈택시운전사〉를 보면서 "좋은 영화, 잘 만든 영화"라고 평. 잘 만든 영화는 어디서든 이렇게 통한다. 교육 효과도 이렇게 좋다.

K팝에는 푹 빠져 살면서도 한국 영화라고는 좀체 보지 않던 아이가 〈택시운전사〉에 '필' 받아서 그 다음에는 〈군함도〉를 보러갔다. "리뷰는 별로"라면서 갔는데, 보고 난 후에 별 말이 없었다.

2017년 08월 30일

젠더 이야기

캐나다만의
독특한 남자 서열

"이곳에 서열이 있다는 거 알아?"

캐나다에 살러 온 직후에 만난 어느 선배가 대뜸 나에게 물었다.

"서열이라뇨?"

"캐나다에는 사회적으로 대접받는 서열이 있어. 어린이, 여자, 노인, 강아지, 그다음이 남자야."

처음에는 물론 농담으로 받아들였다. 그런데 이 나라에 살아보니 한국에서 온 보통 남자의 눈에는 이런 서열이 보일 수도 있겠구나 싶었다. 약자를 우대하고 우선시하는 사회여서 그런지 남자들은 이리저리 뒷전으로 밀리기 십상이었다. 이런 판국에 성추문을 만들기라도 하면 남자는 진짜 개만도 못한 대접을 받게 된다.

캐나다에서도 성폭력 뉴스는 심심치 않게 터져나온다. 최근 10년간 토론토 한인 동포가 성범죄 혐의로 기소되어 떠들썩했던 사건도 두 건이 있었다. 첫 번째 사건은 20대 남성 6명이 같은 교회 또래 여성들을 성폭행했다는 것이었다. 경찰은 이 사건을 기소(캐나다 경찰은 기소권을 가지고 있다)하면서 피의자들의 신상을 바로 공개했다.

언론 매체는 그들의 이름과 얼굴을 1면 머리기사에 올렸다. "추가 피해자들이 있으면 신고하라"는 경찰의 요청 또한 빠뜨리지 않았다.

다름 아닌 교회 안에서 벌어진 사건이어서 파장은 더 컸다. "증거가 무엇이냐"라는 기자의 질문에 담당 경찰은 "복수 피해자들의 일관된 진술이 증거"라고 답했다.

두 번째 사건은 어느 학원에서 발생했다. 10대 여중생이 남성 학원 원장에게 성추행을 당했다고 경찰에 신고한 사건이었다. 미성년자가 관련되어 사건의 파장이 만만치 않았다.

기소 이후 두 사건은 공교롭게도 똑같이 무혐의 처분을 받았다. 첫 번째 사건의 경우, 피해자들의 진술이 번복되고 엇갈리는 바람에 무고로 판명났다. 두 번째 사건은, 학원 안에 설치된 CCTV 덕분에 원장이 혐의를 벗을 수 있었다.

그런데 공통점은 더 있었다. 두 사건 모두 피의자의 잘못이 없다고 밝혀졌지만 그 남성들을 음해하려 했거나 오해를 해서 신고한 여성들은 형사처벌을 받지 않았다. 캐나다에는 한국의 무고죄 같은 것이 없기 때문이다. 남성들이 피해 보상을 받을 수 있는 방법은 허위 신고자와 경찰을 상대로 민사소송을 제기하는 것 외에는 없다.

이들이 성폭력으로 기소되었다는 사실을 대대적으로 보도한 언론 매체 가운데 '무혐의 처분'을 보도한 곳은 거의 없었다. 게다가 지은 죄가 없는데도 '성폭력으로 기소되었다'는 기록은 삭제되지 않고 경찰 파일에 그대로 남았다. 그 때문에 당사자들은 취업 등을 할 때 불이익을 받을 수도 있다. 그들로서는 억울하기 짝이 없는 노릇이지만 이 나라에서는 달리 어찌할 방법이 없다. 무혐의로 밝혀져도 이러하니, 진짜 범죄자들에게 어떤 중벌이 내려지는지는 어렵지 않게 짐작할 수 있다.

일반 직장에서는 '성희롱했다'는 지적을 받으면 직장생활을 더 이상 할 수 없다. 개인 컴퓨터로 미성년자 포르노를 본 흔적만 있어도 직장에서 바로 잘린다. 식당에서든 술집에서든 성희롱·성추행 등으로 경찰에 일단 신고가 되면 인생이 피곤해지는 것을 넘어 평탄한 인생을 살기가 어려워진다. 기소되자마자 얼굴과 이름이 만천하에 공개되어 온갖 창피를 다 당하고, 벌금과 징역 등의 중형에 처해지기 때문이다.

허위 신고로 인한 부작용이 만만치 않은데도 성폭력을 다루는 캐나다 시스템은 요지부동이다. 부작용이 따른다 하더라도 강력한 대처로 얻는 것이 훨씬 더 많다고 판단하기 때문이다. 이런 시스템에서는 진짜 피해자가 억울한 일을 당하는 경우는 거의 없다.

"여자도 좋아서 한 거 아니냐?" "꽃뱀 아니냐?" 따위의 이른바 2차 가해도 있을 수 없다. 그런 말을 공개적으로 했다가는 성희롱으로 즉각 기소될 수 있다. 한국에서 40년을 남자로 살다온 내 눈에는, 캐나다가 처음에는 조금 이상한 나라로 보였다. 그런데 십수 년 살면서 보니 알겠다. 약자를 이런 식으로 보호하니까 선진국 소리 듣는 것이다.

2018년 08월 26일

아들 대학 기숙사 룸메이트가
여학생?

토론토에 살러 오고 얼마 안 되어 학교 동문회 모임에 나갔다가 퍽 재미있는 이야기를 들었다. 여러 사람이 둘러앉아 밥을 먹는 자리에서 십수 년 선배 되는 분이 미국 유명 대학에 재학 중인 아들 자랑을 겸해 들려준 이야기였다.

"우리 아이가 기숙사에 들어갔는데, 어쩌다 보니 룸메이트가 백인 여학생이라는 거야. 임시라지만 말이야. '문제는 없는 거야?'라고 물었다가 아들한테 창피만 당했네."

아버지는 평범한 한국인 부모답게 대학생 남녀가 같은 방에서 생활하면 무슨 문제나 생기지 않을까 하고 걱정했다. 걱정의 내용을 알아차린 아들은, 아버지가 그런 생각을 하는 것이 오히려 이상하다는 표정으로 말했다고 했다.

"그런 일 없어요. 여자친구도 아닌데 어떻게 같이 잠을 자요?"

아버지는 말했다.

"여기서 자란 아이들은 우리 하고는 참 많이 달라."

그 이야기를 들을 당시에는 나도 '청춘 남녀가 한 방을 쓰면서 어떻게 아무렇지 않을 수 있을까?'라는 의구심을 지울 수 없었다. 그런데 우리 아이들을 학교에 보내면서 그런 의구심은 차츰 사라졌다. 딸아이가 초등학교 저학년일 때 걱정거리가 하나 있었다. 딸아이는 '보이'들 하고만 주로 놀았다. 4~5학년이 될 때까지 여자 친구가 거의 없었다. 남자 아이들 집에는 수시로 놀러가고 그 집 가족들과도 스스럼없이 어울렸다. 우리 집에 놀러온 외국인 남자 아이들도 우리 가족과 함께 한국 식당에 가서 밥을 먹었다.

딸아이는 "여자는 친구로 왜 안 사귀는데?"라는 질문에 정색을 했다. 친구면 친구지 남자든 여자든 무슨 상관이냐는 것이었다. 중학생이 되면서 차츰 달라지더니, 고교 진학 후에는 친구의 남녀 비율이 역전되었다. 그래도 남자 친구들은 여전히 많았다.

딸아이의 교우 관계를 지켜보면서 새로 알게 된 사실이 하나 있다. 이곳에서 자라는 아이들에게, 친구는 그냥 친구일 뿐이다. 대학생이 되어서도, 친구는 동성이든 이성이든 다를 바가 없다. 대신 연인 관계에 있는 '이성 친구'와 '이성 사람 친구'는 확실하게 구분한다. 생일이나 크리스마스 파티를 하면서 아이들은 늘 남녀가 함께 놀았다. 남녀가 아니라 사람끼리 어울리는 것이다.

'사람 친구'와 '연인'을 구별한다는 사실을 알고 나서부터 딸아이가 '남자 사람 친구' 집에 가서 밤늦게까지 있어도 별 걱정을 하지 않는다. 대학생이 된 지금도 딸아이 방에 고교시절 '남자 사람 절친'이 와서 함께 공부하고 놀다 가는 경우가 종종 있다. 젊은 남녀가 그렇게 지낸다 한들 문제될 것이 없다. 어릴 적부터 학교에서 '남자'와 '여자'가 아닌 '사람'을 사귀고 대하는 법을 자연스럽게 배우고 익혀왔기 때문이다. 이성을 남녀로 갈라 구분하지 않고 그저 사람으로 대하고 교유하는 문화 속에서 성장했으니, 청춘 남녀가 기숙사 룸메이트가 되어도 크게 개의치 않는 것이다.

한국에서 미투 운동이 활발하게 벌어지는 와중에 일부 남성들 사이에서 여성들을 아예 피하고 배제하려는 움직임이 있다는 뉴스를 보았다. 과거 중·고교 때처럼 남자와 여자 사이에 높은 담장을 치자는 것과 다름없는 발상이다.

이성에 대해 가장 예민한 중·고교시절, 지금 기성세대는 이성에 대해 알고 한 인격체로 받아들이는 법을 어디서고 배우지 못했다. 나아가 이성과 어울리는 것을 죄악시하는 풍토 속에서 10대를 보냈다. 여성을 남성과 똑같은 사람으로 받아들이고 존중하는 교육과 훈련을 받은 바 없으니, 미투 운동에 그렇게 용렬한 방식으로 대응하는 것이다. 노르웨이 같은 나라에서는 남녀 병사가 서로에 대한 이해를 바탕으로 한 내무반에서 함께 생활하는 세상인데, 사람이 사람에게 다시선을 긋고 차별하려 하니 안타까운 일이다.

2018년 03월 11일

'개저씨' 소리를
듣지 않는 한 가지 방법

　몇 년 전, 십수 년 만에 만난 옛 직장 여성 동료한테서 놀라운 이야기를 들은 적이 있다. 함께 일하던 시절 가끔씩 야한 농담을 해서 화통하다고 생각했던 동료였다. 그이는 자기가 그런 농담을 했던 이유가 따로 있었다고 털어놓았다.

　"남자들이 그런 말을 거리낌 없이 하니까, 어색해하는 대신에 도리어 내가 막 나간 거다. 더 하지 말라고."

　말하자면 그 여성 동료가 성적인 농담을 했던 까닭은, 재미있어서가 아니라 남자들의 그런 말들을 앞서서 차단하기 위해서였다. 함께 일을 할 때만 해도 나는 그 동료가 유쾌하고 거침없는 줄로만 알았다.

　그 말을 듣고 나서야, 그이 역시 남자들이 늘어놓는 성적 농담에 대해 매우 불편해했다는 사실을 처음으로 알게 되었다. 그런 속내를 십수 년이 지나 털어놓았다는 사실은 그 불편함이 그만큼 크고 깊고 오래 갔다는 것을 의미했다.

　나로서는 다소 충격적인 이야기였다. 이후 관심을 가지고 다른 여성들에게 물어보았더니 우리 연배 대다수 여성들이 그런 경험을 가지고 있었다. 그들은 반응하지 않거나 그냥 웃는 것으로 그 시간을 넘기려 했다고 답했다. 얼굴을 붉히거나 화를 내면 그 또한 관심거리가 되었다.

"웃자고 한 소리를 가지고 뭘 그렇게 예민하게 굴어?" 같은 더 불쾌한 언사가 이어질까 봐 눈에 띄게 반응하지 않았을 뿐이다. 반응하지 않는 것이 그런 시간을 짧게 끝내는 방법이기도 했다. 불편하거나 불쾌하지 않아서가 아니었다.

내가 보기에 50대 이상 평범한 한국 남자들 가운데 아직도 이런 사실을 모르는 사람이 많은 것 같다. 이와 관련해 며칠 전 SNS를 뜨겁게 달군 일이 하나 있었다. 50대 이상으로 보이는 한 남성이 바닷가 돌조각상에 관한 글을 '전체 공개'로 올렸다. 선정적인 묘사가 문제였다.

그는 "탐스런 인어 유방"을 손으로 "애무"하는 "복 좀 받으려고" 그 바닷가에 가끔 간다고 했다. 조각상에 "올라탄" 어린아이의 입을

"누가 이렇게 분 냄새 흘리고 다니래?" "삼정물산 신우현과 무슨 관계야? 몸가짐 조심하고 다녀." "오늘 치마가 몸에 달라붙는 게 무척 섹시해 보이는데?" "내 컴퓨터 좀 봐봐. 여자 몸이 이 정도는 되어야 사랑받아." "지난번 체육대회 때 몸매가 장난이 아니던데?" "아니 그게 뭐 성희롱이야?" 드라마 〈미생〉 마 부장의 '개저씨 어록.'

빌려 "엄마 젖보다 엄청 크네"라고 말하고, 만지면 "이 느낌, 그렇게 좋을 수가 없다"고 적었다.

이 글에 대해 여러 사람이 문제 제기를 했고 글쓴이는 해당 글을 내리는 대신 다른 글을 하나 남겼다. 해명을 한다는 글에서 '재미있는 글'과 '문제'에 대한 이야기를 길게 한 것을 보면, 애당초 무엇이 문제가 되었는지에 대해 그는 여전히 모르는 듯했다.

그 남성의 글과 관련해 어느 여성은 "특정 연령 이상 (한국) 남성들의 여성에 대한 성적 대상화"를 지적했다. 특정 연령 이상이라고 했지만 '50대 이상 남성들'을 지칭하는 것이 분명해 보였다. 내가 보기에, 내가 속한 50대 이상 남성 가운데 많은 이들이 여성의 성적 대상화에 대한 거부감이나 자기검열 같은 내적 장치를 갖추지 못했기 때문이다.

그런 문제와 관련해 '할 말' '못할 말'을 구별할 능력을 제대로 갖추지 못했다는 얘기다. 그 전형적인 사례 하나가 최근 국민 대표기구인 국회의 공식 석상에서 또 등장했다. 6월 17일 국회 보건복지위원회 첫 회의에서 이용호 의원은 말했다. "우리 한정애 위원장님…. 날이 갈수록…. 아름다워지셔서."

당사자는 덕담이라고 했겠으나 '남성 위원장님'의 외모 관련 발언을 아무도 하지 않는 것만 봐도 그의 말이 얼마나 부적절한 것인지 어렵지 않게 짐작할 수 있다. 더욱 심각한 사실은 이런 발언이 왜 문제가 되는지를 한국의 중장년 남성 가운데 많은 사람들이 잘 모른다는 것이다. 문제를 제기하면 발언 당사자 대부분은 "칭찬을 했는데 왜 그래?"라고 반문한다.

4년 전 국회 교육문화체육관광위원회에서도 비슷한 일이 있었다. 한선교 의원이 발언을 하다가 유은혜 의원을 향해 "왜 웃어요? 내가 그렇게 좋아?"라고 했다. 성희롱에 대해 사과하라는 다른 의원들의 요청에 대해서도 그는 이렇게 말했다.

"그렇게 느꼈다면 미안하게 생각합니다. 됐습니까? 그렇게 왜곡하지 마세요."

성차별 발언을 공개적으로 거리낌 없이 하는 것이 문제인데, 그런 발언이 왜 문제가 되는지도 모르고 도리어 왜곡한다고 뒤집어씌우는 것은 더 큰 문제이다. "뭘 그렇게 예민하게 굴어?" 하고 똑같은 반응이다.

위 세 사람의 경우에서 보듯이, 여성을 성적으로 대상화하거나 외모에 대해 무신경하게 이야기하는 것은 많은 50대 이상 남성들 사이에 뿌리 깊게 박혀 있는 병든 문화이다. 물론 성인지감수성을 갖춘 이들도 있으나 그런 이들은 중장년 세대에서 소수에 속할 것이다.

이유는 간단하다. 이 세대는 성장기에 생물학적인 성(sex) 교육을 거의 받지 못했고, 사회문화적으로 형성된 성(gender)에 대해서는 아예 들어보지도 못했기 때문이다. 성에 대한 호기심이 가장 왕성한 중·고교시절에는 남자와 여자가 남중(고)/여중(고)으로 완전히 갈라져서 공부를 했다.

이성을 자연스럽게 알 수 있는 기회가 원천 봉쇄되었을 뿐만 아니라 이성과 만나는 것을 죄악시하는 분위기에서 10대 성장기를 보냈다. 가정이든 학교든 남자 어른에 대한 예의만 가르쳤을 뿐 사람이나 이성에 대한 매너는 가르치지 않았다. 그러니 그런 예의가 있는 줄도,

있어야 하는 줄도 몰랐다.

고교 생물 시간에 남자 교사는 생식기관을 설명하면서 "밖에 나가서 악용하지 마라"라고 농담 삼아 말했다. 그런 분위기 속에서 이성은 '다른 사람'이 아니라 그저 '욕망의 대상'으로 두드러졌을 뿐이다. 비단 우리 학교만의 분위기는 아니었을 것이다.

50대 이상 남자들은 성인지감수성에 관한 한 대부분 무식하다고 봐도 크게 틀린 말이 아닐 것이다. 문제가 되는 줄도 모르고 다른 성을 거리낌없이 대상화하는 데는, 그들이 나고 자란 환경 또한 크게 작용한 것으로 보인다. 중장년 남성들은 태어나면서부터 상대적으로 특권층이었다.

아들은 대학공부를 시키면서 딸은 안 시키는 것을 당연시하는 풍토에서 그들은 성장했다. 누이들이 공장에서 돈을 벌어 남자 형제들을 공부시키는 것도 흔한 일이었다. 그런 남자들은 성(sex)에 대해 아는 게 거의 없고, 젠더에 대해서는 아무것도 모른 채 대학과 사회로 진출했다.

무지는 무시와 차별, 성적 대상화 등으로 이어졌다. 남성을 우대하는 문화 속에서 줄곧 살아왔으니 성인이 되어서도 여성을 차별하고 성적 대상화하는 것에 대해 거부감이나 죄책감 같은 것을 갖지 않았다.

남자들보다 우수한 성적으로 졸업했어도 여자들은 취업 경쟁에서 번번이 밀렸다. 밀린 정도가 아니었다. 대부분의 대기업 공채는 여성 대졸자들에게 지원 자격조차 주지 않았다. 남자들에 대한 이런 특혜는 우월감으로 이어지게 마련. 그런 우월감이 사회에서 만난 여성 동료들 앞에서도 여성을 성적 대상화하는 발언을 거리낌없이 하게끔 만들었다. 고질적인 문화였다.

한선교 의원이 "왜 웃어요?"에 "내가 그렇게 좋아?"라는 말을 무심결에 이어간 것은 이런 문화적 배경에서 연유한다. 흉기를 휘두르면서도 그것이 흉기인 줄도 모르는 사람들이다. 흉기라고 지적해도 인정을 잘 하지 않는 사람들이다. 지난 수십 년 동안 성인지감수성에 관해 교육 받은 바 없고, 그래서 무지몽매한 채 살아왔다는 사실이 지금 와서 면죄부가 될 수는 없다.

국회의 공식적인 자리에서 여성 외모를 품평하고, 모든 사람이 보는 SNS 개인 미디어에서 돌조각상의 '탐스런 유방'을 '애무'한다고 이야기하면서 그게 마치 재미있는 묘사 방법인 양 주장하는 것은 '구린' 것을 넘어 저급하고 야비한 욕설을 공개적으로 입에 올리는 것과 다를 바가 없다.

지금 여기서, 50대를 지나 60대로 가는 남성인 내가 하는 이야기를 듣고도 무슨 소리인지 모르거나 화가 나는 50대 이상 남성이라면 '개저씨' 소리를 들어도 억울해하지 마시라. 뭐가 뭔지 모르겠고, 왜 문제가 되는지 잘 모를 수도 있다. 그렇다면 아예 사람의 외모 품평이나 성적인 농담 자체를 입에 올리지 마시라. 그것이 개저씨 소리 듣지 않는 한 가지 방법이다.

2020년 06월 22일

토론토와 뉴욕의
지하철 성추행범 퇴치법

아내와 옛날 이야기를 나누다 보면 깜짝 놀랄 때가 있다. 예전에 내가 까맣게 몰랐던, 여성으로서 대단히 힘겨워했던 이야기를 듣는 경우가 그렇다. 대기업들이 대학 여성 졸업자를 공채하지 않았다는 이야기도 놀라웠고. 또 다른 하나는 지하철이나 버스에서 당한 성추행. 당하는 순간 몸과 입이 딱 얼어붙어서 말이 나오지 않았다고 했다. 그러니 소리도 못 지르고, 피하기에 급급했고, 버스나 지하철 타기가 무서웠다고.

서울에서 온 젊은 여성의 이야기를 들어보면 수십 년이 지났어도 사정은 크게 달라지지 않은 것 같다. 뉴욕에서 토론토에 놀러온 여자 조카에게 물어보았다. 조카는 두 살 때 부모를 따라 미국으로 건너간 이후 줄곧 뉴욕에서만 살았다. 서른 살에 미혼.

"뉴욕 지하철이나 기차 같은 곳에서도 성추행 같은 게 있니?"

"있죠."

"그러면 여성들이 어떻게 행동해?"

"소리를 질러요."

"어떻게?"

"두 손을 들고 이렇게 소리 지르죠. '스탑! 돈터치!'"

"그러면 오히려 성추행범이 큰소리치거나 하지 않아? 그렇게 되면 힘들어질 수도 있잖아."

"다른 사람들이 도와주니까 못 그래요."

"다른 사람들이 어떻게 도와줘?"

"사람들이 모두 추행한 남자를 째려보고, 한 마디씩 하면서 여성을 보호하려는 태도를 취하죠. 어떤 사람은 경찰에 신고해 주고요. 주변 사람 모두가 그렇게 하면 추행범은 꼼짝 못해요. 창피 당하고 급히 도망가거나 경찰이 빨리 오면 잡혀가기도 하고요."

 Jini JiMyung Yoon
9월 14일 오후 1:08 · 토론토 · 🌐 ···

정체성

예전에 지하철을 타고 가는데 다음 정거장에서 흑인 한명이 들어 왔고 내 옆에 백인이 앉아 있었는데 그 백인 옆자리에 앉으려고 가방을 좀 치워 달라고 했다. 그 백인은 버럭 화를 냈고 그 흑인에게 다른데 가서 앉으라 했다. 지하철은 만석이었다. 나는 옆 사람에게 가방을 치우고 그가 앉을 수 있게 자리를 내어 주라고 했다. 그는 내게 그러지 않겠노라며 저 흑인이 어쩌구 저쩌구 하며 온갖 쌍욕을 시작했다. 사회가 백인들만 못살게 군다며.
나는 내가 아는 모든 영어 욕을 하며 나도 욕할줄 안다며 "These 욕 are for you" 이 Racist(인종차별주의자) 개새끼야 꺼져라 모든 사람은 함께 어울려 살아야 하고 그럴 자격이 있지만 넌 없다"며 꺼지라고 했다.
재밌는건 내가 포문을 연후,
지하철에 있던 내 옆 모든 사람들이 그 백인을 향해 욕하기 시작했고 내 옆에 와서 혹시 다칠까봐 몸으로 쉴드 쳐준 청년. 사람들은 그 인종주의 차별자에게 당장 그 지하철에서 내리라고 했다. 함께 할 수 없다며.
이민자로 보이는 아들이 나를 편들어 그 백인과 싸우자 어머니인 그 아주머니가 아들에게 끼어 들지 말라 했고 나는 정중히 그녀에게 "약자와 소수자의 권익을 위해 함께 싸우는 아들을 자랑스러워 하십시요 당신에게도 좋은 일입니다"라고 해 줬고 그 아들은 내게 웃음지었다. 지하철을 세웠다. (캐나다 지하철엔 응급 노란 테두리가 길게 있는데 그걸 누르면 지하철이 선다). 아무도 지하철이 멈춰서 자신의 약속 시간이 늦어 진다고 불평한 사람은 없었고. 차장은 무슨일이냐며 와서 자초 지정을 물었다. 그리고 그 백인은 지하철에서 내려야 했다. 내가 내릴때 백인 할머니와 그의 친구가 고마워요 young lady라고 하며 엄지척.
이게 차별과 맞서는 보편 타당한 선진국 캐나다 문화다.

"자기 일도 아닌데 사람들이 그렇게 적극적으로 나서는 이유가 뭐야?"

"추행당하는 사람이 약자니까 도와주는 거죠."

예전 아내가 몸과 입이 얼어붙었다는 것은 피해자가 "하지 말라"고 항의를 해도 주변에서 도와주리라는 믿음이 없기 때문이기도 했을 것이다.

새삼 이 이야기를 끄집어 내는 것은 토론토에 사는 페이스북 친구가 올린 좋은 글(캡처 사진 참조) 때문이다. 지하철 성추행과 직접 관계된 이야기는 아니지만 여성이 문제를 제기했을 때 주변 사람들이 어떻게 반응하고 도와주는지, 문제를 일으킨 자를 어떻게 처리하는지를 알 수 있었다. 한국에서도 도입하면 좋을 문화다.

2017년 09월 20일

한국 이야기

3년 만에 한국서 만난
기분 좋은 낯섦

꼭 3년 만에 한국에 왔다. 캐나다살이가 조금 안정된 이후, 다소 무리를 해서라도 1년에 한 번은 한국에 나오려고 했었다. 멀리 떨어져 사는 자식, 손주 걱정에 여념이 없는 노모를 뵈어야 했기 때문이다. 한국행 날짜가 정해지면 소풍을 기다리는 아이처럼 늘 마음이 설레었다. 이민자인 나에게 '모국'이라는 말은 '달콤'과 동의어이다. 한국에 와서 접하는 모든 것이 달콤하다. 음식이 달콤하고 사람을 만나는 시간은 더 달콤하다. 모국여행에는 일반 해외여행과 비교조차 할 수 없는 특별한 것이 있다. 외국살이하는 사람들만이 누리는 일종의 특권이다.

지난 봄. 코로나19로 막혀 있던 해외여행길이 열리자마자 캐나다 한인들의 한국행은 마치 봇물이 터지듯 했다. 올해 초만 해도 토론토발 인천행 비행기는 텅텅 빈 채 운항되었으나 지금은 만석을 넘어 특별기를 띄운다는 소식이 들린다. 모국 방문이 2년 넘게 막혀 있다시피 했으니 캐나다 한인동포 사회에 '한국 러시'가 생겨나는 것은 당연한 일이다.

3년 만에 본 한국은 많이 낯설었다. '1년이면 강산도 변한다'는 느낌이 들 정도로 한국 풍경이 많이 바뀌었다. 한국이 경제 선진국이 되었다는 것은 캐나다에 살면서도 익히 잘 알고 있는 사실이다. 막상 와서 보니, 거리 풍경뿐만 아니라 사람과 문화도 많이 바뀌어 있었다.

서울에서 지내는 며칠 동안 주로 강북에서 사람들을 만나며 걸어다녔다. 하루에 서너 시간씩은 걸었다. 예전과 달리 걷는 게 편하고 재미있었다. 볼거리가 많았고 신기한 것들이 눈에 많이 들어왔다.

한국 사는 친구들에게 "한국이 최근 몇 년 만에 정말 많이 변하고 발전했다"고 말하면 모두들 "그래?" 하며 심드렁해했다. 자기들이 얼마나 잘사는지 모르거나 그런 데 별 관심이 없는 것 같았다. 이곳에 사는 사람들과 달리 오랜만에 한국을 찾은 이방인의 눈에는 이전과 달라진 모습들이 눈에 쏙쏙 들어오게 마련이다. 게다가 선진국 소리를 듣는 캐나다와 직접 비교할 수 있으니 변화와 발전의 정도는 쉽게 가늠할 수 있다.

내 눈에 들어오는 내용은 주로 사소한 것들이다. 내가 보기에, 그런 사소한 것들이 특정 사회의 변화와 발전을 그 무엇보다 잘 드러낸다. 그런 것들은 경제 수준과 시민의식, 습관 등이 집약되고 녹아 있는 생활문화이기 때문이다.

#최고의 화장실

1990년대부터 외국을 드나들면서 내 나름 선진국 여부를 판별하는 기준이 하나 있다. 바로 화장실 문화이다. 남들에게는 시답잖은 기준으로 보일 수도 있겠으나, 나에게는 대도시 화장실의 청결도가 그 나라의 수준을 가늠하는 바로미터나 다름없었다. 수십 년 전에는 융성했으나 지금은 쇠락한 어느 나라 최고 유적 도시 고급 호텔에서는 화장실에 물이 나오지 않았다. 캐나다를 처음 방문했을 때도 다름 아닌 화장실이 퍽 인상적이었다. 눈보라가 몰아치는 2월, 토론토의 오래된 작은 건물 화장실은 깨끗하고 건조하고 따뜻했다. 캐나다가 이렇겠구나 하는 생각이 들었다. 내 생각은 틀리지 않았다.

이번에 서울에서 하루 서너 시간씩 걸어다니면서도 나는 화장실 걱정을 하지 않았다. 내가 경험한 세계 어느 도시에서도 이런 일은 없었다. 뉴욕은 화장실 인심이 박하기 짝이 없고 유럽 도시들은 화장실 입장료를 받는다. 비교적 인심 좋은 토론토도 서울에 비할 바가 못 된다. 쉽게 접근할 수 있는 화장실이 도처에 있었고 무엇보다 인상적인 것은 지하철역이나 공원에 있는 공공 화장실도 깨끗했다는 사실이다. 식당에서고, 길거리에서고 내가 경험한 화장실은 모두 청결했다. 몇 년 전까지만 해도 습하고 냄새나는 곳이 많았으나 지금은 그런 곳을 만나기가 오히려 어려웠다. 코로나19 시대여서 그런지, 물비누와 종이 수건 등도 비교적 잘 갖춰져 있었다.

서울만 그런 것이 아니었다. 고속도로 휴게소도 그랬고, 이번에 들렀던 목포와 강진, 공주, 대전, 군산, 창원, 대구도 마찬가지였다. 한국에 사는 사람들은 잘 모르겠지만 이곳에 가끔씩 오는 사람에게는 이런 변화가 눈에 확 띄는 법이다.

#달라진 매너

캐나다에 살러 가서 빨리 익혀야 했던 매너 가운데 하나는 다른 사람들과의 물리적 접촉에 관한 것이었다. 혼잡한 버스나 지하철 같은 곳에서는 몸이 부딪히지 않도록 서로 조심해야 한다. 어쩌다 살짝 스치기만 해도 "미안하다"는 말이 입에서 저절로 나온다.

토론토에서 그렇게 살다보니, 서울에 와도 그게 늘 신경쓰였다. 3년 전만 해도 서울의 지하철이나 길거리에서 어깨를 심심찮게 부딪혔다. "미안하다"는 말도 거의 들을 수 없었다. 그런데 이번에는 달랐다. 코로나19로 인한 물리적 거리 두기에 익숙해져서 그런지는 몰라도 서울 도심을 걸어다니고 출퇴근 시간 지하철도 탔으나 어깨를 부딪힐 일은 거의 없었다. 모두가 조심하는 것 같았다. 남대문시장에서는 낯선 경험을 했다. 붐비는 '먹자골목'이나 '도깨비시장'의 좁은 통로에서도 다른 사람과 부딪히는 일은 없었다. 자동차는 경적을 울리지 않고 사람 뒤를 그냥 천천히 따라갔다. 처음에는 '매너 좋은 운전자가 있구나' 싶었으나 그런 모습을 남대문시장에서 두 번 더 보았다.

매너가 좋다는 것은 지하철을 타고 내리면서도 확인할 수 있었다. 지하철이 도착하고 출입문이 열리자 바깥 승객들은 줄을 사다리 모양으로 만들며 하차 승객이 나오는 길을 넓게 터주었다. 사람들이 다 나오기도 전에 타려는 사람은 거의 없었다. 성질 급한 사람도 더러 보았고, 큰 소리로 대화하는 사람들도 보았으나 젊은층은 아니었다.

#달라진 몸

길거리나 버스·지하철에서 가장 많이 보이는 사람들은 20~40대인 듯했다. 활발하게 활동하는 세대이니 그럴 것이다. 그들을 보면서 불현듯 드는 생각이 있었다.

'한국인의 체구가 달라졌구나.'

몸집이 크고 '핏'이 좋아졌다는 의미이다. 내 선배에게 그 이야기를 했더니 선배는 "당당해졌다"고 표현했다. 물론 작은 체구의 사람도 눈에 띄었다. 선배는 "그 친구들은 단단하다"고 말했다. 듣고 보니 정말 그런 것 같았다. 여성이든 남성이든 한국인의 체구는 당당하고 단단해진 것이 맞다. 내 눈에는 정말 그렇게 보인다.

#맛 좋은 커피

캐나다에 살러 가기 전 몇 년 동안 나는 이른바 커피 마니아였다. 당시만 해도 좋은 커피를 마시려면 일부러 찾아다녀야 했다. 한국에 오면 커피 마시는 것이 가장 불편한 일 가운데 하나였다. 십수 년 전부터 한국에 커피붐이 일어났다 해도 신선하고 맛있는 커피를 마시기가 쉽지 않았다. 어디를 가든 커피의 질을 보장하는 토론토와 많이 달랐다. 맛없는 커피를 비싸게 사마시느니 인스턴트 봉지커피를 마시는 게 나았다. 인스턴트 봉지커피는 한국이 세계 최고이다.

이번에는 달랐다. 대부분의 커피점들이 커피를 제대로 다룰 줄 아는 것 같았다. 맛도 가격도 좋았다. 가격이 비싼 곳은 공간이 좋았다. 옛 직장 후배들을 만나려고 서울 중림동에 갔다가 그 동네에 있는 손기정체육공원에 들렀다. 운동장 한쪽에 커피점이 있었다. 별 기대 없이 들어가 에스프레소를 주문했다. 3000원이었다. 작은 잔에 담긴 에스프레소 커피의 모양만 봐도 범상치 않았다. 맛이 훌륭했다. 그런 커피를 마시면 기분이 좋아진다. 손기정체육공원을 나오면서 기분이 참 좋았다.

손기정체육공원은 내 모교인 양정고등학교가 있던 자리이다. 1936
년 베를린 올림픽에서 금메달을 딴 당시 마라토너 손기정은 양정고
등보통학교 재학생이었다. 양정고는 서울 목동으로 이사를 갔으나
손기정 선수가 올림픽 시상대에서 들고 있던 월계수는 만리동 그 자
리를 지키고 있었다. 고교시절 늘 보던 월계수를 다시 보니 반가웠다.
고2 때 우리가 공부했던 건물이 옛 모습을 유지하며 손기정기념관으
로 사용되는 것도 반가웠다.

그중에서도 가장 반가운 것은 운동장에 남아 있는 시멘트 스탠드
였다. 1~2학년 때 그곳에서 한 달 이상 양배전 응원연습을 했었다.
양배전은 양정고와 배재고가 1년에 한 번씩 맞붙는 럭비 정기전이었
다. 우리나라에서 가장 오래된 스포츠 정기전답게 응원전도 치열했
다. 단축수업까지 해가며 지겹게 응원 연습하던 그 스탠드가 운동장
한쪽을 차지하며 여전히 기능하고 있었다.

만리동 고개의 끝자락은 서부역으로 이어진다. 바로 그 지점에서
'서울로7017'이 시작된다. 그 길을 만든다는 소식을 들을 당시만 해
도, 길지 않은 고가도로가 뉴욕 하이라인처럼 도심 트레일로 제대로
기능할 수 있을까 하는 의구심이 들었다. 기대가 별로 없었으니, 서울
에 와서도 찾아갈 마음이 생기지 않았다.

손기정체육공원에서 나왔더니 비가 오는데도 사람들이 자꾸 그 길
로 올라갔다. 무심코 따라올라갔다가 많이 놀랐다. 외국 것을 모방해
만들고 자꾸 다듬고 하다 보면 한국만의 개성이 살아난다. 나는 그 길
을 걸으며 서울역 전경을 보았고, 길에서 이어지는 건물에 들어가 화

장실을 사용하고 커피점에 앉아 비오는 거리 풍경을 감상했다. 이쯤 되면 도심 경관을 해치던 콘크리트 고가도로가 서울이 자랑할 만한 명물로 재생됐다고 평가할 만하다. '늦게 출발해서 남들을 추월하는 것이 취미인 나라'라는 한국에 대한 평가가 비단 우스갯소리가 아니라는 사실을 확인할 수 있었다. 전국 곳곳에 생겨난 걷는 길(트레일) 하나만 봐도 한국처럼 좋은 길을 빨리, 많이 만들고 많은 사람들이 사용하는 경우는 찾아보기 어려울 것이다. 대전 보훈둘레길을 걸으며 감동했다.

지난 20년 동안 거의 변하지 않은 토론토에 살면서 한국에 들어올 적마다 나는 놀랐다. 3년 만에 들어오니 한국은 놀라움을 넘어 낯선 곳으로 변해 있었다. 정작 한국에 사는 사람들은 한국의 생활과 문화 수준이 얼마나 높아졌는지 잘 모를 것이다. 옷차림새만 봐도 이제는 특정 유행이 획일적으로 휩쓰는 모양은 아니었다. 검은색이 유행한다고 하지만 경향이 조금 강할 뿐 예전처럼 젊은 층 대다수가 따라가는 것도 아니었다. 유행을 추종하기보다 자기 개성을 더 중시하는 모습이 보인다.

모국은 여전히 달콤하지만 그 느낌은 예전과 사뭇 달랐다. 서울 거리를 걸으면서 문득 이런 생각을 했다.

'이곳은 한국말이 잘 통하는 외국이로구나.'

2022년 06월 17일

신천지예수교에
왜 20대 신자가 많을까?

'라떼는 말이야' 류의 글이니 주의하고 읽으시라. 고교를 졸업하고 20대에 막 진입할 무렵 가장 먼저 배운 것은 술과 담배였다. 30~40년 전만 해도 음주와 흡연은 한국 남자에게 성인이 되기 위한 통과의례 같은 것이었다. 술은 담배와는 많이 달랐다.

술을 통한 성인식을 혼자 치르는 사람은 거의 없었다. 내 경우, 술은 매개체였다. 술 자체를 좋아했다기보다는 사람을 만나려고 술을 마셨다. 20대 초반 술자리에서 사람을 만난다는 것은 술의 힘을 빌어 내 안에 있는 이야기를 스스럼없이 털어놓는다는 것을 의미했다.

돌이켜보면 대학에 진학한 이후 사람을 만날 때면 늘 술이 있었다. "만나자"는 "술 먹자"는 것이었다. "술 먹자"는 "이야기하자"는 뜻이었다. 술자리에서는 흉허물도 부끄럽지 않았다. 그걸 듣는 사람도 자기 것인 양 공감해주었다.

당시, 술담배에 이어 새로 만난 것은 또 있었다. 선배라는 존재였다. 고교시절 교회나 학교서클에서 선배들을 보기는 했지만 선배라고 하면 스무 살 이후에 만난 인물들이 떠오른다. 무슨 사연으로 그리 되었는지는 모르겠으나 선배라는 말 속에는 '사 준다' '챙겨준다'는 의미가 들어 있었다.

선배가 사주는 것은 주로 술이었다. 술값을 같이 내도 선배가 조금 더 냈다. 선배라면 그렇게 해야 했다. 선배가 지닌 더 큰 의미는 '챙겨준다'는 것이었다. 선배는 고민을 들어주고 함께 아파하고 조언을 하며 후배를 챙기는 사람이었다.

기껏해야 나이 한두 살 더 먹은 고만고만한 청년들이 무슨 똑 부러지는 조언을 해주었겠나 싶지만, 스무 살 전후 당시로서는 같은 고민을 1~2년 먼저 했다는 것만 해도 대단한 일이었다. "나도 힘들었다", "나는 이렇게 해결했다"는 선배의 말 한두 마디는 큰 위로이자 힘이 되었다. 그런 점에서, 한두 살 더 먹은 선배라는 존재는 동급생 친구와는 많이 달랐다.

흔히 586이라 불리는 요즘 50대는 말 그대로 복을 많이 타고난 세대이다. 일부 반론도 있겠으나 지금 20대의 부모는 그 어느 세대보다 좋은 조건에서 젊은 시절을 보냈다고 나는 생각한다.

좋은 조건 가운데 하나가 좋은 선후배 관계. 대학에 들어가니 선배들이 차고 넘쳤다. 학과에도 있고, 서클에도 있고, 동문회에도 있었다. 선배들은 권위도 내세웠지만 한결같이 친절했다.

세상 모든 고민을 혼자 짊어진 듯했던 20대 초반, 나는 크고 작은 고민이 생길 때마다 선배들에게 터놓고 조언을 구했던 것 같다. 시국 문제나 진로에 관한 것은 물론 심지어 연애에 관한 고민도 선배들에게 털어놓았다.

선배들이 뾰족한 수는 제시 못했을지 몰라도, 최소한 내 문제를 진지하게 들어주는 상대는 돼주었다. 당시 내 고민을 들어주고 공감해주는 존재가 있다는 것은 무엇보다 든든한 일이었다.

최근 한국사회를 뒤흔들고 있는 코로나19 뉴스를 보던 중에 특이한 내용이 눈에 들어왔다. 3월 1일 질병관리본부의 발표에 따르면 확진자 중 20대가 차지하는 비율이 30%에 달했다. 다른 연령대에 비해 압도적으로 높은 비율이다. 면역력이 가장 좋은 세대가 20대이고 중국에서는 50대 감염률이 가장 높다는 사실을 감안하면 한국의 20대 감염률은 대단히 특이한 현상이다.

주된 이유는 한국에서 코로나19를 폭발시킨 '신천지' 교도 가운데 20대가 그만큼 많기 때문이었다. 보도를 보면, 최근 신천지교회는 20대를 전도의 가장 큰 타깃으로 삼았다. 이번 사태의 시발점인 신천지 대구교회에만 청년신도가 5000~6000명을 헤아린다고 한다. 전체 교인의 절반 이상에 해당되는 숫자이다. 청년들이 하루에만 200~300명씩 오기도 했다는데, 신입 교인 중 19~20세 청년이 가장 많다는 증언도 나왔다.

20대, 그중에서도 막 성인에 진입한 이들은 왜 신천지의 주 타깃이 되었을까? 왜 그들은 신천지의 전도에 그렇게 많이 넘어갔을까? 그것은 20대 초반의 속성과 신천지의 포교 방식과 관련이 깊은 것 같다. 미래에 대해 혼란스러워하고 불안해하는 청년들에게 신천지는 '상담'을 하는 방식으로 접근한다고 했다.

고민을 잘 들어주고, 정신적으로 의지하게 만들고, 결국에는 신자로 끌어들이는 수법이다. 결국 우리 시대 선배들의 역할을 신천지가 대신 하는 셈이다. 차이점을 꼽자면 목적을 가졌느냐 아니냐 정도이다. 물론 우리 선배들 또한 서클가입 같은 목적을 가지기는 했어도, 신천지 포교와는 비할 바가 못 된다.

20대 초반 청년세대가 그 어느 때보다 어려운 처지에 있는 만큼, 선배라고 술 사 주며 후배 하소연 들어주기가 예전 같지 않을 것이다. 선배들이 사라진 그 자리에, 신천지가 교묘하게 파고든 게 아닐까 싶다.

2020년 03월 03일

사이먼과
노회찬

토론토에서 의류 비즈니스에 종사하며 만난 특이한 인물이 있다. 이름은 사이먼. 만난 지 10년이 좀 넘었다. 70대 후반인 그는 예나 지금이나 똑같은 옷차림에 똑같은 인상이다. 빛바랜 야구모자를 푹 눌러쓰고 사시사철 점퍼는 열고 다닌다. 코끼리 같은 몸집에 다리를 조금 절룩거린다. 주름이 깊게 파인 얼굴은 하얀 수염으로 늘 덥수룩한데 이를 드러내며 씨익 웃는 모습은 일품이다. 그는 유대인이지만 나를 만나면 스님처럼 합장한 뒤 악수를 청한다. 그의 인사말도 늘 똑같다.

"다음 주는 네 비즈니스가 틀림없이 더 좋아질 거야."

사이먼은 옷을 취급하는 도·소매 상인들에게 비닐백 등 장사에 필요한 각종 물품을 공급하는 업자이다. 도매상 중에는 유대인들이 많다. 내가 아는 유대인 도매상은 모두 사이먼과 거래를 한다. 토론토 유대인 커뮤니티에도 경쟁자가 있을 텐데 사이먼이 거의 독점을 하고 있다면 물건에 특별한 무엇이 있을 것 같았다. 가격과 품질이 뛰어나지 않고는 있을 수 없는 일이었다.

내가 사이먼한테서 처음으로 물건을 받던 날 가격이 이상하다 싶어 그가 건네준 영수증을 다시 계산해 보았다. 사이먼은 물건을 싸게 준 것이 아니라 덧셈을 잘못해서 200달러 가까운 돈을 덜 받았다. "당신이 실수했다"며 돈을 더 주었더니, 사이먼은 두 손을 모아 내게 인사를 했다. 나에게 사이먼의 존재를 알려준 사람은 도매상을 운영하는 제이크였다. 역시 유대인인 그에게 그 이야기를 했더니 "200달러는 사이먼에게 대단히 큰 돈"이라며 그는 마치 자기 일처럼 고마워했다. 그참에 나는 궁금해하던 것을 처음으로 물어보았다.

"당신들은 왜 사이먼한테서만 물건을 사지?"

제이크는 말했다.

"사이먼이 좋은 사람이라서 그래. 나는 그를 30년 넘게 알아 왔는데 사이먼은 한결같이 좋은 사람이었어."

제이크의 다음 말이 내게는 충격이었다.

"사이먼 물건은 언제나 품질이 좋고 가격도 좋아. 다른 데와 비교하지도 않지만 설령 그가 비싸게 받는다 해도 나는 그의 가격이 싸다고 생각할 거야."

그 이유가 무엇인지 물었다. 제이크는 사이먼의 평범하지 않은 삶에 대해 간단하게 말해주었다. 사이먼은 잘나가던 의류회사 운영자였다. 그의 사업체는 외부 요인 때문에 십수 년 전에 문을 닫았다. 사업이 잘될 때든 실패한 이후든 그가 토론토 유대인 커뮤니티에서 하는 일은 똑같았다. 가난하고 불쌍한 사람들을 위해 발벗고 나선 일이다. 도움을 청하면 사이먼은 누구든 언제든 가리지 않고 응해 주었다. 수십 년에 걸친 헌신적인 활동 때문에 사이먼이라는 이름은, 의류 비즈니스에 종사하는 유대인들 사이에서 '존경' '신뢰'와 동의어였다. 그러니까 "사이먼 물건이 비싸도 그것은 싼 것이다"라는 말도 안 되는 말이 말이 되는 것이다.

2018년 7월 넷째 주 닷새 동안 유례 없는 폭염 속에서도 6만여 시민이 분향소를 찾아 노회찬 의원을 추모했다는 뉴스를 들었다. 그렇게 많은 사람들이 함께 아파한 까닭은 가난하고 소외되고 힘없어 억울한 사람들 편에 섰던 노 의원의 수십 년에 걸친 한결같은 활동 때문이었을 것이다. 그는 너무나 꼼꼼하게 한결같아서, 모교 민주동우회(민주화 과정에서 희생된 이들을 돕고 기억하는 대학동문회)에까지 연회비 3만 원을 십수 년 동안 꼬박꼬박 보내왔다고 했다. 본인은 양복 두 벌에 닳아빠진 구두 한 켤레로 살았으면서도 말이다.

나는 그의 죽음을 접하면서 토론토 유대인 커뮤니티의 사이먼을 자연스레 떠올렸다. 사이먼이 공급하는 물건은 무조건 싸고 좋다는 믿음은 수십 년 헌신에 대한 주변 사람들의 존경과 신뢰에서 연유한다. 노회찬의 죽음에 마음 아파하는 우리는 왜 살아생전 그에게 사이먼식의 존경과 신뢰를 보내지 못했을까? 그가 그것을 느끼고 자기의 진정성을 사람들이 알아주리라 믿었더라면 그의 선택은 달라졌을지도 모르겠다. 그의 죽음이 그래서 더 애통하다.

2018년 07월 29일

손혜원 '똘끼'는
어디까지 갈까

캐나다에 살러 와서 처음 한두 해 동안은 자동차를 몰고 많이 돌아다녔다. 우리나라 읍면 규모의 작은 도시들은 하나같이 예뻤다. 볼거리가 있다는 동네는 일부러 찾아다녔다. 파머스마켓으로 유명한 곳, 셰익스피어 연극을 올리는 소도시. 오래된 서점 하나로 사람을 불러들이는 곳도 있다. 어느 도시는 계곡 같지도 않은 계곡을 자랑거리로 내세운다. 동네는 더없이 예뻤다. 교회를 중심으로 도로 양켠에 늘어선 오래된 집들이 꽃단장을 하고 외지인을 맞았다. 주말이면 주차할 곳을 찾기가 어려웠다. 외지인들은 구경하고 먹고 마시며 돈을 쓰고 놀다 간다.

나이아가라 폭포에서 자동차로 20여 분 거리에 나이아가라온더레이크라는 작은 도시가 있다. 200여 미터 남짓한 길거리를 얼마나 예쁘게 꾸며놓았는지, 내가 안내해서 갔던 사람들은 한결같이 감탄을 했다. 그들이 보고 놀라워 하며 즐기는 것은 길거리 딱 하나뿐이다. 그거 하나에 그렇게들 놀란다.

오래된 건물이 길 양켠에 있고, 꽃들이 만발. 건물 외벽은 벽돌이지만 그 안쪽은 모두 나무로 만든 목조. 캐나다가 150년 정도 된 나라이니, 건물의 나이는 오래 돼봐야 100년 안팎일 것이다. 나이아가라에는 고층 건물이 많지만 여기는 모두 2~3층. 식당과 일반 상점, 그리고 호텔들이다.

　나이아가라온더레이크 시민들의 상당수는 이 작은 거리에서 나오는 관광수입으로 먹고 산다. 나이아가라 폭포에 오는 관광객을 그쪽으로 끌어들여 먹이고 재우고 하면서. 호텔이나 식당은 나이아가라보다 더 비싸다. 누구의 아이디어인지는 모르겠으나 길거리 하나를

캐나다 동부에서 가장 유명한 관광지 나이아가라 폭포 옆에 있는 작은 도시 나이아가라온더레이크. 수백 미터에 이르는 길거리(퀸스트리트)를 예쁘게 단장해 나이아가라 폭포를 찾아오는 수많은 관광객을 끌어들인다.

그렇게 개발 단장하니, 관광객은 볼거리 즐겨서 좋고 그곳 시민들은 관광수입으로 자손대대 먹고 살아서 좋고. 이거야말로 누이 좋고 매부 좋은 일이다. 무엇보다 그렇게 하여 도시가 살아 있어서 좋다.

모르긴 해도, 손혜원 의원이 의도하는 목포 구도심 살리기는, 나이아가라온더레이크처럼 소도시를 꾸미는, 한국에서는 처음 시도되는 프로젝트가 아닐까 싶다. 서울이나 전주 같은 멋진 한옥촌이 아니라, 근대 생활문화가 남아 있는 쇠락한 소도시를 일으켜세우겠다는 기획으로는. 역시, 누구도 시도한 바 없고, 그런 게 뭔지도 모르고, 성공하면 어떤 반대급부가 따라오는지도 모르니, 바로 그 '처음'이라는 것 때문에 기획 자체가 엄청난 저항에 부딪히는 것 같다. 게다가 현역 국회의원이라는 신분, 그것도 문재인정부가 들어서게 하는 데 작지 않은 역할을 했던 터라 정치인!이라는 이유만으로도 반대파들의 저항과 방해는 상상을 넘어설 것이다.

그런데, 아시다시피 예술이라는 게 그렇다. 예술을 만들어내고 예술을 예술답게 하는 힘은 바로 '똘끼'다. 예전에는 광기, 뭐 이렇게 부르기도 했다. 확 돌면 아무도 못 말리는 그 광기 말이다. 그런데 그 똘끼는 순도가 높으면 높을수록 이해 받기가 힘들다. 게다가 똘끼의 소유자가 주목받는 정치인이고 보니, 야당과 언론을 비롯한 반대파 지지자들한테서까지 집중 포화를 받는 것은 자연스럽고 당연한 일이다. 안 그래도 그의 목포 프로젝트는 '미쳤다' 소리 듣기에 딱 알맞을 성격이다. 한국 사람들이 외국 가서 완성된 것을 보면서 돈쓰고 즐길 줄만 알았지, 그것이 만들어지는 과정을 생각한 적도, 경험한 적도 없으니.

현지 주민들이 아니라고 하는데 누구는 여전히 투기라고 믿을 것이고, 또 누구는 "저건 국회의원이라는 신분을 망각한 이해충돌"이라고 비판할 것이다. 이해충돌이라는 측면만 놓고 보자면, 나로서도 수긍할 대목이 없는 건 아니다.

그런데, 애초에 방송으로 문제가 불거진 이래 손의원이 보여준 행보로 판단하건대, 그이는 이것저것 다 떠나 내 눈에는 '똘끼 충만한 젊은 예술가'처럼 보인다. 그에게 정치를 기대하지만 그는 사람들의 예상을 보기 좋게 깨뜨려나간다. 내 눈에는 그 자체가 퍼포먼스이다.

우리가 몰라서 그렇지, 그전에도 그랬을 것이다. 안 그랬다면 젊은 조카들 데리고 목포에 들어가서 재산을 그렇게 퍼부을 리가 없다. 게다가 두들겨 맞으면 맞을수록 전투력은 점점 더 강해진다. 저 나이에, 저 경력에, 저 지위에, 저 처지의 사람 가운데 "자, 다 나와. 손목 걸자"는 사람 없을 것이다. 고개 숙여도 시원찮을 판에 저러고 나오니 반대파는 당혹해 하고, 언론들은 바로 그 똘끼에 말려드는 형국이다. 단순 취재에 구멍 숭숭 뚫리고, 조선 중앙 같은 한국 최대의 취재 인력을 가진 신문사들이 무엇에 쫓기듯 연달아 헛발질이다. 문구 하나로 수백억 병의 소주가 팔려나가게 한 적도 있는 가공할 만한 똘끼이니 그럴 수밖에.

내 관심사는 옹호하거나 비판하는 것이 아니다. 내 관전 포인트는 오로지 쇠락한 지방 소도시의 거리를 제대로 디자인하여 살려보겠다는 늙지 않은 저 예술가의 똘끼가 한국에서 과연 통할 수 있을까 하는 것뿐이다. 성공할 수도, 절반만 성공할 수도, 실패할 수도 있을 것이다. 어떻게 되든 한국에서는 처음 나온 똘끼로서 의미가 작지 않다고 나는 믿는다. 물론 저 많은 저항과 난관을 돌파하고 목포 구도심 프로젝트를 성공시킨다면야 그보다 더 좋은 일은 없을 것이다.

나는 오히려 저이가 정치인 신분이라는 게 참 아쉬울 따름이다. 그게 아니었다면 지금보다는 훨씬 수월했을 수도 있을 텐데. 하긴 똘끼인이 정치인 같은 허접하거나 고귀한 신분을 신경 쓰기나 했겠나. 목포 거리에 한눈에 반해서, 저 좋은 걸 어떻게 만들면 좋겠다고, 눈이 확 돌아가 버린 판국인데. 나도 처음에는 그리 생각했다.

'국회의원 임기나 끝내고 하지.'

그런데 한번 확 돌면 그런 것 따위가 눈에 보일 리가 없다. 한시가 급하니까. 세상을 바꾸는 건 이런 막무가내 똘끼다.

2019년 01월 23일

대학의 인문학 연구가
그리도 우스운가

나는 대학과 대학원 석사과정에서 프랑스 문학을 공부했다. 1980
년대 중반까지만 해도 인문학 전공자의 대학원 진학은 평생 연구자
(좀 더 정확하게 말하면 교수)로 살고자 하는 것을 의미했다.

대학 4학년 때 교수 연구실을 찾아가 "대학원에 진학해 공부하고
싶습니다"라고 상의 드린 적이 있다. 나는 곧장 이런 질문을 받았다.

"집에서 뒷바라지는 할 수 있니?"

인문학은 돈이 있어야 하는 공부였다. 전공에 따라 학부 때부터 기
업의 지원은 물론 병역혜택까지 받기도 하는 이공계와 달리, 인문학
을 공부하는 사람들은 그런 외부지원은 꿈도 꾸지 못했다. 이른바 프
로젝트 같은 것도 전무했다.

집에서 받는 지원이 인문학 연구자 생활을 이어갈 수 있느냐 여부
를 가르는 절대적인 기준이었다. 집안 형편이 넉넉하지는 않았으나
나는 어떻게 되겠지 하는 생각으로 대학원에 진학했다. 부모님 또한
'공부를 더 하겠다고 하니 힘 닿는 데까지 지원해주자'고 막연히 생
각하셨을 것이다.

인문학 전공의 대학원생이 교수가 될 수 있는 확률은, 가톨릭 신학
대학 입학생이 신부 서품을 받는 확률과 비슷한 것 같다. 그만큼 많은

이들이 중도에서 작파한다. 박사학위를 받았다 해도 정규직 교수 자리를 얻는 것은 가면 갈수록 점점 더 어려워진다.

성과를 중시하는 세상에서 눈에 띄는 무엇을 금세 만들어내는 것도 아니고, 실생활에서도 도무지 어디에 쓰임새가 있는지 알 수 없는 것이 인문학이다. 돈은 돈대로 들고, 실용성·효용성은 보이지 않고, 박사학위를 받고도 밥벌이를 제대로 못하니 대학의 인문학 연구는 날이 갈수록 경시되고 쪼그라들 수밖에 없다. 말하자면 대학과 대학원에서 가성비가 가장 떨어지는 분야이다 보니, 굳이 비싼 등록금 내가며 배울 만한 학문인가 의심할 수밖에 없는 것이 바로 인문학이다. 취업 전쟁터를 방불케 하는 요즘 대학사회에서, 취업과 관계없는 세상의 고민을 일부러 사서 하는 것은 세상을 잘못 사는 것일지도 모른다.

대학원 공부를 하려 하는 제자에게 "왜 공부를 전문적으로 하려고 하니?"가 아니라 "집에 돈은 있니?"라고 하는 교수들의 질문은 예나 지금이나 그 학문의 물질적 생산성이 '0'이라는 사실을 솔직하게 드러낸다. 내가 하겠다고만 하면 무리를 해서라도 밀어줄 중산층 부모를 가졌다는 것은 나로서는 행운이었다.

돈을 벌어야 하는 처지 때문에 석사과정만 마치고 그냥 직장으로 나가는 이들과는 또 다르게, 나는 인문학 연구자의 길을 우연한 기회에 어영부영 접고 말았다. 학부 때 공부를 열심히 하지 않아 대학원 생활을 남들보다 힘겹게 했고 석사논문을 쓰면서 고생도 많이 했다. '이 짓 다시는 하나 봐라' 하며 이를 빠득 갈 정도였으니, 다른 분야의 유혹에 쉽게 넘어갔을 수도 있다.

박사과정에 들어가기 직전 나름 좋은 직장에서 일할 수 있는 기회가 생겼을 때 '가서 사회경험하면서 유학자금이나 벌자' 하고 나는 스스로를 꼬드겼다. 꼬드김은 달콤했다. 글을 다루는 일이라면 대학과 대학원에서 늘 하던 것이었다. 그런 기능적인 일을 하면서 큰돈을 받는 것이 처음에는 신기하기만 했다. 언론의 전문성에 대해 제대로 알지 못한 초보 기자여서 그런 생각을 할 법도 했다.

눈에 보이는 생산성과는 거리가 먼, 오로지 '돈 먹는 하마'처럼 보이던 문학연구에 비하자면, 돈도 많이 벌고 생산물에 대한 피드백도 바로바로 얻을 수 있게 하는 언론이라는 분야는 싱싱하고 매력적이었다.

대학원 강의시간에 보들레르 시 한 편을 가지고 1년을 넘게 공부했었다. 보들레르가 아무리 위대한 시인이라고는 하지만 프랑스도 아닌 한국에서 그의 시 한 편을 가지고 그렇게 오래 강의한다는 것은 비싼 대학원 등록금을 감안하자면 가성비가 형편없이 떨어지는 일이었다.

게다가 한창 힘 좋고 머리 잘 돌아가는 20대 중반 연구자 십수 명이 시집 한 권도 아니고 시 한 편을 가지고 머리를 싸매며 1년 넘게 씨름한다는 것은 생산성으로 보자면 바보짓도 그런 바보짓이 없었다. 시어의 의미는 비슷한데 단어에 's' 하나 더 붙였다고, 그게 무슨 대단한 것이라고 몇 시간 갑론을박하는지, 외부인이 그 수업을 들여다보았다면 분명히 그로테스크한 광경이었을 것이다.

낭만주의 하면 쉬운 것을, 왜 '로망주의'라고 써야 하는지를 따지고 또 따지는 것이 생산성과 효율성을 중시하는 세상의 눈으로 보자면 얼마나 어리석은가. 내 전공 시인도 아닌 보들레르의 시어 하나하나를 따지고 파고드는 대학원 수업의 효용성은 과연 전무한 것일까. 더군다나 나처럼 대학원 공부를 하다가 중도에 그만둔 사람에게, 그때 투자한 시간과 돈은 과연 낭비였을까.

학교를 떠난 지 30년이 지난 지금 되돌아보면, 대학과 대학원에서의 그 공부는 비단 (불)문학이라는 한 분야에 국한된 것이 아니라 나같은 학생들로 하여금 세상을 바로 알고 바로 보게 하는 공부였다. 무엇보다 대학원 수업은 자료를 찾고 전문적으로 다루는 훈련, 말이나 글로써 자기 생각과 의견을 정확하게 표현하는 훈련, 따져보는 훈련, 사고하는 훈련을 받는 시간이었다.

말하자면 보들레르 시 한 편을 가지고 세상을 보고 읽고 그것에 대해 말하는 고도의 전문적인 훈련을 받은 것과 마찬가지였다. 사람에 대해, 사람 중심의 세상에 대해 넓고 깊게 읽는 방법을 전문적으로 훈련받은 것이다. 그런 훈련을 통해 방법론을 익히고 자기 전문 분야를 파고든 사람들은 평생 연구자가 되어 대학에서 교수로 가르치고, 그런 길을 가지 않은 학부나 대학원 출신자들 또한 그때 배운 태도와 방법론으로 세상을 읽고 움직여간다.

비록 그 생산성이 눈에 금방 보이지는 않지만 세상을 움직이는 근본적인 힘은 사람 중심으로 세상을 읽어내는 인문학적 소양에 근거한다고 나는 믿는다. "인문학의 위기란… 인문학 전공 교수들의 일자리 위기일 뿐"이니 "인문학은 대학이라는 물리적 체제를 필요로 하지 않는다" "인문학은 학문의 존엄을 지키기 위해서라도 대학 밖으로 나가야 한다"고 주장하는 '코로나 시대의 인문학'이라는 칼럼이 일간지(《한겨레》 6월 29일자)에 실렸다. '초파리 유전학자'라는 이가 내세우는 주장이다.

그이가 쓴 글을 읽다보니 여러 의문이 생겨난다. 대학에서의 인문학 연구가 "주로 독해와 강독 등으로 구성되었다"고 말하는 그는, 대학의 인문학 연구가 그저 여럿이 모여 책을 읽고 독후감이나 쓰는 정도라고 보는 것인가. 문·사·철의 효용성이 단기간에 겉으로 드러날 수 있다고 보는 것인가. 무엇보다 나는 그런 주장을 펴는 그 학자가 대학시절 문사철 교양과목이라도 제대로 공부했을까 하는 의구심을 가질 수밖에 없다. 촛불혁명을 비롯해 최근 한국이 이루어온 민주적인 성취가 '사람을 연구하는 공부', 곧 인문학에 그 기반을 두고 있다는 사실을 그 학자는 모르거나 무시하는 것처럼 보인다.

대학은 인문학 연구의 중심이자 생산기지이다. 돈 안 되는 인문학, 공부를 하려면 돈이 많이 드는 인문학을 깊게 연구하고 가르칠 곳은 대학밖에 없다. 인문학을 가르치는 대학은 세상에 대해 끊임없이 의문을 품고, 세상이 나아가야 할 올바른 방향을 가리키고, 그 근본을 전문적으로 다지는 곳이다. 그런 공부의 축적이 집단지성으로 드러나고, 그것이 세상을 움직여간다는 사실을 우리는 21세기 들어서도 구체적으로 경험한 바 있다. 무혈 촛불혁명이 이루어졌고, 코로나시대라는 초유의 위기 앞에서도 사람들이 공유하는 드높은 시민의식과 행동양식이 있다.

그런 사고와 행동이 어디에서 연유하며 어떻게 만들어졌는가 하는 것은 생각을 할 줄 아는 사람이라면 금세 알 수 있다. 당장 사람들이 자기 생각을 풀어놓는 SNS만 봐도 쉽게 알 수 있는 일이다. 건강한

여론을 만들고 세상을 움직여가는 집단의 지성이 어디에 기반하는가
를.

2020년 07월 06일

기부도 이젠 젓가락장단 아닌
코인노래방이 주류

코로나19 때문에 집에 머무는 생활을 오래 하다 보니 '토론토 집 콕 루틴'이 생겼다. 하루 일정 가운데 하나는 아침식사를 하며 한국의 MBC 〈뉴스데스크〉 시청하기. 최근 뉴스 아이템 2개가 연달아 보도 되는 일이 잦았다. 코로나19의 새로운 전파지로 지목된 코인노래방 과 정의기억연대(정의연) 파문. 두 사안이 딱히 연관성은 없으나 2주 가 넘도록 뉴스에서 함께 보다보니, 문득 떠오르는 것이 하나 있었다. '노래부르기'와 '기부' 문화의 변화에 관한 것이었다.

80년대 초 대학생이 되어 드나들기 시작한 학교 앞 술집에서 신기 한 것 하나가 눈에 들어왔다. 술집의 모든 탁자들은 쇠 테두리를 하고 있었다. 그 이유는 금방 드러났다. 술을 마시며 우리는 노래를 불렀고 쇠젓가락으로 탁자를 치며 장단을 맞추었다.

날이면 날마다 쇠젓가락으로 두들겨대니, 나무 탁자가 남아날 리 가 없었다. 술집 주인들은 쇠 테두리를 둘러 탁자를 지켰다. 술집 노 래부르기 문화는 직장에 들어가도 있었다. 사람들은 마치 노래를 부 르려고 술자리를 만드는 것 같았다. 우리는 노래부르기에 걸신 들린 것처럼 행동했다.

90년대 노래방이 등장하면서 그 문화는 급변했고, 몇 년 전부터는 많아봐야 서너 명이 즐기는 코인노래방으로까지 나아갔다고 했다. 30년이 흐르는 동안 젓가락장단이 코인노래방으로 진화한 셈이다. 그런데 〈뉴스데스크〉에서 코인노래방에 이어 나오는 정의연을 보면 시민운동단체의 문화가 세상 변화에 비교적 둔감했던 게 아닌가, 그래서 문제가 더 커진 것이 아닌가 하는 아쉬움이 들었다.

이번 일을 두고 여당(더불어민주당) 지지자들 중에서도 많은 이들이 정의연의 해명에 아쉬움을 넘어 불신을 표하는 것을 보니 더욱 그랬다. 코로나19에 대한 방역으로 새삼 확인된 사실이기도 하거니와, 캐나다 사는 내가 보기에 한국은 이제 명실상부한 선진국 대열에 들어선 것 같다.

서양에서 100년 걸린 경제성장을 불과 20~30년 만에 해냈다고 해서, 과거 한국은 압축 성장에 성공한 나라라고 불렸다. 예전에는 압축 성장이었다면 2000년대 20년은 초압축 성장을 이뤄낸 시기라고 봐도 무방하다.

지난 20년 동안 한국은 경제 사회 문화 모든 부문에서 20세기와는 비교 불가한 성장과 변화를 만들어냈고, 가장 후지다는 정치 쪽에서도 시민들은 유례가 없는 무혈혁명을 성공시켰다. 과거 압축 성장으로 인한 큰 그늘이 있었던 것과 마찬가지로, 초압축 성장 시대에도 사회적 갈등이 생겨나는 것은 어쩌면 당연해 보인다.

변화의 속도를 따라가지 못하는 부문이 있기 때문이다. 이번 정의연 논란의 큰 축 가운데 하나는 초압축 성장에 따르는 변화에 적절하게 대응하지 못한 데서 연유하는 게 아닐까 싶다. 내가 보기에, 이용수 할머니의 문제제기로 불거진 정의연 논란은 대략 세 가지 갈래로 진행되고 있다.

첫째는 이용수 할머니와 윤미향 전 정의연 이사장의 갈등. 이 갈래에서 회계문제는 구체적으로 거론되지 않는다.

둘째는, 회계문제를 크게 부각시켜 흠집을 만들려는 보수언론과 수구세력의 정치공세. 이들은 가짜뉴스 생산도 서슴지 않는다.

세 번째 갈래는 윤미향 전 이사장을 비롯한 정의연 관계자들이 잇달아 해명을 하는데도 싸늘한 반응을 보이는 젊은 시민들의 기류이다.

코인노래방과 정의연 뉴스의 연관성은 바로 세 번째 갈래에 해당된다. 전쟁 위안부 피해자 문제에 조금이라도 관심이 있는 사람이라면, 한국정신대문제대책협의회(정대협) 시절부터 정의연이 규명하고 쌓아온 빛나는 성과를 부인할 수는 없을 것이다.

정의연은 열악한 환경 속에서 무려 30년 동안이나 꾸준히 활동을 해왔다. 그럼에도 정의연 논란이 이렇게까지 번지는 것은 보수언론과 수구세력의 정치공세 때문이기도 하지만, 정의연의 구태의연한 회계 관련 운영방식에 실망한 사람들이 그만큼 많기 때문이다.

이번에 보니, 2000년대 들어 한국이 발전한 것만큼이나 NGO 활동에 대한 젊은 세대의 생각과 관심도 많이 바뀌었다. 말하자면 NGO나 자선단체에 대한 기부행위가 생활 속에 뿌리내린 선진 서구 사회 문화가 한국의 젊은 세대에도 자리를 잡은 것이다. '만원의 연대' 같은 조직적인 기부활동이 활발하게 전개된다는 이야기를 들은 것은 이미 오래 전이다.

SNS에서도 기부에 관한 이야기를 자주 듣는다. 내 페이스북 친구인 어느 40대는 10개 단체에 정기적으로 기부한다고 했다. 월급쟁이로서는 쉽지 않은 일이다. 그 '친구'는 후원하는 단체를 늘 꼼꼼하게 따져본다. 옛날처럼 단체가 내세우는 대의만 따지는 게 아니다. 내 지갑에서 나가는 돈이 투명하게 집행되는가, 그 투명성을 내가 쉽게 파악할 수 있는가 하는 것도 기부 여부를 판단하는 중요한 기준이다.

대의와 선의를 믿고 일종의 부채감 때문에 주로 기부하던 과거와는 다른 문화이다. 시민운동의 선의에 새로운 요구사항이 하나 붙었으니 바로 투명성이다. NGO가 새로운 기부자들의 요구에 응답하지 못한다면 갈등이 따르고 운동의 동력이 사라지는 것은 당연한 일이다. 그래서 회계 투명성이 'NGO의 마케팅'이라고 말하는 사람도 있다.

정의연의 회계문제와 관련해, 정의연 관계자들도 인정한 부분은 '오류'와 '누락'이다. '부정'은 아니라 해도 2000년대 초압축 성장 이후의 젊은 세대에게는 '오류' '누락' 또한 지갑을 닫게 하는 큰 요인으로 작용할 수밖에 없다.

또 한 가지는 NGO를 바라보는 시각이 달라졌다. 과거에는 옳고 당연시되던 일의 진행 방식이 지금은 눈살을 찌푸리게 하는 일이 될 수도 있다. 이를테면 자기희생에 관한 것. 윤미향 전 이사장 아버지가 박봉에 안성 쉼터 관리인으로 일한 것을 두고 과거와 오늘의 시각은 엇갈린다. 옛날식이라면 아름다운 일로 평가되겠으나 요즘 시각으로는 주먹구구식 일처리로 비판 받기도 한다.

활동가 개인들의 헌신과 희생이 과거에는 큰 덕목으로 여겨졌을지 몰라도, 지금은 재능기부조차 비판 받는 세상이다. 더구나 사람을

'갈아넣는' 방식은 목적이 아무리 숭고하다 한들 더이상 환영 받을 일이 못된다.

젊은 여당(더불어민주당) 지지자 중에서도 많은 이들이 이번 사안을 두고 비판적인 목소리를 내는 본질적인 이유는, 정의연의 회계방식이 여전히 과거 문화에 묶여 있기 때문일 것이다. 회계 전문가를 고용할 수 없다는 열악한 환경은 더이상 핑계가 되지 못한다.

술집에서 노래를 부르던 시대에는 대의명분과 진정성만 있으면 모든 것이 통했다. 평범한 개인들은 헌신적인 활동가들에게 부채감을 가졌고 시민사회운동은 그것을 동력으로 삼았다. 2020년대인 오늘, 기부문화를 기반으로 시민사회운동을 펼치는 선진 서구사회에서는 어느 단체도 시민들의 부채의식에 기대지 않는다.

시민들은 정부가 일을 못하면 선거로 바꿔버리듯이 NGO가 '오류'나 '누락'을 저지른 기미만 보여도 지원을 끊어버린다. 어쩌면 투명성은 NGO의 활동 자체만큼이나 중요할 일일 수도 있다. 목적이 아무리 숭고하고 열심히 활동한다 해도, 회계가 흐리면 시민들의 지원을 받을 수 없기 때문이다.

NGO 활동이 활발한 사회에서는 일반 시민들이 언제든 열람할 수 있게끔 NGO 회계 내역을 공개한다. 캐나다 언론들은 NGO 리스트를 100개, 1000개씩 따로 만들어 회계 및 활동 내역을 해마다 기록(책으로 묶어 판매한다)하고, 심지어 CEO 연봉 순위를 작성해 공개한다.

이런 시스템을 알고 이런 문화에 익숙한 코인노래방 시대 기부자들이 회계의 '누락'이나 '오류'에 싸늘한 반응을 보이는 것은 어쩌면 당연한 일이다. 이번 논란이 다른 갈래에서는 어떻게 전개되든 간에, 이참에 반드시 극복하고 넘어가야 할 문제는 바로 이것이다.

꼭 필요하고 지속되어야 할 운동이라면, 아무리 힘겹고 어렵더라도 시대에 걸맞는 투명한 운영방식을 찾아내지 않으면 안 된다. 이 시대의 주력은 젓가락장단이 아니라 코인노래방 세대이다. 주력의 눈높이를 맞추지 못하면 운동의 뜻이 아무리 높고 뚜렷해도 외면 받고 쇠락할 수밖에 없다.

2020년 05월 26일

아버지와
짜장면

대학 입학시험 날만 되면 짜장면이 생각난다. 짜장면에 얽힌 이야기가 아니라 짜장면으로 인해 생긴 불화에 관한 이야기다.

우리 때는 예비고사인지 학력고사인지, 요즘 말로 하면 '수능'이 끝나자 어쩐 일로 부모님이 나를 맞으러 오셨다. 형제가 많다 보니 입학시험도 많았고, 그래서 그 시험이라는 것이 형 누나들이 모두 본 것이라 우리 집에서는 그리 특별난 것도 아니었다.

술 마시러 간다는 친구들과 어울리고 싶었는데, 다른 녀석들은 벌써 입에 담배를 물고 활보하는데, 나는 부모님한테 꼼짝없이 붙잡혔다. 뭘 먹고 싶냐고 물으셨다. 나는 그냥 심상하게 짜장면이라고 답했다. 부모님이 나오신 게 반갑지도 않았고 시험장에서 나오자마자 착각해서 틀린 문제 하나가 자꾸 떠올랐기 때문이다. 무엇보다 친구들과 어울리지 못한 게 너무 아쉬웠다.

나는 먹고 싶어서가 아니라 입에서 나오는 대로 짜장면이라고 했을 뿐인데 부모님은 내가 진짜로 짜장면을 먹고 싶다고 믿으셨다. 그 날 당연히 짜장면집들은 북새통이었다. 어느 식당이나 마찬가지였을 것이다. 서너 군데를 돌았는데도 자리가 없었다. 날이 날이니만큼 식당이란 식당은 모두 손님들이 줄을 서서 기다렸다.

식당에서 줄 서는 것을 싫어하는 남자들이 많다. 내 아버지도 그런 분이셨다. 날이 추웠다. 한 식당에서 그냥 돌아서 나오는데 버스 정류장에 마침 우리 집 가는 버스가 도착했다. 아버지는 "집에 가자"며 버스에 오르셨다.

나는 밖에서 짜장면을 먹든 집에 가서 밥을 먹든 아무 생각이 없었다. 착각해서 틀린 문제가 자꾸 생각났고, 친구 녀석들이 부러웠다. 시험이 끝나 홀가분하다기보다는 조금 우울해서 식당에서 밥을 먹지 않았다고 해서 서운해할 것도 없었다. 지금도, 식당에서 줄을 서서 기다리느니 그냥 아무 거나 먹고 말자는 편이니까.

그런데 어머니한테는 그것이 평생 맺혔던 모양이다. 어머니는 그 일을 두고두고 말씀하셨다. 내 나이가 쉰이 넘었는데도 또 그 이야기를 하셨다. 말하자면 아버지에 대한 '서운함 리스트'에 그 일이 올라 있었다. 당사자인 내가 괜찮았다, 전혀 서운하지 않았다고, 그 말씀을 들을 때마다 이야기해도, 어머니는 그 서운함을 끝내 풀지 않으셨다.

내가 대학을 결정할 때 아버지는 조금 불만이 있으셨던 모양이다. 내가 지망하는 전공에 대해 불만을 드러내셨다. 물론 나에게 직접 말씀하신 것은 아니었다. 나에게 말해봤자 안 들을 건 뻔하니까(돌이켜보면, 나는 어른 말 참 안 들었다). "쟤가 불문과를 가겠다고 하는데, 거기 가도 괜찮은 거냐?"고 형에게 물어보시는 것을 나는 방문 뒤에서 들었다. 나는 '사법고시 볼 생각도 없이 법대 간 형 걱정은 왜 안하시나?' 하고 속으로 생각했다.

또 대학이 결정되고 나서는 종로학원인지 대성학원인지 재수학원 입시요강을 집에 들고 오셨다. 아버지는 들고 오기만 했을 뿐 별 말씀

안 하셨는데 나는 못되게 굴었다.

"저, 재수 같은 거 안 합니다."

아버지도 나처럼 딱 한 말씀만 하셨다.

"네가 알아서 해라."

대학원을 가겠다고 해도, 석사과정을 마치고 유학을 가겠다고 해도, 유학 미루고 일단 직장에 들어갔다고 해도, 그때마다 똑같이 말씀하셨다.

아버지도, 그날 짜장면 못 사준 것이 맺히셨는지(어머니와 크게 싸우셨을 것이다) 내 고교, 대학, 대학원 졸업식 때마다 식당에서 밥을 사주셨다. 사람이 아무리 많아도 기다리셨다. 물론 어머니도 함께였다. 그래도 어머니는 맺힌 것을 풀지 않으셨다.

나는 우리 아이들에게 입시 날에 무슨 일이 있어도 밥을 사주어야겠다고 결심했었다. 그런데 캐나다에 살러 오니 대학 입시라는 것이 없다. 다른 기념할 만한 날에 온 가족이 식당에 가도 한국의 입시 날처럼 극적이지는 않다.

짜장면 먹으러 갈 때면 우리 아이들에게 이따금 이 이야기를 들려준다. 아이들은 재미있어 하고, 아내는 마음 아파한다. "어머니가 맺히실 만하네" 하면서. 따져보니, 그때의 아버지는 지금의 나보다 훨씬 젊으셨다.

수능시험 보고 나오는 아이들, 놀러간다고 하면 그냥 놓아주고, 아니면 어떻게 해서든 밥은 꼭 사주시라. 안 그러면 맺힌다. 꼭 누군가는.

2017년 11월 23일

언론 이야기

캐나다 방송은
올림픽보다 패럴림픽이 더 활발

3월 초순 서울의 어느 일간지 기자가 연락을 해왔다. 캐나다에서 평창 패럴림픽을 어떻게 보는가에 대해 글을 써줄 수 있겠느냐고 했다. 대회가 임박했는데도 캐나다 공영방송 CBC는 별 언급이 없었다. 올림픽 때는 캐나다 경기뿐 아니라 주요 경기 대부분을 방송했던 CBC였다. 나는 "방송도 조용하고 해서 달리 쓸 게 없을 것 같다"고 답장을 보냈다.

막상 패럴림픽이 열리자 내가 미처 알지 못했던 일이 벌어졌다. 평소 습관대로 아침 6시에 텔레비전을 켰더니 패럴림픽 개회식도 올림픽과 똑같이 생중계를 했다. 번쩍거리는 화면도, 캐스터의 열띤 목소리도 올림픽 때와 다름없었다. 그날 저녁 황금시간대에 개회식을 재방송하는 것도 마찬가지였다. 대회가 끝날 때까지 패럴림픽 방송은 아침저녁 계속되었다. 방송 시간이 올림픽에 비해 짧았다면 그것은 경기 종목과 참가 선수가 그만큼 적기 때문이었다.

어느 면에서는 패럴림픽 방송이 올림픽보다 더 적극적이었다. 화제가 되는 선수나 메달리스트들을 집중 조명하는 것은 비슷했으나 패럴림픽 방송은 거기서 한 걸음 더 들어갔다. 올림픽 방송이 '스포츠 경쟁'에 관심을 두었다면, 패럴림픽 방송은 그것을 뛰어넘어 '인간극장'이나 다름없었다. 장애인 선수 모두가 역경을 딛고 일어선 주인공인 만큼 그 이야기를 사전 취재와 인터뷰를 통해 세상에 알리는 데 치중했다.

그뿐 아니다. '때는 이때다' 싶었던지 패럴림픽과 직접 관계없는 진짜 〈인간극장〉 프로그램들이 방송에 속속 등장했다. 예를 들면 캐나다 북부 옐로나이프에 사는 열두 살 소년 이야기. 태어나면서부터 다리가 불편했던 이 아이는 평범한 캐나다 소년답게 아이스하키에 매료되어 있었다. 경기를 하고 싶어도 작은 시골 도시에서 함께할 선수를 찾기가 어려웠다. 소년의 그런 소망을 알아차린 동네 친구들이 나섰다. 그들은 모두 썰매를 타고 하키 경기를 하고 있다.

〈인간극장〉류의 이런 프로그램들을 보면서 사람들은 감동할 뿐만 아니라 자연스럽게 교육을 받게 마련이다. 몸이 불편한 사회 구성원

평창 패럴림픽 기간에 방송된 캐나다 공영방송 CBC 다큐멘터리. 다리가 불편한 친구를 위해 동네 소년들이 스케이트 대신 썰매를 타고 하키 경기를 하고 있다는 내용이다. 사진은 방송 화면 캡처.

을 어떻게 배려하고 도와줘야 하는지를 은연중에 배우고 익힌다. 이런 방송을 새삼스럽게 해주지 않아도, 장애인에 대한 지원이나 배려는 세계 최고 수준의 사회인데도 말이다. 이민자인 나로서도 방송 중계와 이런 프로그램을 보면서 느낀 것이 참 많았다.

최근 서울 강서구 특수학교 설립 설명회에 일부 반대 주민들이 난입해 비난과 폭언을 퍼부었다는 뉴스를 보았다. 평창 패럴림픽이 끝난 지 불과 8일 만에 벌어진 불상사였다. 지난해 9월에 이어 다시금 터져나온 이 장면은 한국 패럴림픽 방송과 무관해 보이지 않는다.

중계권을 가진 한국 지상파 방송들은 자국에서 열린 국제 스포츠 행사를 외면하다시피 했다. 대통령과 선수가 나서서 중계 시간을 늘려달라고 호소할 정도였다. 보도에 따르면, 한국 지상파 방송들은 평창 패럴림픽에서 생중계와 녹화방송을 합쳐 평균 20시간 정도씩을 편성했다. 캐나다·미국·영국 같은 나라의 4분의 1에도 미치지 못하는 수준이었다. 물리적인 시간이 이러하니, 패럴림픽 방송을 약자에 대한 사회적 배려 캠페인으로 활용하기를 기대하는 것은 무리이다.

"공영방송을 국민의 품으로 돌려드리겠다"고 줄곧 다짐해온 한국 방송사들은 이번 패럴림픽을 통해 그 수준과 민낯을 드러냈다. 내 눈에는 한국 방송들의 이 수준이, 특수학교 설립을 반대하는 지역 주민들의 수준과 겹쳐 보였다. 장애 어린이들의 학습권은 고려하지 않은 채 국립한방병원 설립이라는 헛된 약속으로 지역 주민들을 들쑤시고 뒤로 빠져버린 국회의원 수준도 도긴개긴이다.

그나마 다행스럽고 희망적인 것은 패럴림픽을 외면하는 방송사들의 무관심과 무성의를 질타한 시청자들이 있었다는 사실이다. 캐나다 방송처럼 시청자의 수준을 끌어올려야 할 공영방송이 일반 시청자보다 수준이 낮으니 안타까울 따름이다.

2018년 04월 08일

대장동 스캔들의 키워드
'형님'

#피는 물보다 진하다-자매들이 사는 세상

최근 페이스북에서 어느 여성이 올린 글을 보았다.

"늦은 오후에 여동생 집에 도착해서 낮잠 자고 동생이 챙겨주는 밥 먹고 쉰다. 여자 형제라는 존재는 참 특별하다. 나는 동생집이 친정보다 더 편하다."

나는 남자지만 여자 형제들 사이의 이런 특별한 우애를 잘 아는 편이다. 외국생활을 오래한 나 같은 사람에게 가장 그리운 것은 형제와의 교류인데, 여자 형제들 사이에서는 그것이 더욱 각별해 보인다. 내 아내를 보면 알 수 있다. 아내는 여자 형제들과 쉽게 만날 수 없다는 것을 무엇보다 아쉬워 한다. 남자 형제들은 많이 다르다. 그립지 않은 것은 아니지만 전화 통화를 해도 용건을 말하고 나면 서로 할 말이 별로 없다. 1시간 넘게 통화하고도 시간이 부족하다는 여자 형제들 사이가 그저 신기하고 부러울 따름이다. 한 집안에서 실제로 피를 나눈 형과 아우 사이는 대체로 그렇게 데면데면하다.

#피보다 진한 남자들의 세상, 형님문화

그러나 형이라는 호칭은 가족 테두리만 벗어나면 턱없이 각별해진다. 특히 사회에서 만난 나이 많은 사람을 '형님'이라고 부르는 것이 그렇다. 어릴 적 동네나 학교에서 만난 손윗사람을 '형'이라고 부르는 것은 자연스러운 일이지만 사회생활을 하면서부터는 그 호칭을 사용할 일이 거의 없다. 직장에서는 연차 높은(대개 나이 많은) 상급자는 직함으로 부르게 마련이고, 내가 몸담았던 언론계에서는 어떤 직급이 되었든 '선배'라 불렀다.

이런 호칭 질서를 교란하는 것이 있으니 바로 사회에서 부르는 '형님'이다. 형님이라는 호칭은 참 묘하다. 친목단체에서 만난 학교·고향 선배들을 형님이라고 부르는 것이야 문제 될 바 없겠으나, 공적인 영역에서 이 호칭이 불리기 시작하면 문제가 발생하게 마련이다.

과거 신문 방송 초년 기자들이 경찰서 출입(일명 '사쓰마와리')을 할 때 선배들이 가르치는 것이 있었다(나는 그 경험을 하지 않았다. 전해 들은 이야기이다). 그 가운데 하나가 "형사를 형님이라고 불러라"이다. 젊은

김만배 전 기자로부터 거액을 받아 챙긴 "형님들"과 법조기자단 출신 몇몇 기자는 수사를 받지 않았다. 수사를 안 해도 제대로 비판하는 언론이 거의 없다. '패밀리'이기 때문이다. 사진은 MBC 〈뉴스데스크〉 화면 캡처.

출입 기자가 사용하는 그런 호칭이야 경찰과의 사이를 돈독하게 하는 방편의 하나로 여길 수 있겠으나, 공적인 관계에 '형님(이라고 부르는)문화'가 개입하면 그것은 군부 사조직처럼 큰 문제를 만들어낼 수 있다.

#복종과 의리의 용어, 형님

'형님문화'는 공과 사의 경계를 지우고 허물어뜨리는 힘을 가지고 있다. 사적으로든 공적으로든 친형이 아닌 누구를 형님으로 '부른다'는 것은 '모신다'는 의미를 지닌다. 2014년 새누리당 김재원 의원이 김무성 의원에게 보낸 "형님" 운운하는 문자가 공개되어 빈축을 산 바 있다. '대표님' '의원님' '선배님' 같은 건조한 호칭과 달리 바로 그 '형님'이라는 표현에는 복종을 하고 의리를 지키겠다는 의지가 들어 있다.

'형님' 호칭이 공조직 속의 대표적 사조직인 '전두환의 하나회'에서 사용되었을 것 같다는 생각이 들었다. 직접 확인할 길이 없으니, 전두환의 쿠데타와 권력 찬탈 과정을 그린 MBC 드라마 〈제5공화국〉(2005년)을 살펴보았다. 이 드라마 역시 공조직에서 사적 관계를 앞세우는 전두환 무리가 상급자를 '형님'이라고 부르는 것으로 그렸다. 드라마 제작진이 확인했는지는 알 수 없으나 제작진 또한 공조직을 좀먹는 사조직의 특성 가운데 하나로 사적으로 서로를 챙기는 '형님문화'를 꼽았다는 사실은 알 수 있다. 자리 가리지 않고 선배를 "형님"이라고 부르는 전두환에게 강창성 보안사령관은 "내가 왜 당신 형님이야?"라며 면박을 준다. '사적으로 잘 모시겠다'는 속마음을 드러내 보였는데도 그 제안을 거절하고 질책한 강창성에게 나중에 권력을 잡은 전두환은 고문을 하며 보복한다.

#구시대 촌지보다 더 단단한 21세기 형님문화

예전 한때 언론계에서는 "촌지를 잘 받는 기자가 좋은 기자"라는 말이 떠돌았다. 어느 일간지에서 주필을 했던 유명한 언론인이 한 말이라고 했다. 과거 기자에게 건넨 촌지는 '기사를 잘 써달라' 혹은 '잘 봐달라'는 의미의 뇌물이다. 취재원과 기자 사이가 그런 뇌물로 연결되면 공적인 관계는 서로를 봐주는 사적인 관계로 바뀌어 버린다. '촌지를 잘 받는 기자가 좋은 기자' 운운하는 것은 좋게 해석하면 그런 내밀한 관계를 만들어야 고급 정보를 많이 얻을 수 있다는 의미였다.

우리 회사(옛 〈시사저널〉. 지금은 〈시사IN〉으로 명맥이 이어지고 있다)는 1989년 창간할 때부터 '촌지를 받지 않는다'고 선언했었다. 기자를 만나면 촌지를 주어야 한다고 여기는 문화가 여전히 살아 있을 때여서 취재를 나가면 돈봉투를 건네는 이들이 간혹 있었다. 취재원으로서는 '어렵게' 내민 촌지 봉투를 거절하면 그때부터 분위기가 아주 이상해진다. 그런 경험을 몇 번이나 했었다. 치부를 드러내며 접근했는데 "내가 왜 당신 형님이야?" 하는 것처럼 면박을 준 것이나 다름없기 때문이다. 그런 일을 몇 차례 경험한 이후에는 촌지를 거절해도 서로가 무안해지지 않는 세련된 방법을 찾아내야 했다.

공적인 관계에서 사용하는 '형님'이라는 호칭은 과거 언론계에서 횡행하던 '촌지'와 그 성격이 유사해 보인다. 촌지나 형님 호칭은 공적인 관계를 내밀한 사적 관계로 만들어버린다. 내밀하면 할수록 결속력은 더 강해진다.

"촌지를 잘 받는 기자가 좋은 기자다"라는 소리를 들은 지 수십 년이 지난 지금, 한국 언론계에서 촌지 문화가 사라졌을 것이라고 믿는다. 그래도 언론계 '촌지'와 비슷한 내용의 형님문화는 한국 사회 전반에 살아 있고, 방송이나 언론계에서는 오히려 더 확산되는 것처럼 보인다.

가장 대표적인 것이 2000년대 들어 새롭게 부상한 텔레비전의 '예능 프로그램'이다. 멀리서, 오랜만에(이민 초기인 2000년대 초반에는 한국 방송을 보기도 어려웠고 일부러 멀리 하기도 했다) 한국 텔레비전을 보면서 가장 낯설었던 것이 사적인 호칭을 방송에서 서슴없이 사용한다는 사실이었다. 자기들끼리 사적으로 노는 자리도 아닌데 방송 출연자들은 '형님'이라는 사적인 호칭을 공공연하게 사용했다. 시청자들을 염두에 둔다면 '~씨'로 불러야 마땅하지만 예능인들은 사적인 관계를 공적인 방송에 아무렇지도 않게 개입시켰다.

그런 문화를 주도하는 이들은 주로 남성 예능인들이었다. 그들은 급기야 방송에서 '예능 사조직'을 말하는 것을 이상하게 여기지 않았다. '유라인'이니 '강라인'이니 '규라인'이니 하는 것들이다. 일종의 카르텔이다. 이런 것을 공개적으로 말하는 당사자들이나 프로그램 제작자들은 이같은 카르텔 문화가 방송이라는 공적 영역에서 어떤 해악을 끼치는가에 대해서는 한결같이 무신경했다.

웃자고 말로만 그러는 것이 아니라, 실제로 특정 라인이 패거리를 지어 어느 예능 프로그램에 출연한 것도 보았다. 자기네들끼리야 형님 아우 하며 끌어주고 밀어주며 승승장구하겠으나 그 피해는 그런 형님문화에서 소외된 여성이나 시청자들이 입는다. 실제로 개그맨 송은이와 김숙은 "방송이 우리를 불러주지 않아서" 팟캐스트를 시작한다고 공개적으로 선언하기도 했다.

방송에 나와 형님 아우 하며 서로를 끌어주는 예능 당사자들은 형님이라는 용어와 그 문화가 지닌 폐해에 대해 문제의식이 전혀 없어 보인다. 그들은 '아는 형님'을 두지 못하거나 '아는 언니'밖에 없는 사람들이 '아는 형님' 패거리 문화에서 소외된다는 것은 염두에 두지 않는다.

#형님 언론 폐해의 표본 출입기자단

그래도 예능 프로그램들은 형님문화를 드러내며 내놓고 '장사'를 하고 있으니 그나마 나을 수도 있겠다. 형님문화가 조장하는 사조직 성격에다 폐쇄적인 성격까지 더한 집단이 있으니, 바로 출입기자단이다.

출입기자단에 대해 관심이 많은 이유가 있다. 언론사 입사 초기에 경험한 일 때문이다. 우리 매체는 한국에서 처음 시도된 새로운 시사 주간지였다. 일간지 부럽잖게 많은 인력을 보유했고 정치 경제 사회 문화 실용으로 부서도 나뉘어 있었다. 당시 우리 매체를 창간하고 이끌었던 박권상 편집인 겸 주필은 여러 언론사에서 온 경력 기자들과 나 같은 신참들을 교육시키는 데 공을 들였다. 박 주필은 "우리는 기자단에 가입하지 않는다"고 선언했다. 기자단은 한국 언론을 망가뜨리고 부패시키는 집단이라고 박 주필은 강도높게 비판했다.

일부 선배 기자들이 불만을 표시했으나 박 주필은 단호했다. 기자단에 가입하지 않고도 우리 매체는 성공했다. 출입기자단이 언론 발전을 저해하는 불필요한 조직이라는 말을 들은 것은 무려 30년도 더 된 일이다. 외국에서는 출입을 신청하면 언론사 요건을 갖추었는가를 해당 기관이 심사한 뒤 공간 사용료를 받고 출입을 허가하는 시스템을 갖추고 있다. 한국에서도 청와대가 그런 시스템으로 기자실을 운영했다.

일반 관청에는 출입기자실이 있고, 그곳의 출입 여부를 결정하는 것은 출입기자단이다. 30년 전에도 '부패의 온상'이라고 지목되었는데, 지금까지도 그런 폐쇄적인 기자단이 존속한다는 사실이 참 놀랍다. 한국이 경천동지할 지경으로 바뀌고 발전해도 일제강점기에 생겨난 출입기자단만은 여전히 후지고 요지부동이다.

출입기자단이 존속하는 이유는 하나이다. 배타적이고 폐쇄된 조직 속에서 자기들만의 달콤함을 누릴 수 있기 때문이다. 아무나 드나들지 못하는 닫힌 곳에서 해당 출입처와의 유착이 생겨나지 않으면 오히려 이상하다. 거리를 두고 서로를 견제해야 할 언론인과 공무원이 악어와 악어새처럼 거의 한 몸이 되어 공생한다면 그 피해는 고스란히 국민의 몫이 된다.

#출입기자단 제도가 낳은 괴물 대장동 스캔들

이번에 터져나온 성남 대장동의 부동산 스캔들은 출입기자단 제도가 만들어낸 문제의 결정판이다. 누구나 드나들 수 없는 곳이다 보니 출입기자단에도 공과 사의 경계를 지워버리는 형님문화가 스며들게 마련이다. 스캔들의 중심 인물인 김만배 전 〈머니투데이〉 기자는 20

년 가까이 법조기자로 일했다고 했다. 출입 기자 신분으로 대법원이나 검찰청에 드나들면서 만난 고위직 인사들을 그는 "좋아하던 형님들"이라고 했다. 어느 누구의 감시 눈길도 닿지 않는 굳게 닫힌 공간에서 서로 긴장 관계를 유지해야 할 사람들이 "형님" "아우님" 하며 밀어주고 끌어주며, 엮고 엮이며 초대형 사건을 만들어냈다. 카메라 앞에 서서 "좋아하던 형님들" 운운하는 김만배 〈머니투데이〉 전직 법조기자는 공과 사가 무엇인지 구분도 하지 못할 정도로 질펀한 형님문화에 푹 젖어 있는 것처럼 보였다.

공적 영역에 '형님문화'가 스며들면 어떤 식으로든 문제를 만들어내게 마련이다. 내가 아니면 네가 죽어야 하는 드라마 〈오징어게임〉에서 외국인 노동자 알리는 상우를 형이라 부르며 믿었다가 목숨을 내준다. 친목단체도 아닌 사회생활을 하면서 만난 남을 형(님)이라고 부르는 것은 그만큼 위험하고 큰 문제를 만들어낼 수 있다.

형님문화를 기반으로 하는 대표적인 군부 사조직인 전두환의 하나회는 하루아침에 해체라도 시킬 수 있었으나 김만배 전 〈머니투데이〉 기자가 드러낸 언론 영역의 '형님문화' 독기는 단기간에 빠지지 않는다. 그래도, 기자단을 해체하고 기자들의 취재 시스템을 다른 나라들이 하듯 새롭게 정비하는 것이 방법일 수 있겠다. 문제는 출입기자단 소속 언론사들이 반대할 것이 뻔한 터에 고양이 목에 방울을 누가 어떻게 달 수 있느냐 하는 것이다. 노무현 정부 말기에 실행했던 출입기자실 폐쇄를 이명박 정부가 복원한 것이 못내 아쉬울 따름이다.

2021년 10월 04일

쓰나미를 기획하는
양치기 언론

캐나다에 살러 와서 처음 몇 년 동안은 한국에 관한 것을 일부러 멀리했었다. 낯선 환경에 하루라도 빨리 적응하고 싶어서였다. 4~5년 쯤 지나 새로운 땅에 잔뿌리는 내렸다 싶을 즈음 한국 드라마와 영화가 눈에 들어왔다. 달콤하기 그지없었다.

한국 뉴스도 인터넷을 통해 다시 보기 시작했다. 사전을 찾고 영어 자막을 읽어가며 보고 듣던 캐나다 뉴스에 비하자면 우리 말 뉴스 역시 달콤했으나 그 사이 보도방식이 많이 달라진 듯한 느낌이 들었다.

특정 사안에 대해 언론사별로 꼼꼼하게 따져가며 보도하기보다는 한국 언론은 전반적으로 우루루 몰려다닌다는 인상을 주었다. 그것을 좀 더 구체적으로 알게 된 것은 2007년 여름을 뜨겁게 달군 신정아씨 학력위조 사건을 접하면서였다.

인터뷰를 하려고 신정아씨를 뉴욕에서 만났다. 그이는 나를 보자마자 오히려 내게 되물었다.

"사람들이 나한테 왜 저런대요?"

내가 보기에도 그랬다. 예일대 가짜 박사학위를 내세워 대학교수에 임용되고 광주비엔날레 공동 총감독에 오른 것은 범죄행위가 맞다. 학력을 중시하는 사회이다 보니 사람들이 학력위조에 대해 지나

치게 예민해하는 것까지는 이해할 수 있었다. 그러나 한국 언론의 보도는 신씨가 지은 죄에 비해 지나치게 가혹하고 과열되어 있었다.

학력위조 뉴스는 다른 모든 사안을 쓸어버리는 쓰나미 같았다. 언론들은 쓰다가 쓰다가 신씨의 관상이 어떻다는 것까지 기사라고 썼다. 어느 일간지는 신씨가 이른바 '몸로비'를 했다며 누드 사진을 1면에 싣기도 했다. 물론 억측이었다. 신씨가 한국에 들어가 조사를 받는 중에는 새우깡을 먹었다는 것도 뉴스가 되었다.

한국 언론의 보도를 몇 년 만에 제대로 접한 나로서는 놀랄 수밖에 없었다. 일개 대학교수의 학력위조 사건이 몇 달 동안 한 나라를 들썩이게 만들 만한 뉴스 가치가 있나 싶었다. 그해 9월 큰 태풍이 제주도를 덮쳐 십수 명의 사상자가 발생했는데도 신문의 머리기사는 신씨에 관한 내용이었다. 국민들이 죽거나 다치는 것보다, 신씨에 관한 하나마나한 소리가 더 중요하게 취급되었다.

신씨는 이후 1년 6개월 동안 수감생활을 했으나 모든 언론이 그 요란을 떨어가며 보도한 학력위조는 일부만 죄로 인정되었을 뿐이다. 신씨에게 적용된 주요 죄목은 공금횡령이었다. 말하자면 한국 언론들은 신씨가 지은 죄 자체에 대한 보도보다 신씨가 연루된 정치 스캔들을 만들어 당시 노무현 정권을 공격하는 것을 주된 목적으로 삼았다.

표적을 향해 몇몇 보수신문이 드라이브를 걸고 앞서 나가자 보수든 진보든 모든 언론이 그쪽으로 빨려 들어갔다. 일부에서 브레이크를 걸었으나 그 브레이크마저 쓸려 들어가는 형국이었다. 당사자인 신씨 입에서 "사람들이 나한테 왜 저런대요?"라는 말이 당연히 나올 수밖에 없었다.

그때 내가 처음으로 경험한 한국 언론의 쓰나미식 보도행태는 이후 거의 주기적으로 나타났다. 어떤 표적을 정하고, 한 매체가 분위기를 띄우며 달려나가면 거의 모든 언론이 가세해 경쟁적으로 따라붙는 식이었다. 이런 보도의 특징은 크게 두 가지이다.

먼저, 신정아씨 사건처럼 뉴스 가치에 초점을 맞추기보다는 특정한 정치적 목적을 지닌다는 것. 둘째는, 쓰나미를 통해 정치적 목적을 달성하면 후속보도는 거의 하지 않는다는 것이다. 한국 사회를 몇 개월 동안이나 뒤흔들 만한 큰 사건이라면 보도 경쟁에서 불거진 오보는 바로 잡아야 정상이다. 재판을 하는 중에 새로운 사실이 드러나면 독자들에게 알려줄 의무가 있다.

그러나 쓰나미 보도에 익숙한 한국 언론은 이런 보도에는 거의 관심이 없다. 조국 전 법무부장관 가족과 관련한 재판에서 결정적인 오보가 확인되어도 오보를 한 언론사는 물론 그 사건에 달라붙어 연일 '단독'을 쏟아내던 기자들은 한마디 말이 없다.

쓰나미가 지나갔으니 더이상 자기들의 관심사가 아니라는 식이다. 방청석에 앉아 검사와 변호사의 증인신문을 기록해서 나온 일반 방청객들이 개인 SNS를 통해 오보 사실을 전달하고 있을 따름이다.

문제는 쓰나미 보도로 이익을 챙기고 특정 정파의 대변지를 자처한 언론(이라고 부를 수 있을지 모르겠으나)이 급기야 사건을 키우고 호도하는 것을 넘어, 이제는 기획을 하기에 이르렀다는 사실이다.

최근 채널A 이동재 기자가 한동훈 검사장으로 추정되는 인물을 언급하며 교도소에 수감 중인 이철 밸류인베스트코리아(VIK) 전 대표에게 접근해 회유와 협박을 한 사실이 폭로되었다.

기자가 "유시민(당시 노무현재단 이사장)을 솔직히 개인적으로 한번 쳤으면 좋겠어요. 유시민 치면 검찰에서도 좋아할 거예요"라고 말했던 사실이 MBC 보도를 통해 드러났다. 만약 이철씨가 채널A 기자가 제안한 '딜'에 응했다면 쓰나미 보도는 또 한번 한국에 휘몰아쳤을 것이다. 특히 총선을 앞두고 검찰이 개입한 정황이 나오는 검·언 합동기획인 만큼 역대 어느 쓰나미 보도보다 강력했을 것이다.

지금까지 이루어졌던 쓰나미의 패턴으로 보면, 유시민 이사장 소환은 물론이고 여권 핵심인사들의 연루설까지 삽시간에 터져나왔을 것이며 총선은 쓰나미로 인해 쑥대밭이 되었을 가능성이 높다.

물론 몇몇 언론인이나 소수 정론지가 목소리를 높여도, SNS에서 시민들이 아무리 저항을 해도 검·언 합동 쓰나미는 그 모든 것을 휩쓸고 갔을 공산이 크다. 최근 강준만 교수의 신간 서평을 이용해 문재인정부를 공격하는 보도에서 보듯, 한 보수신문이 팩트를 비틀어 사건을 만들고 기사화하면 다른 매체는 묻지도 따지지도 않고 따라가는 소소한 쓰나미는 연일 만들어지고 있다.

2000년대 들어 한국 언론에 무슨 일이 있었길래 멀쩡한 신문들이 대거 황색지로 변했을까. 양치기도 이런 양치기가 없다.

2020년 04월 14일

언론 부패의 온상
'출입기자단'

2020년 5월 10일 문재인 대통령 취임 3주년 특별연설 이후 SNS에서 작은 해프닝이 있었다. 문제가 된 것은 회견장 맨 뒤에 앉은 사람의 '츄리닝' 복장. 대통령과 공적으로 만나는 자리에서 기자가 어떻게 저런 복장을 할 수 있느냐 하는 것이었는데, 내가 보기에 츄리닝(정확하게는 모자 달린 재킷)을 입은 사람이 기자 같지는 않았다. 동영상을 보던 중에 오히려 내 눈에 들어온 것은 넥타이를 매지 않은 남자 기자들의 차림새였다.

취재 중 넥타이와 관련한 강렬한 기억이 있기 때문이다. 1996년 프랑스 칸영화제를 취재한 적이 있다. 1989년 창간 당시부터 우리 회사(옛 〈시사저널〉)는 기자단에 가입하지 않아 모든 일을 따로 해야 했다.

프레스카드 신청 안내서를 보니 회사소개서와 영화 관련 본인 기사 2건, 증명사진 2장을 칸영화제 사무국에 내라고 했다. 소개서와 기사는 영어로 번역해 팩스로, 사진은 우편으로 보낸 기억이 난다. 신청만 하고 승인 여부는 확인 못 한 채 비행기를 탔다. 프레스카드를 받지 못하면 현장에서 어떻게 해보자고 생각했었다. 국내에서는 우리 매체가 출입처도 없고 기자단에도 속하지 않았던 탓에 그런 어려움에 이미 익숙해져 있었다. 취재 노하우도 나름 갖고 있던 터였다.

칸영화제 사무국에 갔더니 국가와 회사 이름, 기자 이름 및 증명사진이 들어 있는 프레스카드를 바로 내주었다. 한국에서보다 일이 훨씬 더 수월했다. 국내에서는 아무리 유명한 매체라 해도 출입기자단 소속이 아니면 프레스카드를 단번에 내주는 경우가 거의 없었다. 기자단도 배타적이었지만 출입처 또한 기자단 소속 기자들만 기자로 여기는 분위기였다.

칸영화제의 프레스카드는 주상영관을 비롯해 시내의 어느 극장에도 무상 출입할 수 있는 만능열쇠 같았다. 그것은 진짜 열쇠가 되기도 했다. 프레스센터에는 기자 개개인의 작은 사물함이 있었다. 매일 새로운 자료가 그곳에 들어왔다. 영화 홍보자료들이었다. 그 사물함들은 기자회견장 입구의 벽 하나를 가득 채웠다. 내 사물함 번호는 1572였고 내 프레스카드로만 열 수 있었다. 행사를 주관하는 사무국이 기자한테 개별적으로 신청을 받아 출입증을 발급하고 편의를 제공하는 것은 국내외를 막론하고 나로서는 처음 경험하는 일이었다.

문화충격이었다. 더 큰 충격이 기다리고 있었다. 본선에 오른 영화는 매일 아침 주상영관인 뤼미에르극장에서 한 편씩 상영되었다. 극장 입구에는 프레스카드로도 풀지 못하는 문제가 하나 있었다. 까다로운 드레스코드였다. 정장에 넥타이만 매면 되는 줄 알았는데 그게 아니었다. 극장 앞을 지키고 선 턱시도 차림의 덩치 큰 안전요원 두 사람은 그것만으로는 입장을 허용하지 않았다.

최소한 나비넥타이라도 매야 했다. 내 앞에서 기자 한 명이 항의를 하자 민머리에 검정색 선글라스를 쓴 안전요원 두 사람이 그 기자를 번쩍 들더니 계단 아래로 옮겨 놓았다. 그 모습을 지켜본 나는 아무

말 하지 않고 극장 앞 가게로 갔다. 거기에 나비넥타이가 있었다.

퍽 인상적이었던 것은 드레스코드든, 프레스카드든 기자들의 취재와 관련한 이 모든 일들을 영화제 사무국에서 모두 관장한다는 사실이었다. 프레스카드를 발급할 것인가 말 것인가의 여부도 회사 소개와 기사를 보고 사무국이 자체적으로 판단했다. 국내에서와는 달리 주간지라고 배타적이지 않았다. 사무국은 오로지 내가 제출한 회사 소개서와 기사만 보고 판단했다.

기자단에 속해야 언론 대접을 하던 국내와는 달라도 너무 달랐다. 나아가 출입증이 있다 해도 영화제 사무국이 정하는 드레스코드에 따르지 않으면 절대 들여보내지 않았다. 기자단이라는 제도 자체가 없었고 기자단이 개입할 여지도, 필요도 없었다. 기자단에 속하지 않아 국내에서는 불편을 겪었으나 외국에서는 취재하는 데 불편함이 거의 없었다.

1989년 우리 잡지가 창간할 당시 박권상 주필(편집인)의 언론관은 매체의 정체성이었다. 그분의 언론 철학은 뚜렷했다. 박 주필은 기자들을 매주 한 번씩 아침 일찍 불러모아 강의를 했는데, 그 중에서 가장 기억에 남는 것은 기자단에 관한 내용이었다.

기억을 더듬어보면 이랬다.

"기자단은 한국 언론이 가진 가장 바람직하지 않은 제도이다. 기자단은 출입처와의 유착 때문에 언론의 순수성을 훼손하고 언론을 부패하게 만든다. 기자단을 해체해야 한국 언론이 산다."

결국 우리 매체는 기자단에 들어가지 않는다는 내용이었다. 다른 매체에서 온 선배 기자들은 "기자단에 안 들어가고 어떻게 취재하라는 거냐?"고 이의제기를 했으나 박 주필은 요지부동이었다. 일간지의 유명 정치부 기자 출신으로 영국에서 언론학을 공부한 '대선배 말씀'이니 따르지 않을 수 없었다.

이후 '언론부패 온상 출입기자단' 같은 내용이 우리 잡지의 커버스토리로 기사화되었고, 언론의 촌지 관행에 관한 기사 또한 우리 지면에 자주 등장했다. 벌써 30년 전에도 문제로 여겼던 한국의 기자단 제도는 지금까지도 굳건하게 살아 있다.

재미있는 것은 법원과 검찰, 경찰 같은 주요 공공기관의 기자실 출입 여부, 곧 기자단 가입 여부를 해당 기관이 아니라 출입기자단이 투표로 정한다는 사실이다. 기자실은 언론사가 돈을 내어 빌린 공간이

캐나다에는 출입기자단이나 기자실이 따로 없다. 공공기관의 기자회견은 모두 브리핑룸에서 진행되는데, 그곳 출입 여부는 공공기관이 정한다. 언론사 자격을 갖추면 모두 받아줄 정도로 문턱이 낮다. 한국의 법조기자단처럼 기자단 가입이나 기자실 출입을 기자들이 투표로 결정하는 제도는 다른 나라에 없다. 그런 폐쇄성이 출입처와의 유착과 부패를 낳는다. 사진은 기자회견을 하는 저스틴 트뤼도 캐나다 총리.

아닌 공적 공간인데도 출입 기자들이 기득권자라는 이유만으로 그곳을 그렇게 '관리'한다. 그런 관행은 30년 전이나 지금이나 변함이 없다.

공적 공간 사용뿐만이 아니다. 공적 기관에서 나오는 각종 발표 자료 또한 기자단 소속 출입 기자들이 독점한다. 이같은 배타적인 출입 기자단은 전 세계 어디에서도 찾아보기 어려운 한국만의 독특한 언론제도이다.

최근 들어 언론개혁을 요구하는 목소리가 부쩍 높아졌다. 모든 언론사가 '공영'이 아닌 이상 사법부나 검찰 같은 개혁의 대상이 될 수는 없다. 더군다나 신문은 사기업이 만드는 언론 상품인 만큼 불법만 없다면 외부의 어느 누가 개혁하라마라 할 대상이 될 수도 없다.

그래도 언론 분야에서 개혁할 대목이 없는 것은 아니다. 공공기관 기자실을 기자단에서 떼어내어 반듯하게 운영만 해도 한국 언론의 지형은 많이 변한다. 방법은 간단하다. 칸영화제 사무국이 하는 것처럼, 다른 나라 공공기관들이 하는 것처럼 매체의 기자실 출입 자격을 기자단이 아니라 해당 기관이 심사해 정하면 된다.

기관이 요구하는 일정 요건을 갖춘 언론사에 대해서는 기자실 문턱을 낮춰 출입을 허용하고 상주 공간을 원하는 언론사한테는 임차료를 받으면 된다. 캐나다만 해도 공영방송이든 큰 신문사든 공적 공간을 공짜로 사용하지 못한다. 그 공간의 주인은 언론사가 아니라 국민이기 때문이다.

따지고 보면 기자단만큼 오래되고 질긴 적폐도 찾아보기 쉽지 않다. 언론은 자기 스스로의 문제에 대해서는 이렇게 오랫동안 눈감아

왔다. 그들은 기자단 제도 안에서 독점적 지위와 권력을 누렸고 그 결과는 오늘날 독자들의 불신과 외면으로 연결되고 있다.

한국 언론의 위기와 추락은 언론 환경 변화 때문만은 아니다. 변화를 거부한 언론의 자업자득이다. 요즘 한국 언론의 위상과 내용을 보면, 과거 박권상 주필이 왜 그렇게 기자단 제도를 못마땅해하며 비판했는지 제대로 이해할 수 있다.

2020년 05월 12일

기자라면
최소한 붙어먹지는 말아야

돌이켜보면 기자로 일을 할 때 나는 여러모로 운이 좋았다. 1980년대 후반 언론 민주화 바람을 타고 〈한겨레〉를 비롯한 많은 매체가 창간되고 군부독재에 항의하다 해직된 기자들이 속속 복귀하던 시절이었다.

비판 칼럼을 썼다고 국군정보사령부 장교들한테 기자가 대검 테러를 당하는 일도 벌어졌으나 그런 일들이 언론 민주화라는 대세를 막을 수는 없었다. 수십 년 동안 눌리고 위축된 언론의 자유분방한 에너지가 한꺼번에 터져 나오는 느낌이었다. 언론 업계에는 활기가 돌았다.

1990년대 기자들은 두 가지 과실을 동시에 손에 쥘 수 있었다. 취재 성역이나 검열 같은 것이 대부분 사라지면서(여전히 안기부 담당자가 회사 주변을 맴돌며 사찰은 했지만) 뉴스를 굴절 없이 전할 뿐만 아니라 사회 정의를 세우는 역할을 한다는 자부심이 넘쳤다.

기자 초봉이 웬만한 대기업의 2배쯤 되는 것 또한 기자로서의 자부심을 드높이는 데 일조했다. 높은 연봉은 아이러니하게도 1980년 전두환 신군부가 언론 통·폐합을 하면서 언론계에 안긴 '당근'이었다.

직장인이면 으레 정장으로 일을 하던 시절이었으나 기자들은 정치부·경제부 같은 일부 부서를 빼고는 자유분방한 차림이었다. 그런 복장은 기자들이 형식에 얽매이지 않는다는 것을 드러내는 일종의 지표 같았다.

기자들 사이에는 어디에 매이는 것을 체질적으로 싫어하는 문화가 있었다. 정도의 차이만 있을 뿐 전두환 세력에 반대하는 분위기 또한 언론계의 대세였다. 1988년 군인들에게 대검 백색 테러를 당한 오홍근 기자는 〈중앙일보〉 출신으로 그 신문이 발행하는 〈중앙경제신문〉 사회부장이었다.

이렇게 불의를 고발하는 지식인 이미지에다가 복장으로도 드러나는 자유로운 이미지, 거기에 고액 연봉까지 겹쳤으니 기자직의 인기는 '언론고시'라는 말이 나올 정도로 대단했다. 웬만한 언론사의 기자 시험 경쟁률은 100대 1이 넘었다. 한국 경제가 크게 성장하던 시절이라 기업 광고 또한 넘쳐났다. 말 그대로 한국 언론의 전성시대였다.

이런저런 자부심 때문에 그랬는지는 몰라도 기자들은 "건방지다"는 말을 듣기 일쑤였다. 겸손한 태도라도 보이면 "기자답지 않다"는 말이 돌아왔다. 그래도 좋은 의미의 건방진 태도는 기자가 지녀야 할 기본이었다. 어떤 권력 앞에서도 주눅 들지 않고 시민 독자들을 대신해 당당하게 질문할 수 있어야 했다.

거기에 더해 비록 '우리 편'이라 해도 불편부당함을 유지하는 태도야말로 기자들에게 꼭 필요한 덕목이었다. 돌이켜보면, 한국 언론이 전성기를 누린 것은 높은 연봉이나 직업 자체의 자유로운 이미지 같은 것 때문만은 아니었다.

전성기의 핵심은 기자의 기자다움이 기사에 드러났기 때문이다.
물론 세상 어디에도 없는 '출입기자단'이 건재했고 촌지 수수와 같은
음습한 문화 또한 살아 있었으나, 언론계 내부에서 그런 문화를 비판
하고 없애자는 목소리도 많이 나왔다.

나는 좋은 의미의 건방짐이 기자다움과 연결되는 장면을 선배 동
료들을 통해 배울 수 있었는데 그중에서도 A선배의 태도가 가장 선
명하게 남아 있다. A선배는 우리 매체에서 그다지 두드러지는 기자
는 아니었다. 시사주간지이다 보니 다른 매체에 비해 기자의 개성이
잘 드러나는 곳이었으나 그 선배한테는 딱히 뾰족한 무엇이 없었다.

'글 하나는 좋다'는 평판이 있었다. 그런 평판은 칭찬이 아니었다.
좋게 보면 착한 사람이고, 나쁘게 보면 무기력한 기자였다. 열정 또한
별로 없어 보이던 그 선배에게서 나는 우연한 기회에 기자다움을 보
고 배운 적이 있다.

A선배가 후배를 가르치려고 한 것도 아니었고 자기를 일부러 드러
내려 한 것도 아니었다. 나는 그분이 전화 통화하는 내용을 옆자리에
앉아 들었을 뿐이다. 곁에서 들은 몇 분간의 통화 내용은 기자란 어떻
해야 하는가를 알려주는 실전 교본 같은 것이었다.

YS정부 당시 DJ가 영국 체류를 마치고 정계 복귀를 선언하며 다음
대통령 선거에 나설 채비를 할 즈음이었다. 우리 매체는 중도를 표방
했으나 실상은 야당지나 다름없었다. 주필을 비롯해 편집국 수뇌부
가운데 70~80년대 해직 기자 출신이 여럿인데다, 신생 매체여서 젊
은 기자들이 많았다.

군부독재와 손잡은 세력에 반대하는 분위기가 지면에 자연스럽게

드러났다. 1992년 대통령선거에서도 내놓고 선언만 하지 않았을 뿐 DJ를 지지한 것은 명백한 사실이었다. 매체 구성원 대다수가 정권교체를 바라던 성향이었으니, DJ가 정계에 복귀하자마자 인터뷰를 하는 것은 당연한 일이었다. DJ측에서도 우군으로 여겨 인터뷰에 쉽게 응했을 것이다. 인터뷰어로 나선 기자는 A선배였다.

정계 복귀 직후의 인터뷰이다 보니 DJ측에서 각별하게 신경을 쓰는 것 또한 당연했다. 민감한 시기의 인터뷰일 경우 매체에 실리기 전에 그 내용을 미리 보여주는 조건으로 인터뷰에 응하는 경우가 종종 있었다. A선배도 거기에 동의하고 해당 기사를 미리 보냈던 모양이다. 전화 통화를 하던 그 선배가 갑자기 목소리를 높였다. '버럭'은 그 선배의 좋지 않은 버릇이었다.

"아니, 대표님(DJ), 아무리 대표님이라 해도, 아니 언론을 잘 아는 분이 기자한테 그런 요구를 하시면 안 되죠. 인터뷰할 때는 분명히 그렇게 말씀하셨지 않습니까. 예민한 내용이라고 지금 와서 고치라 빼라 하는 건 말이 안 되고요, 저는 그렇게 못합니다."

A선배와 친한 동향 국회의원이 나서서 다시 요청했으나 A선배는 요지부동이었다. 보여준다고 했을 뿐이지, 원하는 대로 고치겠다고는 하지 않았다고 했다.

"다름 아닌 DJ가 그래서는 안 된다"는 것을 다시금 강조했다. 내가 놀랐던 것은 그 선배가 평소 DJ 지지자였기 때문이다. 게다가 선배는 호남 출신이었다. 나는 DJ측도 이해했고 선배한테는 감동했다.

내가 보기에, DJ측에 대한 A선배의 태도가 바로 기자다움이었다. 평소 다소 무기력해 보여도, 특정 정파를 100퍼센트 지지하는 듯이 보여도, 그 선배는 기자를 기자답게 하는 가장 기본적인 태도를 유지했다. 정권교체에 대한 열망이 아무리 크다 해도 기자로서 기자다움은 잃지 않겠다, 지지는 하되 기자로서 '붙어먹지는 않겠다'는 태도였다. 이런 태도가 때에 따라 취재원에게는 건방져 보일 수도 있을 것이다.

과거 한때 기자라는 직종이 젊은 사람들 사이에 인기가 높았던 가장 큰 이유는, 그런 기자다움이 지면에 묻어났기 때문이라고 나는 믿는다. 그런 선배들한테서 배우고 함께 기자 생활을 했던 나로서는, 요즘 언론의 문화를 보면서 답답하고 한편으로는 참담하기도 하다.

불편부당한 태도를 지니기는커녕 한쪽 편에 붙어 과거 황색지 같은 기사들을 쏟아내는 것도 모자라, 급기야 특정 권력과 모의해 사건을 조작하려다 구속되는 기자까지 생겨났다. 그런 사안을 두고 부끄러워하거나 반성하는 것은 고사하고 언론자유 침해 운운하며 견강부회하는 해당 업계 사람들을 보면서, 저들이 과연 기자이기는 한 건가 하는 의구심도 든다.

매체 환경이 급변하는 바람에 크게 위축되었다고 하지만 언론 업종이 불과 수십 년만에 이렇게까지 망가진 것은 참 불가사의한 일이다. 기자의 기개와 정신까지 팔아먹은 일을 두고 그들의 '협회'가 나서서 옹호하는 형국이니 이제는 망했다는 느낌마저 든다.

이왕 망한 김에 아예 완전히 망하면 좋겠다. 그래야 그나마 소수파로 살아 있는 진짜 기자들이 기를 펴고 판갈이를 할 수 있을 테니.

2020년 07월 22일

밥 사주는 기자는
믿을 만한 기자다

기자들이 밥과 술을 얻어먹고 다니는 줄 아는데, 기자라고 다 그
런 거 아니다. 나는 다행스럽게도 "취재원 만나면 얻어먹지 말고 사
줘라"라고 하는 부자 회사를 다녀서, 누구를 만나도 밥을 사는 편이
었다(영수증 가지고 가면 회사에서 취재비가 나왔다). 어디를 가든 밥을 사
려고 했다. 기자가 밥값을 내면 화를 내는 사람도 있었고, 불안해하는
사람도 있었다. 화를 내는 사람은 멀리서 나를 만나러 왔는데 밥도 못
사게 하냐는 사람들이었다. 물론 좋은 일로 취재하는 경우가 그랬다.

취재원을 만나도 내가 꼭 밥을 사야만 하는 부류가 셋 정도 있었다.
문화 관련 기사를 쓰다보면 만나는 사람 중에 이런 사람들이다. 시민
(자선)단체 활동가들(물론 그들 중에도 밥을 사겠다고 우기는 사람이 있었다),
두 번째는 연극쟁이들, 마지막은 대학 시간강사들이었다.

IMF로부터 구제 금융을 받던 시절, 우리 회사도 계열사 지급보증
으로 연쇄부도를 맞았었다. 월급도 못 받으며 기자와 직원들이 2년
가까이, 매체의 판권이 매각될 때까지 일을 했었다. 그때도 기자 월급
은 못 줘도 저런 취재비는 만들어줬다. 그건 자존심에 관한 것이었다.
그때 어디서 무슨 소문을 들었는지, 대학에서 강사 노릇을 하던 누가
명동성당 앞 골목식당에서 밥값을 부득부득 냈다. 나는 지금도 그 장

면을 떠올리면 울컥한다.

촌지 안 받고, 밥 안 얻어먹고(되려 사주고) 기자 노릇했던 자부심 같은 게 참 오래도 간다. 내가 잘 나서가 아니라 우연히 좋은 문화를 가진 회사에 다녔기 때문이다. 기자들한테는 이런 게 참 중요하다. 요즘 가난한 매체에 소속한 기자들이 저러고 다닌다는 소리를 가끔씩 듣는다. 그런 매체와 기자는 믿어도 좋다. 직업과 회사에 자부심을 가진 사람들인데, 그런 자부심이 있다면 기자가 되어 이상한 짓 안 한다.

2021년 05월 14일

문학 이야기

님 웨일스의 〈아리랑〉을
능가하는 조선희의 〈세 여자〉

어쩌다 보니 미국 언론인 님 웨일스의 〈아리랑(의 노래)〉을 세 번씩이나 읽었다. 1984년 한국에서 번역·출간되자마자 대학생들의 필독서가 되었을 무렵에 처음 읽었고, 1993년 중국 출장을 가기 직전에 또 읽었다. 〈아리랑〉의 주인공 김산의 행적을 우리 시각으로 찾아보려고 갔던 중국 출장이었다. 꼼꼼하게 메모를 해가며 〈아리랑〉을 다시 읽었던 기억이 난다. 세 번째로 읽은 것은 몇 년 전 토론토의 도서관에서 그 책을 발견한 다음이었다. 토론토공공도서관에는 한국 책이 꽤 있는데, 그 서가에 〈아리랑〉 번역본이 꽂혀 있었다.

처음 읽을 때는 뭐가 뭔지도 모르고 읽었다. 문제는 두 번째 읽을 때였다. 나는 당시 김산도 김산이지만 그동안 우리가 전혀 모르던 항일 독립투쟁 내용을 처음 접하고 깜짝 놀랐었다. 어릴 적부터 일제강점기 독립운동은 상해임시정부가 주도한 것으로만 배워서 알고 있었다. 〈아리랑〉을 처음 읽을 때만 해도 좌파의 항일 독립투쟁이나 지속적인 무장투쟁에 대해 아는 것이 없었으니, 그저 그런 인물이 있구나 하는 정도에 그쳤었다. 대학생이 되어서도 임시정부를 중심으로 한 민족주의 진영만 알고 있었을 뿐, 중국 공산당과 함께한 연안파, 만주의 동북항일연군, 국내에서 결성된 조선공산당 등에 대해서는 아는 바가 없었다. 명색이 기자가 되어 한위건이니 정율성이니 하는 '항일 독립운동의 별' 같은 존재들에 대해서는 이름조차 알지 못했으니, 중국 연구자들을 만나면서 창피하기 짝이 없었다.

내가 몰랐던 것은 비단 내 탓만은 아니었다. 사회주의 혹은 공산주의 계열의 독립운동이라고 해서 국내에서는 연구조차 거의 금기시될 정도였다. 자료도 없어서 중국에서 내가 구해온 것들을 복사하러 관련 연구자들이 기자인 나를 찾아오기도 했었다. 그것이 1990년대 중반의 연구 실상이었다.

내가 쓴 관련 기사는 당연히 겉핥기에 불과했다. 내 기사는 중국 공산당의 일원으로 항일 무장투쟁을 전개한 독립운동가들이 존재했었다는 사실을 독자 대중에게 알리는 것 정도로 만족해야 했다. 님 웨일

소설 〈세 여자〉는 '허정숙 주세죽 고명자' 세 여자가 개울에 발을 담그고 있는 한 장의 사진으로 이야기를 풀어가기 시작한다.

스의 〈아리랑〉이 번역되어 널리 읽혔다고 하지만 나를 포함한 대다수 독자들은 김산이 구체적으로 어디에, 어떻게 속해 항일 투쟁을 했는지에 대해서는 잘 몰랐었다. 그러나 김산조차도 수많은 혁명가들 가운데 한 명일 뿐이었다. 남한에서는 사회주의자라는 이유로, 북한에서는 중국 공산당에 소속되어 있다는 이유로 그 많은 항일 독립운동가들은 버려지고 잊혀졌다.

과거 이런 경험을 가진 나로서는 이후에도 그 방면에 자연스럽게 관심을 갖게 되었다. 그런 나에게 소설 〈세 여자〉(전2권·한겨레출판) 출간 소식은 여간 반가운 것이 아니었다. 20세기 전반기에 불꽃처럼 살다간 '김산 같은 여성'들을 주인공으로 했다는 사실 때문이었다. 그들의 활약상을 조명한다면 가려지거나 무시된 독립투쟁사의 가장 거대한 축이 저절로 드러날 것이라는 기대가 있었다.

반가운 이유 가운데 다른 하나는 바로 소설가의 이름 때문이었다. 나는 기자로 일하던 시절 〈한겨레〉에 있던 조선희 기자를 한 번도 대면한 적이 없었다. 나는 그를 늘 지면에서 찾아다녔다. 조선희의 기사는, 요즘으로 치면, 내가 즐겨찾기를 해놓고 탐독을 했던 글이었다.

나는 1990년대를 한국 신문 문화면의 전성시대라고 여긴다. 〈한겨레〉는 그 한 축을 담당했고 조선희는 핵심이었다. 민족주의·사회공산주의 계열로 나뉘어 투쟁하던 항일독립운동사의 그 복잡한 사정을, 조선희라면 누구보다 명쾌하고 재미있게 풀어낼 수 있을 것이라는 믿음이 있었다.

서울에 주문한 책을 받자마자 만사를 제치고 읽기 시작했다. 조선희의 소설은 내 기대를 뛰어넘었다. 세 여자가 개울에 발을 담근 한

장의 사진에서 이야기를 시작한 것도 훌륭했거니와, 세 여자 이야기를 하면서 시대와 인물들을 엮어내는 솜씨가 그야말로 최상급이었다.

확보한 자료로 큰 기둥을 박아세우고 그 넓은 기둥 사이를 상상력으로 채워나가는 방식이 일품이었다. 소설은 소설로 읽히면서도 어느 역사서보다 더 사실적으로 다가온다. 게다가 조선희 특유의 속도감 있고 감각적인 문체여서 책은 쉽게 읽혔다.

마지막 장을 덮고 나서 가장 먼저 떠오른 생각은, 드디어 님 웨일스를 뛰어넘는 작가가 우리한테서 탄생했다는 것이었다. 님 웨일스와 똑같은 저널리스트였으나 조선희는 님 웨일스보다 훨씬 열악한 환경에서 작업을 했다. 기자의 현장 경험 여부는 하늘과 땅 차이. 한 번도 겪어보지 못한 1930년대 모스크바 겨울 풍경을 어찌 묘사하겠으며 막 대장정을 마친 연안의 풍경은 또 어찌 그려낼 수 있을까. 이름도 낯선 카자흐스탄 크질오르다는?

사실에 기반하면서, 그 사실들을 이어놓은 조선희의 상상력은 뛰어났다. 1920년 이후 상해와 모스크바, 서울과 평양, 그리고 카자흐스탄 크질오르다 풍경까지 묘사하면서 어색한 대목 하나 없이 모든 것이 자연스럽게 녹아들게 했다. 자료를 많이 확보하고 공부만 열심히 한다고 되는 일이 아니다. 사실들을 녹여내어 사실들끼리 서로 이야기를 밀고 나가게 하는 것은 순전히 작가의 역량으로 이루어지는 일이다.

작가는 자세하게 묘사하지는 않는다. 특히 고명자나 주세죽이 죽어가는 결정적인 장면들은 오히려 짧고 간단하고 무덤덤하게 그려진다. 하려는 말을 속으로 삼키는 듯한 인상을 받게끔 한다. 나는 그 장면을 두 번, 세 번 읽었다. 작가가 결정적인 순간에 말을 아끼는 까닭에, 나 같은 독자는 혼자서 상상하고 그 장면을 머릿속으로 그려낸다. 작가는 냉정하지만 독자는 눈물을 흘린다. 어떤 묘사에서도 냉정함을 잃지 않는 저널리스틱한 스타일이다.

박헌영 여운형 김구 김일성 같은 거물들에 대해 이루어지는 재평가(특히 김구에 대한 평가가 인상적이다)도 흥미롭지만 나는 이 작품에 등장하는 수많은 이름 하나하나를 귀하게 보았다. 북한에서 숙청되어 죽거나 중국으로 망명한 인사들, 연안에서, 태항산에서 이름 한 자 남기지 못한 채 스러진 항일 무장투쟁 혁명가들이다. 우리가 기억하는 김산은 천재 혁명가인 동시에 님 웨일스라는 미국 저널리스트를 연인(거의 정설이다)으로 만나 이름을 남긴 억세게 운이 좋은 사나이였다.

〈세 여자〉는 재미와 의미, 의의 등을 두루 갖춘 근래 보기 드문 소설이다. 작가는 시종일관 냉정했으나, 독자인 나는 처음부터 끝까지 흥분한 채 읽었다. 앞으로 〈세 여자〉를 세 번 이상은 더 읽게 될 것 같다.

2017년 12월 13일

〈파친코〉, 재일동포 주인공을 향한
재미동포 작가의 무한한 공감

　요즘 애플TV+ 드라마로도 화제를 모으고 있는 소설 〈파친코〉를 알게 된 것은 몇 해 전이었다. 별 관심을 갖지 않았는데도 관련 소식이 자꾸만 들려왔다. 내용도 내용이지만 나로서는 소설 외적인 부분이 퍽 궁금했다. 〈파친코〉의 작가 이민진은 미국에 사는 한국인 이민 2세라고 하는데, 미국이 아닌 일본을 배경으로 한 이야기를 왜, 어떻게 썼을까 하는 궁금증이었다.

　미국 작가가 재일동포 가족사를 소재로 작품을 썼다는 것이 흔치 않은 일이기도 하거니와, 무엇보다 '파친코'라는 제목이 특이해 보였다. 7세 때 부모를 따라 미국으로 살러 간 한국인 1.5세가 일본 사회를 어떤 관점으로 취재하고 풀어냈는가 하는 것도 퍽 궁금했다.

　외국에서 살다 보면 이런 궁금증이 생겨도 바로바로 답을 찾기가 쉽지 않다. 내가 사는 곳이 영어권이라고는 하지만 꼭 해야 할 숙제 같은 것이 아닌 이상 영어 책보다는 한글로 쓴 다른 책에 손이 먼저 가게 마련이다. '미국에 살면서 재일 조선인 이야기를 쓰는 데 한계가 있지 않을까' 하는 생각도 은연중에 있었을 것이다. 작가의 역량이 아무리 탁월하다 한들 '외국인'이라면 그 복잡한 문제의 핵심을 파고들기가 다소 어려웠을 것이라는 생각도 없지 않았다.

그러나 〈파친코〉와 관련해 들려오는 소식들은 심상치 않아 보였다. 〈뉴욕타임스〉를 비롯한 세계 유명 매체들이 잇달아 호평하고 '올해의 책'으로 선정했다, 버락 오바마 전 미국 대통령 같은 유명 인사가 "매혹적인 이야기"라고 했다, 베스트셀러가 되었다, 한국어를 포함해 여러 언어로 번역되었다와 같은 뉴스가 계속 쏟아졌다. 〈파친코〉 관련 뉴스들은 일부러 찾지 않아도 온라인을 타고 저절로 당도했다. 관심을 갖지 않을 수가 없었다.

아무리 화제작이라고 해도, 역시 손에 잡기가 쉽지 않았다. 앞서 언급했거니와 '부담 없이 읽을 만한' 추리물도 아닌데 굳이 영어로 읽는 수고를 해야 하기 때문에 선뜻 내키지 않았다. 영어로 된 본격 소설을 읽는다는 것은 다리에 모래주머니를 달고 달리기를 하는 것과 마찬가지이다. 마침 코로나19 팬데믹 상황이라 한국에서 번역서를 들여오는 것도 쉽지가 않았다. 내가 사용하는 전자책 사이트에서도 검색되지 않았다.

신기한 사실은, 이런 '악조건' 속에서도 내가 결국 책을 손에 쥐게 되더라는 것이다. 나는 이것을 책이 지닌 힘이라고 믿는다. 예전부터 누가 보라고 강요하지는 않았으나 이것만은 꼭 봐야 한다고 생각하게 하는 공연, 전시, 영화, 책들이 있었다. 이번에는 〈파친코〉가 그랬다. 한국 배우 윤여정과 이민호가 캐나다 서부 빅토리아섬에서 드라마 〈파친코〉를 촬영 중이라는 뉴스를 접한 뒤에는 읽는 것을 더 이상 미룰 수가 없었다. 드라마를 보고 나면 원작 소설을 읽는 재미가 반감될 것이기 때문이다.

부랴부랴 영어 책을 구해 읽기 시작했다. 책에서 눈을 떼기가 어려웠다. 이야기 자체가 흥미진진했고 이야기를 풀어가는 방식 또한 탁월했다. 특히 이민자인 내 눈에 도드라져 보이는 것이 있었다. 내가 나고 자란 곳을 떠나 낯선 땅에 사는 사람들이 보편적으로 공유하는 정서 같은 것이다. 자발적으로 떠났느냐, (반)강제 이주를 당했느냐 하는 차이는 있을 수 있겠으나 어떤 이유로든 자기 나라를 떠나 사는 사람들에게는 남다른 정서가 있다. 나는 그런 사람들이 공유하는 감정과 정서를 이렇게도 한번 경험했었다.

십수 년 전 한국의 재외동포재단이 주최하는 재외동포문학상을 받게 되어 한국을 방문한 적이 있다. 미국, 캐나다, 독일, 중국 등지에 사는 재외 한국인 7명이 상을 받으려고 서울에 모였다. 시, 소설, 산문 부문 수상자들이었다. 수상자 초청 프로그램에는 문학상 심사를 맡았던 유명 문인들이 동행하는 제주도 방문도 포함되어 있었다.

제주도에서 재미있는 일이 벌어졌다. 재외동포들이라고 해도 문학상을 받은 '신인'이라면 한국의 유명 시인, 소설가들에게 큰 관심을

이민진 소설 〈파친코〉와 애플TV+가 제작한 드라마 〈파친코〉.

보일 법하다. 주최 측이 심사위원들을 여행에 동행케 한 것은 수상자들에게 주는 일종의 '선물'이었다. 책으로만 접하던 시인, 소설가와 2박3일을 함께 보내며 글쓰기에 관해 이야기를 나눈다는 것은 우리에게 뜻깊은 기회가 될 것 같았다.

그런데 묘한 일이 벌어졌다. 수상자들은 자기들끼리 놀기에 바빠서 유명 문인들과 어울리지를 못했다. 결국 문인은 문인끼리, 수상자는 수상자끼리 시간을 보냈다. 외국살이하는 우리끼리 나누는 대화가 훨씬 재미있었기 때문이다. 그때 우리나라를 떠나 사는 사람들이 갖는 정서적 공감대가 글쓰기에 대한 열망이나 궁금증을 압도한다는 느낌을 받았다. 독일에 간호사로 파견되었다가 그대로 눌러앉았다는 이야기, 대기업 지·상사 직원으로 미국에 나갔다가 이민을 하게 되었다는 이야기, 나처럼 아예 작정을 하고 이민을 간 사람들의 이야기가 끊임없이 이어졌다.

서로 다른 나라에 사는 한국 사람 각자의 사연들이 흥미롭기도 했거니와, 무엇보다 그런 이야기를 주고받으면서 서로가 위안을 받는다는 느낌이 들었다. 문학상 수상자들이 열심히 글을 쓰는 이유는 결국 우리나라를 떠나 사는 데서 오는 일종의 상실감 때문인 것 같았다.

소설 〈파친코〉와 드라마 〈파친코〉에 단박 빠져들면서도 이와 비슷한 느낌이 들었다. 일본에 사는 '조선인'들의 이야기라고 하지만 이민자인 나에게 각별하게 다가오는 것이 많았다. 자기가 나고 자란 땅에서 사는 보통 사람들의 눈에는 잘 보이지 않는, 이민자들이 공감할 수 있는 내용들이다.

가령 이런 것들이다. 〈파친코〉에 등장하는 인물들이 겪는 비극 가운데 가장 크고 구체적인 것은 일본 사회에서 받는 무시와 차별이다. 재일동포나 재중동포들은 나 같은 북미 이민자들과는 처지가 많이 다르다. 한국 땅을 자발적으로 떠났느냐, 거의 강제로 밀려났느냐의 차이가 있기는 해도, 어쨌거나 우리나라를 떠나 사는 사람들만이 갖는 감정과 정서는 비슷하다. 어디에도 속하지 못한 채 중간지대에 산다는 느낌, 곧 영원한 이방인이라는 느낌이다.

나로 말하자면, 캐나다 시민권자이지만 온전한 캐나다 사람도 아니고 그렇다고 이제는 순수한 한국 사람도 아니다. 캐나다에서 오래 살면 살수록 어디에도 속하지 못한다는 어정쩡한 감정이 점점 더 커진다. 내가 사는 캐나다는 여전히 외국 같고, 내가 떠난 한국 또한 외국 같은, 어디에도 속하지 못한다는 그런 느낌이 자꾸 든다. 캐나다는 아무리 따라가려 해도 잡히지 않고 한국은 날이 갈수록 점점 멀어져 간다.

물론 일본에 사는 외국인들이 겪는 차별은 북미 이민자들로서는 상상도 할 수 없을 정도로 참담하다. 일본에서 태어났으나 귀화를 하지 않았다는 이유만으로 10대 소년에게도 3년마다 지문을 찍게 하는 일이라거나, 변변한 직업을 갖기 어려워 파친코 같은 사행산업에나 종사하게 만드는 사회적 집단 차별은 북미에서는 범죄로 간주된다.

이 같은 노골적이고 야만적인 차별이 없다고는 해도, 이민자의 나라라는 캐나다에서도 이민자들이 차별에서 완전히 자유로운 것은 아니다. 신규 이민자가 캐나다에서 취직을 하려 하면 '캐나다 경력'을 요구한다거나 인맥으로 직원을 채용하는 문화를 한 번이라도 경험하고 나면 우리나라를 떠나 사는 사람의 슬픔 같은 것이 생겨난다. 외국살이를 선택했다는 것 자체에 그런 정도의 차별은 감수하겠다는 뜻이 포함되었을 수도 있겠다. 이민자의 숙명이다.

드라마 〈파친코〉에서 선자의 윗동서인 경희는 선자와 함께 남편 요셉이 진 빚을 갚으러 가면서 말한다. "나는 (우리 고향집에서) 밥도 한 번 안 해보고 빨래도 안 해봤어. 사람을 만나도 (이렇게 험한 사람들이 아니라) 부모님이 아는 사람들만 만났어. 내가 언제까지 이렇게 살아야 할까?"

'내가 언제까지 이렇게 살아야 할까?'라는 것은 이민 1세라면 누구나 스스로에게 자주 했던 질문이다. 〈파친코〉의 주인공들처럼 도박산업에 종사하든 길거리에서 김치장사를 하든, 캐나다 드라마 〈김씨네 편의점〉 주인공처럼 구멍가게를 운영하든 그래도 열심히 노력만 하면 경제적으로는 안정을 찾을 수 있다. 문제는 나 같은 이민자들이 문화적으로나 정서적으로는 오도가도 못하는 중간자 신세가 된다는 사실이다. 한국 근대사의 비극적인 희생자라고 할 만한 일본 재외동포들의 처지는 더 참담하다. 일본에서 태어난 선자의 아들 모자수는 말한다.

"서울에서는 나 같은 사람들을 일본인 새끼라고 불러. 일본에서는 아무리 돈을 많이 벌어도, 아무리 근사하게 차려입어도 더러운 조선인 소리를 듣고. 대체 우리 보고 어떻게 하라는 거야?"

나는 모자수의 이런 마음을 잘 이해한다. 캐나다에 사는 나는 이렇게까지 불행한 처지에 놓인 것은 아니지만 캐나다와 한국 사회 양쪽의 이방인이 되어 살고 있는 것은 사실이다. 캐나다에서 20년을 살아도 이 나라 문화에 동화하지 못한다. 그저 익숙해질 뿐이다. 한국을 돌아봐도 이제는 낯설기 그지없다. 정서적으로 어디에도 속하지 못해서 생겨나는 슬픔은 시간이 지날수록 점점 더 커진다.

〈파친코〉를 다 읽고 나서, 이 소설이 전 세계 독자들로부터 큰 호응을 받은 이유를 내 나름으로 생각했다. 작가 이민진이 일본이 아닌 곳에 사는 한국 이민자의 자식이기 때문이다. 일본 바깥에서 살고 있기에 재일동포들의 처지를 냉정하고 객관적으로 볼 수 있었을 것이다. 다른 한편으로는 작가 스스로 이민자의 자식이어서, 같은 이민자인 재일동포들의 아픔에 누구보다 깊이 공감할 수 있었을 것이다.

이민자인 내가 보기에, 북미 재외동포들과는 비교할 수도 없이 불행한 처지에 놓여 있던 재일동포들에 대한 작가의 깊은 공감이 〈파친코〉가 가진 가장 강력한 힘이다. 일본에 사는 한 조선인 집안의 비극적인 삶이라는 특수한 소재로 쓰인 소설이 전 세계 독자들에게 큰 반향을 불러일으킨 것은 바로 그런 힘 때문이다.

한글로 글을 쓰는 지금도 나는 조금 불안하다. 내가 쓰는 글의 스타일이나 문체가 한국 독자들의 눈에 고루하게 보이지나 않을까 하는 불안감이다. 한국에 살 적에는 한 번도 생각하지 못했던 일이다.

2022년 04월 22일

중간지대에 사는 사람들의 '슬픈 모국어'

1990년대 후반 서울에서의 일이다. 출근길 라디오에서 반가운 소식을 들었다. 음악 프로그램 진행자 A씨가 십수 년 만에 방송에 복귀한다는 것이었다. 미국에 살다가 다시 돌아오는 터라 방송사는 대대적으로 홍보를 했다. 나는 크게 기대를 했다. 예전에 A씨는 큰 인기를 모은 것을 넘어 라디오 음악 프로그램 진행의 전형을 만든 스타였다. 후배 진행자들은 소곤소곤 읊조리는 그의 스타일을 거의 모두가 따라했다.

그런데 첫 방송부터 뭔가가 좀 이상했다. 목소리는 변함없고 진행 스타일도 예전 그대로였으나 답답하다는 느낌이 들었다. 몇 번을 듣고 나서야 답답함의 정체를 알게 되었다. A씨가 미국으로 건너간 사이, 한국은 모든 것이 급변했고 특히 문화환경은 경천동지할 정도로 뒤집어졌는데 그이는 예전 스타일을 그대로 유지하고 있었던 탓이다. A씨를 모델 삼아 따라했던 다른 후배들의 방송이 훨씬 세련된 느낌을 주었다.

A씨는 몇 개월 만에 프로그램에서 하차하고 말았다. 캐나다로 살러 온 이후, 나는 A씨와 관련한 그 일을 떠올릴 때가 많다.

이민 초기에 토론토에서 소설 쓰는 B씨를 만났다. 외국의 웬만한 도시치고 한인 문인협회 없는 곳이 없고, 열심히 글을 쓰는 아마추어 작가들도 많다. B씨는 발군이었다. 문장도 좋거니와 이야기를 풀어내는 솜씨가 프로페셔널이라고 봐도 무방했다. 본인이 직접 프린트해서 엮은 소설집을 받은 적이 있는데, 한국에서 출판된 소설집을 읽는 느낌이었다. 정식 데뷔만 하지 않았을 뿐 수십 년 전 한국을 떠날 때까지 열심히 습작했었다고 했다. 문학청년 시절을 함께 보낸 그의 친구들은 거의 모두 유명 작가가 되었다. B씨는 외국에 살면서 생업에 몰두했던 까닭에 수십 년 만에야 창작활동을 재개할 수 있었다.

캐나다를 배경으로 한 B씨 소설의 내용 자체는 퍽 흥미로웠다. 그런데 답답함이 있었다. 음악 프로그램 진행자 A씨의 복귀 방송에서 느낀 것과 비슷한 답답함이었다. B씨는 한국에 사는 독자들을 만나기를 원했으나, 쉬운 일이 아니라는 생각이 들었다. 작품 분위기와 글의 스타일이 어딘가 모르게 '올드'했기 때문이다.

외국에 오래 살면 살수록 모국에 대한 감은 점점 떨어질 수밖에 없다. 모국과 관련한 이민자들의 생각 자체가 이민을 떠난 시점에서 멈춘다는 말은 틀린 것이 아니다. 1970년대에 캐나다에 살러 온 어떤 선배님은 "조용필을 모른다"고 했다. 이름

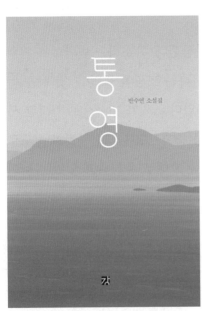

반수연 소설집 〈통영〉(강).

이야 알지만 왜 가왕인지, 인기가 얼마나 대단한지를 잘 모른다는 것이다.

한국을 보고 느끼고 알 수 있는 경로가 예전과 비교할 수 없이 넓어지고 다양해졌다고 하지만, 한국 사회에서 호흡하며 부대끼지 않는 이상 그 온도까지 체감하는 것은 불가능하다. 감각적이고 섬세한 촉을 지녔을 방송 진행자 A씨와 소설가 B씨조차도 한국에 살지 않는다는 이유만으로 그렇게 '흘러간 스타일'이 되어버린다.

이쯤에서 소설가 황석영씨가 자연스럽게 떠오른다. 1989년 북한을 방문한 황씨는 외국생활을 전전하다가 감옥행을 무릅쓰고 1993년 한국에 들어갔다. 그때 그가 했던 말이 기억난다. "고기가 물을 떠나 살 수 없다."

모국어로 글을 쓰는 작가가 언제까지고 모국을 떠나 살 수는 없었다는 얘기이다. 나는 '대한민국 3대 구라' 소리를 듣는 황씨가 말 그대로 '구라'를 치는 줄 알았다. 외국에 살면서 창작을 하지 못할 이유가 없다는 생각이 들었기 때문이다.

막상 내가 외국살이를 하게 되면서 그의 말이 틀린 것이 아니라는 사실을 절감했다. 무라카미 하루키 같은 예외적인 경우도 있지만, 일반적으로는 외국에 살면서 모국의 독자들과 깊이 교감하는 소설을 쓰기란 쉽지 않다. 그것은 직접 겪지 않으면 알 수 없는 거대한 장벽이다. 그런 장벽을 느끼기 시작하면 내 감각에 대한 불신뿐 아니라 글쓰기의 두려움과 불안감 같은 것이 은연중에 생겨난다. 전직 기자인 내가 그것을 느끼고 영향을 받을 정도이니 창작을 하는 전업 작가라면 그런 상황을 견디기가 더 어려웠을 것이다.

인터넷과 스마트폰 덕분에 캐나다와 한국의 거리는 예전에는 상상도 할 수 없을 정도로 가까워졌다. 지금은 한국방송을 캐나다방송만큼이나 쉽게 접할 수 있고, 실시간 시청도 가능하다. 인쇄 매체는 더 말할 나위가 없다. 한국 신간을 구입하는 것도 이제는 어려운 일이 아니다.

캐나다와 한국이 이렇게 가까워졌는데도 글을 쓰는 사람의 처지에서는 물리적 거리만큼이나 두 나라의 거리가 여전히 멀게 느껴진다. 내가 한국 뉴스와 드라마를 아무리 열심히 찾아본다 한들, 한국에 사는 한국 사람들의 감을 따라가기란 불가능하다. 문화적 환경이라는 것은 바깥에서 맹렬하게 학습한다고 해서 체득할 수 있는 것이 아니다. 그것은 그 안에 몸을 담지 않고서는 물의 성질이나 온도를 느낄 수 없는 바다나 호수와 같은 것이다.

한국 사는 사람들에게는 대수롭지 않은 일이겠지만 외국 사는 나같은 사람에게는 작지 않은 문제로 떠오르는 것이 있다. 새로 생겨나는 용어이다. 요즘은 사회관계망서비스(SNS)를 통해 주로 접하는 낯선 것들인데, 처음에는 당연히 뜻을 알 수가 없었다. '짤(방)' '쉴드' '코스프레' '디폴트' 같은 것은 앞뒤 맥락 혹은 어원을 통해 파악하거나 누구에게 물어보아야 그 뜻을 알 수 있었다. 요즘 자주 들리는 '남혐' '여혐' '페미' '안티페미' '여초' '남초' '일베' 같은 다소 민감해 보이는 용어에 대해서는 지레 겁을 먹고 사용할 생각을 하지 못한다. 몇 년 전 한국에 갔을 적에는 20대 조카를 앉혀놓고 공부를 하기도 했다. 그때 배운 것들이 '꿀잼' '핵잼' '핵노잼' '개꿀' 같은 것들이다. 물론 '조낸'처럼 느낌만으로 금세 알 수 있는 것도 더러 있었다.

캐나다에 살면서도 모국어로 말하고 한글로 글을 쓴다지만(일할 때를 빼고는 사실상 영어 쓸 일이 거의 없다), 나 같은 사람은 이제 변방의 국외자일 수밖에 없다. 슬프지만 부정할 수 없는 사실이다. 낯선 단어를 보이는 대로 익히고, 매일 인터넷을 들여다본다고 해서 벗어던질 수 있는 신분이 아니다. 이쯤 되면, 나 같은 사람은 두 가지 문제에 봉착하게 된다.

첫째는 글 내용에 관한 것. 멀리 살면서 한국에서 벌어지는 일에 대해 이러쿵저러쿵 말하기를 좋아하지만 마음 한구석은 늘 불안하다. 지금처럼 한글로 글을 쓰면서, 내가 몸담고 있는 캐나다에 관한 내용을 이야기하는 것도 어렵기는 마찬가지이다. 한국의 독자들이 공감할 수 있는 보편성을 가진 내용인가 하는 문제를 늘 고민하게 된다.

두 번째는 글투에 관한 문제. 내가 사용하는 단어나 문체가 '올드'한 것은 아닌가 하는 강박이 늘 따라다닌다. 외국 땅에 사는 사람으로서는 이런 강박에서 벗어나기 어려울 뿐만 아니라 앞으로 점점 더 심해질지도 모른다.

이런 것들을 생각하면 한국 독자들을 염두에 둔 글쓰기가 더욱 두려워진다. 한국에 살 적에는 절대 알 수 없었던 두려움이다. 그런 감정을 가지고 사용하는 모국어는 하루키 식으로 말하자면 '슬픈 모국어'쯤 된다. 외국 땅에서 모국어로 말하고 글을 쓰면서 슬프다니, 아이러니하고 어이가 없는 일이다.

그런데 최근 이 같은 위축감과 두려움, 그리고 슬픔까지 한꺼번에 깨버린 사례를 하나 접했다. 캐나다 밴쿠버에 사는 소설가 반수연씨의 첫 번째 소설집 〈통영〉(강)이다. 이 소설집이 한국에서 화제를 모으면서 기사와 독후감이 속속 올라오는 것을 보았다. 이국의 삶에 관한 내용이지만 어떤 방식으로 어떻게 쓰느냐에 따라 한국 독자들에게도 공감을 얻을 수 있다는 사실을 보여준 보기 드문 사례이다.

외국에 사는 한국인 이민자가 쓰는 소설은 외국소설의 한국어 번역과도 다른 지점에 놓여 있다. 번역이야 한국에 사는 번역가가 최신 문체로 요즘 한국의 문화환경에 걸맞게 하게 마련이다. 한국 독자들을 염두에 두고 작품을 쓰는 외국 사는 한국 작가는 한국 사회라는 물 속에서 살지 않는 까닭에 늘 불안할 것이다. 글의 스타일이 구식이지 않을까, 과연 한국 독자들에게 공감을 얻을 만한 내용일까 하는 불안감과 두려움에 늘 시달릴 것이다. 한국 사는 작가들보다 부담을 하나 더 가지고 있는 셈이다. 외국에 사는 한국 작가의 숙명이다.

내가 사는 세상(캐나다)과 독자들이 사는 세상(한국) 양쪽 모두 깊이 들여다보고, 체험하고, 느끼지 않으면 한국 독자에게 외면받는 얼치기가 되기 십상이다. 혹시 그렇지나 않을까 하는 두려움을 안고 나는 〈통영〉을 읽기 시작했다.

반수연의 〈통영〉은 내가 가진 이런 두려움과 통념을 통쾌하게 부수고 있었다. 작가가 특별한 방법을 동원한 것도 아니었다. 소설을 그저 소설답게, 치밀하고 탄탄하게 썼다. 부지런하고 집요한 기자처럼 열심히 취재하고 고심하고 정교하게 다듬어냈다는 사실이, 이민자 소설이 갖게 마련인 한계를 뛰어넘게 만들었다. 같은 이민자인 나로서는 작가가 그 작업을 얼마나 고통스럽게 해냈을지 어렵지 않게 짐작할 수 있었다.

한국 독자들 사이에서 호평이 쏟아지는 소설집이지만 이민자인 내 눈에는 반수연 소설이 갖는 의미는 색달라보인다. 캐나다에 살면서 모국 일간지 신춘문예를 통해 등단했다는 것도 대단한 일이거니와 이민 작가에게 따르게 마련인 숙명적인 한계를 이겨내는 작품을 쓰고 작품집을 냈다는 것은 예사로운 일이 아니다.

같은 국외자인 내 눈에는, 작가가 고통스럽게 글을 쓰는 과정이 보였고 그것은 낯선 땅에서 살아남으려는 몸부림처럼 읽혔다. 작가에게는 죽기 살기로 쓰지 않으면 안 된다는 처절함이 있었다. 바로 그것 때문에 '흘러간 스타일'이라는 사실을 떠올릴 겨를조차 생기지 않았고, 설사 그런 기미가 보였다 하더라도 그것은 사소한 문제에 불과하다.

반수연의 〈통영〉이 갖는 의미는 '중간지대 소설'이 한국 문학에 당당하게 이름을 올림으로써 한국 문학의 지평을 넓혔다는 사실, 외국 사는 한국 작가가 모국어로 말하고 글을 쓰면서도 더이상 위축되거나 불안해하지 않아도 되게끔 했다는 사실이다. 그게 뭐 그리 대수냐 할지도 모르겠으나 나 같은 처지의 사람들에게 그 의미는 작지 않다. 지금 구상 중이라는 반수연의 장편이 기대된다.

2021년 08월 06일

아,

기성세대라는 말도 구리다

토론토에 살면서 몸에 붙은 습관이 하나 있다. 문을 열고 드나들 때 반드시 뒤를 돌아본다. 뒤에 사람이 있으면 문을 잡고 기다리는 것이 매너. 여기서 문제가 발생한다. 몇 걸음 뒤에 오는 사람까지 배려를 해야 하느냐는 것. 매너 좋은 젊은 친구들은 뒤에 오는 사람을 위해 3~4초가량 문을 잡아주는 경우도 있다. 그럴 때는 미안해서 얼른 뛰어가게 마련이다. 어떤 경우든 앞사람이 문을 잡아주면 "땡큐" 소리는 그냥 자동적으로 나온다.

반면, 문을 잡아주면 당연한 듯 아무런 말도 없이 슥 지나가는 사람들도 있다. 주로 특정 나라 사람들이 그렇게 하는 편이다. 그러면 불쾌해진다. "땡큐" 소리 듣자고 문을 잡아준 것도 아닌데 말이다. 아무 소리도 안 하고 지나가는 사람에게 나는 "유아웰컴"이라고 큰 소리로 말한다. 놀라기라도 하라고. 그래도 모르고 지나가는 사람이라면 무매너 인생을 살 수밖에 없을 테고.

이런 매너가 몸에 배는 것처럼 말도 비슷한 것 같다. 나처럼 외국에 오래 살다 보면 우리 말이 변해가는 추이에 조금 민감해진다. 나는 소설을 좋아해서, 기회만 닿으면 한국에서 공수해온다. 그런데 언제부터인가, 호평받는 작가의 작품인데도 읽기가 여간 힘들지가 않다. 젊은 세대의 감각을 따라가지 못할 정도로 내가 나이를 먹은데다, 한국의 온도를 체감하지 못하는 탓이다.

젊은 소설가들의 작품에서 재미를 못 느끼는 또다른 이유는 바로 '언어' 때문일 것이다. 그들이 우리말로 '명징'하게 '직조'해낸다* 하더라도 나로서는 젊은 소설가들이 명징과 직조를 통해 표출하려 하는 감각과 의미를 잡아내기가 쉽지 않다. 이게 뭔가 하고, 문장을 뜯어가며 머리 굴려 잡아내려 하니, 소설 읽기의 즐거움이 사라진다. 읽으면서 다음 문장, 다음 장을 궁금해 하고, 좋은 문장을 서너 번 되풀이 읽으며 음미하는 것이 소설을 읽는 재미인데, 요즘은 여간해서는 그런 재미를 찾기가 어렵다.

나는 이런 불편을 그냥 자연스럽게 받아들이기로 했다. 내가 소설에서 느끼던 전통적인 재미는 한때 정이현에서 멈췄었다(이후 김애란 황은정 조해진 최은영 등을 만났다). 작년에 크게 주목된 세 소설가의 작품에서 내 나름의 재미를 기대했으나 역시 불편하기는 마찬가지다.

내가 요즘 소설의 내용, 문체, 문투, 문장, 단어 등에서 느끼는 불편함이 있다면 그 반대의 경우도 있지 않을까 하는 생각. 요즘 20~30대 젊은 독자들이 이문구 박완서, 더 올라가 우리 세대가 열광했던 벽초 홍명희의 작품을 보면서 역시 불편해하지 않을까 하는 것.

언어, 말이라는 것은 당대 언중이 습관처럼 공유하는 것이 아닐까 싶다. 문을 열고 들어갈 때 뒷사람을 배려하는 그런 사회적 매너와 똑같은 사회적 습관. 그런 것이 한 사회에서 매너로 받아들여지고 굳어

---

* 어느 영화 평론가가 어떤 영화에 대해 이야기하면서 '명징' '직조'라는 표현을 사용해 구설에 오른 적이 있다.

지면 습관이 되는 거고(안 지키면 욕 나오고), 오래된 매너라 해도 점점 어색하고 생경하면 사라지는 거다. 명징과 직조와 같은 말에 불편함을 느낀다면 그것대로 의미가 있다. 그들은 그런 용어를 대체하는 다른 말을 찾아낼 것이다. 아니면 명징과 직조 같은 가치가 이제는 효용을 다 했을 수도 있고. 그러니 '명징' '직조' '작금' '중차대' 같은 말을 쓴다고 하여 어렵다고 욕할 것은 없다. 안 보면 그만이니까.

당연히 변해가는 사회적 현상을 두고, 이렇다 저렇다 논박하는 것 자체가 재미있다. 다이나믹하기도 하고, 건강해 보이기도 한다. 구린 단어 쓴다고 욕을 할 수도 있고, 그런 것도 모르냐고 또 욕을 할 수도 있다. 한국이 참 다이나믹한 사회라는 것은 이런 데서도 드러난다. 그래도 단어를 두고 이렇게 논박을 벌이는 것 자체는 명징과 직조에 대해 불편해 하는 사람들이 있는 반면, 요즘 흔히 쓰는 단어에 불쾌감을 드러내는 기성세대도 있기 때문이다(아, 기성세대라는 말도 구리다). 코스프레, 덕후, 쉴드치다, 이런 말들.

어쨌거나 말이라는 건 쓰는 사람 마음대로 아닌가. 그게 받아들여지면 계속 가는 거고, 안 받아들여지면 끝나는 거고. 자연스럽게 변해가는 거다. 그렇다고 분노하거나 슬퍼할 이유는 없다.

2021년 6월 8일

기형도 이야기

대학시절 '친절한 기형도' 시인에게서 받은 편지

해마다 3월 초만 되면 기억하는 사람이 있다. 1989년 3월 7일 새벽 스물아홉 나이에 세상을 떠난 기형도 시인이다. 그날, 기형도의 문우들은 경기도 안성에 있는 그의 묘지를 찾는다. 30년이 넘는 세월 동안 한 해도 거르지 않은 것으로 안다. 나도 한국에 살 적에는 그들을 따라 몇 번 갔었고, 캐나다에 사는 지금은 온라인으로 그 소식을 매년 접한다. 그 소식을 들을 때마다 한 장면이 자연스럽게 떠오른다.

1989년 3월 7일 정오 무렵이었을 것이다. 집에서 전화를 받은 아버지가 내 방에 들어와 잠을 자던 나를 깨우셨다. 나는 당시 대학원 석사 논문을 마무리하느라 집에서 낮밤을 바꿔 생활하던 터였다. 평소 내 방에 좀체 들어오지 않던 아버지가 방에 들어와 급하게 나를 깨우신 것을 보면 큰일이 터진 게 틀림없었다. 나는 벌떡 일어났다.

"형도가 죽었다는구나."

기형도의 친구인 내 형 성석제가 아버지한테 전화를 해서 비보를 전하고 무슨 부탁을 했던 모양이다. 아버지는 천주교식으로 장례를 치르기로 했다며 서둘러 밖으로 나가셨다. "너는 빈소에 가서 일을 도와주는 게 좋겠다"고 하셔서 나는 바로 서울 서대문 적십자병원으로 향했다.

기형도 시인은 소설을 쓰는 내 형 성석제와 대학시절 친구였다. 1979년 이후 하루가 멀다 하고 우리 집을 드나들어서 우리 식구들과도 친했다. 당시 기형도는 시흥군 소하리에 살았다. 연세대 앞에서 70번 버스를 타면 우리 집이 있는 독산동을 지나가게 되어 있는데, 기형도는 집에 가는 길에 버스에서 내려 우리 집에 자주 들르곤 했다. 집에 내 형이 있거나 말거나 상관하지 않았다.

기형도는 예의 바른 데다 어른들(당시 우리 집에는 할아버지 할머니도 계셨다)을 즐겁게 해주는 특별한 말재주가 있었다. 어른들은 늘 기형도를 웃는 얼굴로 반기셨다. 기형도는 우리 집에 놀러 오는 친구들 중에서 어른들의 사랑을 가장 많이 받은 사람이었다.

당시 할머니가 하신 말씀이 생각난다.

"형도는 김치를 묵어도, 우예 그리 맛나게 묵노? 우리 집에서 묵으면 밥이 맛나다는 소리를 밥 한 번 묵으면서 백 번도 더 한 대이."

어른들에 대한 기형도의 립서비스는 환상적이었다.

우리 집에는 기형도뿐 아니라 내 형의 문학회 친구들이 놀러와서 자고 가는 일이 잦았다. 형과 방을 함께 쓰던 나도 늘 거기에 끼여 잠을 잤다. 내가 고교생이 된 1979년부터 한 방에서 먹고 자고 했으니, 나도 형들과 친해질 수밖에 없었다. 나는 담배나 물 심부름을 했고 때로는 밥도 차려주었다. 형 친구들 중에서 기형도는 동생들에게 가장 친절한 사람이었다. 나는 늘 말 없고 무뚝뚝한 내 형보다는, 늘 말 많고 살가운 기형도한테 고민을 자주 털어놓았다.

기형도는 칭찬을 잘 했다. 나 같은 동생한테는 칭찬만 했지만 친구들을 칭찬할 때는 '뼈'를 슬쩍 집어넣었다. 이를테면 이런 식이다.

"네들 그거 알아? 이번 학기에 ○○가 죽여주는 성적표 받았다는 거. 전 과목 하나도 안 빼고 학점이 A야. 법학과 수석이지. 아, 근데 말이지? 흠이 하나 있지. 이번에 받은 성적표에는 자기 전공과목이 하나도 없다는 거야. 그래서 수석을 하고도 장학금을 못 받는대. 낄낄…."

더불어 그는 남의 귀에 별로 안 거슬리게 자기 자랑을 하는 재주가 탁월했다. 자기가 속한 집단과 주변 사람들에 대해 자랑하기를 좋아했다. 중앙고와 연세대에 대한 자랑은 하도 들어서, 나는 한때 우리나라에서 두 학교가 가장 좋은 학교라고 생각했었다. 이야기를 얼마나 자주 들었는지, 나는 지금도 기형도가 소속해 활동했다는 중앙고 중창단 이름과 레퍼토리를 기억한다. 그 학교 다른 중창단 이름까지도.

토요일에는 형 친구들이 바둑을 두고 노래도 하면서(기형도가 술을 별로 못해서 그런지 형 친구들이 우리 집에서 술판을 벌이는 경우는 거의 없었다) 밤새 놀 때가 많았다. 부모님이 일요일 새벽 6시 미사를 가시면 기형도가 친구들을 부추겨서 함께 따라나서기도 했다. 무슨 재미있는 일이 있나 싶어 나도 얼떨결에 묻어갔다. 기형도는 미사 중에 성가를 큰 소리로 얼마나 잘 부르는지 신부님과 신자들이 놀라워할 정도였다. 기형도가 크게 부르니 다른 친구들도 경쟁하듯 목소리를 높였다. 기형도는 노래하기를 좋아하고 아주 잘했다. 조용필 노래도 자기식으로 개성 있게 소화하는 미성이었다.

1984년 가을 〈중앙일보〉에 기자로 입사해서는 우리 집에 가끔 놀러도 왔지만 야근 중이라며 집으로 전화를 자주 걸었다. 전화를 하면서 친구인 내 형을 찾는 것이 아니었다. 받는 사람이 누가 되었든 간에 전화로 한참 이야기를 나누었다. 내 형이 입대를 해서 집에 없을 때도 전화를 해왔다. 늘 입에 달고 살던 말이 있었다.

"아, 오늘, 너무 피곤하다, 피곤해."

나는 '친절한 기형도' 형에게 신세를 진 적이 있다. 대학 4학년이던 1985년 봄 나는 오탁번 교수가 강의하는 〈현대시 선독〉이라는 과목을 국어교육과에 가서 들었다. 강의가 퍽 재미있었다. 오탁번 선생은 해괴한 주문도 했다. 교정에 핀 꽃을 따다가 노트에 붙이라고도 했고, 미당의 〈국화 옆에서〉는 "변죽을 울리며 허풍을 떨고 있다"며 우리더러 그런 시를 써오라고도 했다.

이 강의는 시험을 보지 않았다. 대신 과제를 제출해야 했다. 과제도 참 이상했다.

"시인의 시집을 평하는 편지를 쓰고 답장을 받아오라."

어떤 방법을 동원해서든 답장을 받아야 성적을 얻을 수 있었다. 다른 사람들은 곤혹스러워했으나 나는 여유만만이었다. 내 곁에는 시인이 된 기형도가 있었기 때문이다. 마침 그 해 초 기형도는 〈동아일보〉 신춘문예에 당선되어 등단했고 당선작 '안개'는 문청들 사이에서 화제를 모았다.

친절한 기형도가 답장을 할 것이라는 확신은 있었으나 나는 답장을 못 받으면 학점을 못 받는다고 엄살을 부려가며 4월 19일자로 편지를 썼다. 오탁번 선생은 시인의 시집을 평하고 답을 받아오라고 했지만, 나는 기형도가 아직 시집을 내지 않았다는 이유를 내세워 그냥 다른 질문을 했다.

"시인은 세상을 어떤 눈으로 바라봐야 하는가."

우제시게

편지를 읽고 한참동안 생각했다. 난 자네에게 해줄말을
따로 가지지 못했다. 그 이유는 이렇다.

論究의 대상의 출발은 事象에 있는 것이고 論究가 어떠한 形式
으로 그 事象들을 변형시킨다해도 實在로 존재하는 世界는 아무것도
변하지 않는다. ~~결국~~ 결국 事象을 대비화시키는 것은 개인으로서의
論究人의 認識 認識이고 그 인식망은 간혹 여러 論究人들에게서 함께
보여지기도 하나 본질적으로는 한 개인이 갖고있는, 가려야만하는 특수한
世界觀인 틀이기 때문이다. 또한 그러한 개인의 인식망을 통해 변형
되는 創造的世界(혹은 虛構의 世界)가 설득력을 지녀 당위적인
準실재의 세계를 이룬다 하더라도 그 실천적 힘(변혁의!)의 분배를
는 독자들의 것이기 때문이다. 따라서 내가 자네에게 해 줄수 있는
것은 ~~은~~ 存在하는 世界에 대한 論究人들의 개별력 흡수력기에 제한된
것이다.

있고, 흡수 이후의 문제는 철저히 자네만의 것이라는 말 뿐이다.
그리고 흡수력의 무기는 感覺 뿐이었다. 존재하는 것은 事象 뿐
이고 價値란 혼돈의 질서속에서 형성되어있다. 그것도 대개는
성숙한 것이거나 架空의 것들이다. 나는 제자리로 돌아갔다.
~~의~~ 도식들로써 事象들은 그것이 公理 혹은 富爲로서 검증될때
분명한 가치를 향한 半目標들이 되어주었다. 詩의 原則으로서의
創造的空間은 그것이 탐미적 세계이든 준열한 현실의 세계이든
(고정)관념이 아닌 認識 이후에 이루어졌다. 젊은이들은 항상 비롯해
순수나 참여문제 또한 그것 속에서는 素材主義(쉽게말로써)와 비슷한
것이었다.

글은 쓰면, 쓸수록 論理론은 또다른 論理론을 낳고 그 파생되는논리
방향은 갈수록 具体性으로써 멀어지는것 같다. 그것보면, 내가 자네에게
해준 말이 무슨 소용이 있겠는가. 내가 포기한 대화 속에는 순수한 美的世界다 원
투성이의 現象이 있었다. 그것도 자네의 몫이다. 이번 편지속에서 내가 대화
방법으로 택한 추상적전술이 가능한한 오류를 범하지 않기위한 ~~였음~~ 에서 쓰
여진 것 같기도 해 미안하다. 다음에 만나 재미있는 ~~이야기~~는 대
를 갖자. 마지막으로 高大문학회에 안부전한다. 또 大애들과도 간지배럴,
1985. 4. 30. 형도 윤 쓴다

기형도 시인에게서 받은 편지 원본.

지금 생각하면 참 크고 이상한 질문이었다. 답을 하기도 곤혹스러웠을 것이다.

기형도는 4월 30일자로 답장을 보내왔다. 나는 그 편지를 공책에 붙여 제출했고 좋은 성적을 받았다. 시인이 답장을 성의있게 써준 덕분이다. 신문사에 들어가 막 수습을 끝내고 정치부에 배치된 기자가 그런 답장을 쓰기가 얼마나 어려운가 하는 것은, 내가 나중에 기자가 되고 나서야 알았다. 내가 그 처지였다면 바쁘다는 핑계로 간단하게 무시했을 가능성이 높다.

기형도가 얼마나 친절한 사람이었나 하는 것은 나중에 새삼 알게 되었다. 그렇게 다감하고 친절한 형이었으니, 사망 소식에 충격을 받았고 소식을 듣자마자 바로 달려갔었다. 나는 심부름을 하면서 줄곧 빈소에 있었고 장지에도 따라갔었다.

이후 내가 가정을 꾸리고 이사를 다니는 와중에, 대학시절 노트를 다 버렸으나 오탁번 교수의 〈현대시 선독〉 강의 노트만은 버릴 수 없었다. 기형도의 편지가 들어 있기 때문이었다. 이 노트를 가지고

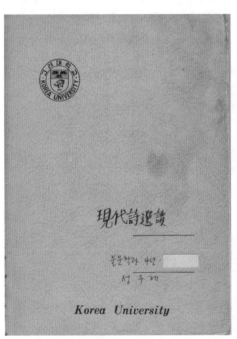

오탁번 교수의 〈현대시 선독〉 강의 노트.

있어서, 해마다 3월이 되면 기형도를 떠올리는지도 모르겠다. 내용도 내용이지만 편지에 담긴 기형도 형의 배려를 잊을 수가 없다. 아래는 그 내용이다.

우제에게

편지를 읽고 한참 동안 생각했다. 난 자네에게 해줄 말을 별로 가지지 못했다. 그 이유는 이렇다.

시적 대상의 출발은 사상(事象)에 있는 것이고 시가 어떠한 형식으로 그 사상들을 변형시킨다 해도 실재로 존재하는 세계는 아무 것도 변하지 않는다. 이것은 결국 사상을 의미화시키는 것은 개인으로서의 시인의 인식망(認識網)이고 그 인식망은 간혹 여러 시인들에게서 함께 보여지기도 하나 본질적으로는 한 개인이 갖고 있는, 가져야만 하는 특수한 세계관의 틀이기 때문이다. 또한 그러한 개인의 인식망을 통해 변형되는 창조적 세계(혹은 허구적 세계)가 설득력을 지녀 당위적인 준(準)실재의 세계를 이룬다 하더라도 그 실천적 힘(변혁의!)의 분배몫은 독자들의 것이기 때문이다. 따라서 내가 자네에게 해줄 수 있는 것은 〈존재하는 세계에 대한 시인들의 개별적 흡수력〉에 제한돼 있고, 흡수 이후의 문제는 철저히 자네만의 것이라는 말뿐이다.

대학시절 내내 나를 놓아주지 않았던 것은 인식욕(認識慾)뿐이었다. 그러나 내가 가진 인식의 무기는 감각뿐이었다. 존재하는 것은 사실(事實)뿐이었고 가치란 혼돈의 질서 속에서 헝클어져 있었다. 그것도 대개는 성급한 것이었거나 가공(架空)의 것들이었다. 나는 제자리로 돌아갔다. 인식의 노획물로서의 사실들은 그것이 공리 혹은 당위로서 검증될 때 불분명한 가치를 향한 지표들이 되어 주었다. 시의 원칙으로서의 창조적 공간은 그것이 탐미적 세계이든 준열한 현실의 세계이든 (고정) 관념이 아닌 인식 이후에 이루어졌다. 젊은이들을 항상 괴롭혀온 순수나 참여 문제 또한 그것 속에서 소재주의(오해 말도록!)와 비슷한 것이었다.

글을 쓰면 쓸수록 논리는 또다른 논리를 낳고 그 파생되는 논리의 방향은 갈수록 구체성에서 멀어지는 것 같다. 그것 보렴. 내가 자네에게 해줄 말이 무엇이 있겠는가. 내가 포기한 대화 속에서는 순수한 미적 세계나 모순투성이의 현실이 있다. 그것은 자네의 몫이다. 이번 편지 속에서 내가 대화의 방법으로 택한 추상적 진술이 가능한 한 오류를 범하지 않기 위한 의도에서 쓰여진 것 같기도 해 미안하다. 다음에 만나 재미있는 대화를 갖자. 마지막으로 고대(高大)문학회에 안부 전한다. 연대(延大) 애들과도 잘 지내렴.

1985. 4. 30. 형도 형(兄) 쓰다.

2022년 01월 05일

기형도의 참 좋은 안양 친구들…
그의 연시 최초 공개한 수리문학회[*]

2016년 가을 어느 출판사로부터 〈기형도 평전〉[**]을 써달라는 부탁을 받고 한국을 방문해 취재를 한 적이 있다. 출판사에서는 기형도 대학 친구인 성석제의 동생으로서, 고교시절부터 그를 봐왔던 내가 책을 쓰면 재미있을 것이라 여겼던 모양이다. 기형도의 중앙고 친구들, 연세문학회 사람들, 〈중앙일보〉 동료 기자들을 두루 만나 인터뷰하던 중에 안양 수리문학회 생각이 자꾸 났다.

예전 기형도가 소속되었던 학교나 문학동인, 직장 사람들은 많이 알았어도 수리문학회 사람들은 내가 아는 이도 없고 한 번도 본 적이 없었다. 그래서 이참에 어떻게든 그들을 만나고 싶었다. 그들을 만나지 않으면 평전을 쓰는 데 문제가 생길 것 같았다. 더불어 수리문학회 회원들을 꼭 만나고 싶은 다른 이유도 있었다.

1982년 기형도가 갑자기 사라진 적이 있었다. 우리 집에 그렇게 자주 놀러 오던 사람이 하루아침에 발길을 끊었으니 '사라졌다' '종적을 감추었다'고 말해도 이상할 것이 없었다. 우리 집 어른들이 '형도

[*] 2017년 6월 13일 내 개인 블로그(캐나다에서 바라본 세상)에 썼던 이 글을 보고 당시 한국의 여러 신문에서 '기형도 미발표 시 공개'라는 기사를 썼다.
[**] 중도에 사정이 생겨서 취재를 중단했다.

는 요즘 왜 안 오나?' 하고 궁금해 하실 정도였다.

내 형에게 물어보니 안양에서 방위병으로 근무하고 있다고만 할 뿐 다른 이야기는 하지 않았다. 방위병이라면 평일 저녁이나 주말에 시간이 있을 텐데, 2년 가까이 아예 모습을 드러내지 않는 것이 참 이상했다. 기형도의 집은 우리 집에서 멀지도 않았다. 388번 버스를 타고 10분만 가면 시흥동 기아대교 종점이 나왔고, 거기에서 20분 정도 걸어 들어가면 시흥군 소하리가 나왔다. 나도 고등학생 때부터 몇 번 놀러간 적이 있어서 잘 안다.

방위병 생활을 한다고 그냥 조용히 있을 성품이 아닐 것 같기도 하여, 나는 집에 놀러 온 조병준(시인)에게 또 물어보았다(당시 서강대에 재학 중이던 조병준은 기형도의 중앙고 절친. 기형도 소개로 연세문학회 사람들과 늘 어울려서 연세문학회 명예회원 소리를 들었다. 당연히 우리 집에도 자주 놀러와서 나하고도 친했다).

"형도는 지금 안양에서 수리문학회 친구들과 놀고 있어."

그때 그렇게 처음 들은 수리문학회 이미지가 내게는 꽤 강하게 남아 있었다. 아무리 방위 생활을 하는 중이라지만 도대체 어떤 문학회이길래 기형도로 하여금 서울 가는 발길을 뚝 끊게 만들었을까 궁금했었다. 방위 소집 해제 후 서울로 복귀한 기형도는 수리문학회 문집을 들고 와 내게 보여주기도 했다.

2016년 가을, 바로 그 수리문학회 회원들을 만났다. 홍순창 박인옥 유재복… 기형도가 서울과 잠시 연을 끊고 빠져들 만한 사람들이었다. 나는 만나자마자 그들을 형이라고 불렀다. 고교시절부터 내 형 성석제나 기형도 하고 어울리던 사람들을 모두 형이라고 불렀으니, 그들을 형이라 부르는 것은 당연했다. 나이가 들었지만 그렇게 부르는 것이 조금도 어색하지 않았다.

1982년 즈음 기형도가 방위병으로 복무하던 시절, 수리문학회 사람들은 수시로 만나서 놀고, 습작시를 보여주고, 합평회하고, 시화전과 낭송회를 열었다. 기형도는 서울에서와 달리 수리문학회에서 푸근함 같은 것을 느꼈던 모양이다. 서로의 글에 대해 날을 세워 '칼질'을 하는 긴장된 서울과는 달리, 안양은 편안하게 속내를 털어놓을 수 있는 고향 같은 분위기였을 것이다.

그즈음 젊은 사람들은 너나 할 것 없이 주머니에 돈이 없었다. 다방에서 커피도 시키지 않은 채 시간을 보내고, 술집에서 외상으로 술을 마시는 것도 다반사였다. 남자들은 모두가 빈털터리였던 반면, 여자들은 그래도 돈이 조금은 있었다. 남자들에 비해 그래도 씀씀이가 계획적이기 때문에 그랬을 것이다. 여자 회원들이 막걸리 값을 치러주면 기형도는 답으로 연시인지 연서인지를 써주었다. 언제가 될지는 모르지만 "나중에 가지고 오면 돈을 갚겠다"고도 했고, "가지고 있으면 돈이 될 거다"라고도 했다.

기형도가 세상을 떴을 때, 나는 서대문 적십자병원에 차려진 빈소에서 문상 오는 사람들을 눈 여겨 보았었다. 내가 궁금해하던 수리문학회 사람들은 끝내 눈에 띄지 않았다. 이후 기형도 추모 행사가 열려도 그들은 한 번도 모습을 드러내지 않았다.

나는 그들을 만나자마자 그것부터 물었다.

"빈소에서도, 장지에서도, 추모행사에서도 어떻게 제가 한 번도 못 볼 수가 있죠?"

"우리도 가기는 갔죠. 앞에 나서지 않았을 뿐이에요. 우리는 앞에 나서지 않기로 했었거든요."

기형도가 편안해했던 수리문학회 사람들다운 대답이었다. 그 형들은 언제나 멀찌감치 눈에 띄지 않게 서서 떠난 친구를 조용히 추모했다. 그냥 말없이 있었을 뿐 어디에서도 '내가 누구다'라고 말한 적이 없었다. 바로 그런 형들이어서, 기형도가 수리문학회를 좋아했구나 싶었다. 나서지 않는 사람들, 따뜻한 사람들이다.

방위 근무를 마치고 대학에 복학한 후에도 기형도는 수리문학회에 계속 나갔다. 그는 그곳에 가서 서울서 쌓인 스트레스를 풀었다고 했다. 기형도가 동생처럼 사랑한 후배 유재복이 기형도가 했던 말을 기형도 말투를 써가며 전했다.

"이렇게 잘 쓴 시를 가지고 말이야, 응? 응? 연세문학회 그놈들이 어떻게 그렇게 혹평을 할 수가 있어? 이게 그렇게 씹힐 시냐고. 나쁜 녀석들. 재복, 이 시 괜찮지 않아? 어떻게 생각해?"

수리문학회 친구들 앞에서 터지는 그의 말은 속사포 같았다. 서울에서는 자존심 때문에 드러내지 않았던 불편한 속내를, 안양 친구들 앞에서는 편안하게 털어놓았다. 기형도의 시는 수리문학회 시절 일취월장한다. 그즈음이 아마추어에서 프로페셔널로 넘어가는 시기이다.

〈중앙일보〉 기자 시절 기형도는 수리문학회 사람들이 회사로 찾아가면 늘 반갑게 맞아주었다고 했다. 한 번도 바쁘다는 내색을 하지 않았다고 했다. 수리문학회 형들, 만나보니, 나도 참 좋았다.

안양 수리문학회 회원들이 〈기형도 평전〉에 넣으라고 내게 주었던

기형도 미발표시 세 편은 다음과 같다.*

당신의 두 눈에

나지막한 등불이 켜지는

밤이면

그대여, 그것을

그리움이라 부르십시오

당신이 기다리는 것은

무엇입니까, 바람입니까, 눈(雪)입니까

아, 어쩌면 당신은

저를 기다리고 계시는지요

손을 내미십시오

저는 언제나 당신 배경에

손을 뻗치면 닿을

가까운 거리에 살고 있습니다.

1982.

*   사진은 수리문학회 시절, 막걸리 값을 내준 여성 회원들에게 기형도 시인이 그 보
      답으로 직접 써주었다는 연시들.

당신에게

오늘 이 쓸쓸한 밤

나지막하게 노크할 사람이

있읍니까

하늘 언저리마다

낮게 낮게 눈이 꽂히고

당신의 찻잔은

이미 어둠으로 차갑게 식어 있읍니다

그대여, 옷을 입으십시오

그리고 조용히 통나무 문을 여십시오

나는 그대에게 최초로

아름다운 한 점 눈(雪)으로

서있을 것입니다.

1982.

당신이

외투 깃을 올릴 때

무엇이 당신을

차갑게 하는지 두렵게 하는지

알고 계세요?

풀잎은 모두 대지를 향해

지친 허리를 누이는 밤

아, 하루에도 언제나

긴 강은 소리 없이 흐르고

그 강물에 당신의 영혼이

미역을 감는 밤

아세요.

나는 언제나 당신의 주위에서

튀어올라 물보라치는

물비늘임을 그대는 아세요?

1982.

갑자기 생각난
기형도의 원고료

　기형도 시인과 내 형은 대학 친구다. 기형도 같은 내 형의 친구들은 날이면 날마다 우리 집에서 자고 갔다. 형과 같은 방을 쓰던 나는 그들과 늘 동침해야 했다. 특이하게 형 친구들만 온 게 아니고 형도 형 친구도 와서 놀았고, 친구의 친구도 와서 자고 가곤 했다.

　술판은 벌이지 않았다. 술꾼은 없었고, 있었다 해도 재미없다며 한 번 오고 다시는 오지 않았다. 형 친구들은 맨날 바둑을 두었고, 수다 떨다가 심심하면 노래하고 춤도 췄다. 서강대 다니던 기형도 형의 고교 단짝 조병준 형은 고스톱 치고 돈을 다 잃자 우리 식구들 앞에서 춤을 췄다. 그렇게 해서 버스비를 벌었다. "병준이 공연한댄다. 다 모여라" 하는 내 누나의 목소리가 지금도 기억난다.

　형들이 군대 다녀오고 복학하고 졸업하고 취직하는 와중에, 나는 대학에 진학했다. 나는 저 형들을 학교에서 또 보기가 싫어서 형들이 다니는 학교에는 안 가겠다고 속으로 생각했고, 생각대로 됐다. 내가 대학을 다닐 적에 형 친구들은 휴가 중에 군복을 입고 나타나 자고 가기도 했다. 기형도 형만은 안양에서 방위병 근무를 하면서 단 한 번도 모습을 드러내지 않았다. 완전한 잠수였다. 갑자기 나타나서는 복학을 하고 〈중앙일보〉에 입사했다.

오늘 갑자기 그 형이 떠오른 까닭은, 어느 누가 쓴 원고료 떼인 글을 보았기 때문. 어디에 기고를 했는데, 친구가 고료를 몰래 찾아가서 술을 먹었다는 얘기였다. 나는 다른 경우였다.

어느 겨울 저녁, 집으로 걸려 온 형도 형 전화를 내가 받았다. 이번에는 수다가 아니었다. 다급하게 내 인물 사진 한 장을 등기우편으로 보내라고 했다. "왜요?" 했더니 "그냥. 좋은 일. 꼭 보내"라고만 했다. 하도 급하다고 해서 나는 영문도 모른 채 다음날 시키는 대로 했다.

그 다음날 학교에 갔더니 우리 과 교수가 수업 중에 내 이름을 불렀다. "오늘, 네가 쓴 글 잘 봤다"고 했다.

"무슨 글을요?"

"오늘 〈중앙일보〉에 나온 글."

대학생의 제언인지, 젊은이의 제안인지 하는 코너가 있는데 거기에 내 이름과 사진이 올라 있었다. 물론 그 글은 내가 쓴 게 아니다. 기형도가 쓴 글이다. 글을 읽은 사람들은 내가 글을 잘 썼다고 칭찬했다. 당시, 나는 그런 글쓰기에 전혀 관심이 없었다. 창피하고, 속아서 분하다는 생각밖에 들지 않았다. 잘 썼다고 하는데, 내가 쓴 글이 아니라고 얘기할 수도 없었다.

또 전화가 왔길래 막 퍼부었더니 "원고료나 받아가"라고 했다. "원고료를 줘요?"라고 반색하며 바로 잊고 용서했다. 도장 들고 직접 가야 한다고 했다. 당시

〈중앙일보〉 기자 시절의 기형도 시인.

서소문 〈중앙일보〉를 찾아가는 것은 쉽지 않았다. 1~2호선만 있던 때라 어디서 내리든 한참 걸어야 했다. 칼바람 맞으며 원고료를 받으러 갔다.

건물에 들어가서 형도 형한테 전화했더니, 몇 층 경리과에 가서 찾아가라고 했다. 지금 바빠서 못 내려온다고, 혹시 문제 있으면 다시 전화하라고 했다. 불현듯 내가 쓴 글도 아닌데, 내 원고료인 것처럼 찾으러 간 게 창피하다는 생각이 들었다. 그래도 돈은 찾았고, 잘 찾았다는 전화도 안 하고 그냥 와버렸다. 1만 원인가를 주었다. 학생한테는 적지 않은 액수였다. 물론 그날 학교 가서 술먹었다.

이런 내용들을 몇 년 전 준비했던 〈기형도 평전〉에 넣으려고 했었다. 다른 사람들의 이런 얘기들도 취재해서. 내가 그 책을 썼더라면 기형도 형이 내 이름으로 썼던 그 칼럼도 반드시 찾아냈을 것이다. 계획이 무산되었으나 아쉽지는 않다. 이런 추억들이 꼭 기억되고 기록되어야만 좋은 것은 아니다.

2022년 01월 05일